Daniel Hughes & Jonathan Baylin

Das einfühlsame Elterngehirn

Daniel Hughes & Jonathan Baylin

Das einfühlsame Elterngehirn

Wege zu einer harmonischen Eltern-Kind-Beziehung

Übersetzt von Sabine Bongartz

Arbor Verlag
Freiburg im Breisgau

Die Originalausgabe erschien unter dem Titel:
Brain-Based Parenting – The Neuroscience of Caregiving for Healthy Attachment

1. Auflage 2013

Titelfoto: © 2013 khalus/istockphoto.com
Lektorat: Lothar Scholl-Röse, Fachlektorat: Lienhard Valentin
Druck und Bindung: Kösel, Krugzell
Hergestellt von mediengenossen.de

Dieses Buch wurde auf 100 % Altpapier gedruckt und ist alterungsbeständig.
Weitere Informationen über unser Umweltengagement finden Sie unter
www.arbor-verlag.de/umwelt

www.arbor-verlag.de

ISBN 978-3-86781-104-0

Inhalt

Ich möchte dieses Buch meinen Eltern und meinen Kindern widmen. Sie haben mir dabei geholfen, den Zauber der Eltern-Kind-Beziehung von beiden Seiten aus zu verstehen.

DANIEL HUGHES

Ich möchte dieses Buch meiner Frau Sarah und meinen Söhnen Benjamin und Zachary widmen.

JONATHAN BAYLIN

Vorwort

Dieses wichtige Buch stellt für Eltern und andere Pflegepersonen sowie Familientherapeuten und -therapeutinnen einen nützlichen und von der Neurowissenschaft inspirierten Rahmen zum Verständnis und zur Verbesserung der Elternrolle dar. Die Autoren decken sorgfältig die wissenschaftlichen Grundlagen eines fürsorglichen Gehirns auf und liefern damit einen Blick hinter die Kulissen des Eltern-Seins und zugleich praktische Empfehlungen, wie dieses faszinierende Wissen zu nutzen ist, um den täglichen Umgang mit unseren Kindern zu verbessern.

Neueste Forschungen zeigen, dass es mindestens fünf „Systeme" oder Bündel neuronaler Schaltkreise gibt, die die fundamentalen Aspekte der Pflege von Kindern ermöglichen. Die Autoren haben diese Systeme sehr kreativ beschrieben und ihre beachtlichen Vorteile aufgezeigt, wenn Eltern sie in ihrem Familienalltag verstehen und anwenden. Zu diesen grundlegenden Schaltkreisen gehören (1) das *Annäherungssystem,* das es uns erlaubt, eine Verbindung zu unseren Kindern herzustellen, statt uns von ihnen zurückzuziehen; (2) das *Belohnungssystem,* das dafür sorgt, dass die Elternrolle als befriedigend wahrgenommen wird; (3) das *Kinddeutungssystem,* das es uns ermöglicht, den Geist unserer Kinder wahrzunehmen, sprich einen „Blick für ihren Geist" zu haben, wenn wir über ihre inneren Erfahrungen nachdenken; (4) das *Bedeutungsfindungssystem,* mit dessen Hilfe wir zu einem kohärenten Verständnis der eigenen Person gelangen; und (5) das *Exekutivsystem,* das die anderen vier Systeme koordiniert und ausgleicht und es möglich macht, uns auf uns selbst und unsere Kinder abzustimmen und auch unvermeidbare Risse in solchen Abstimmungen zu reparieren.

Wenn Eltern und andere Bezugspersonen sich um ein Kind kümmern, sollten diese fünf Systeme gut zusammenarbeiten. Wenn Dinge schwierig werden, wenn es Konfliktmomente zwischen Eltern und Kindern oder im Seelenleben der Eltern gibt, können diese Fürsorge-Systeme „blockiert" werden. Hughes und Baylin beschreiben auf brillante Weise, wie Kinder kurzzeitige Fürsorge-Blockaden herbeiführen können oder wie eine länger anhaltende Form der „blockierten Fürsorge" entstehen kann, die die gesunde Entwicklung des betroffenen Kindes beeinträchtigen würde. Wenn Eltern wissen, wie und warum blockierte Fürsorge entsteht, stellt das meist eine Möglichkeit für Eltern dar, sowohl interpersonell als auch innerlich über die Situation nachzudenken, damit solche toxischen Blockaden identifiziert werden, innere Veränderungen in die Wege geleitet und interpersonelle Korrekturen stattfinden können. Das ist wichtig, denn es ist eine Möglichkeit, von innen heraus nach außen hin Eltern zu sein. Jedes der fünf elterlichen Systeme kann zu solchen Blockaden beitragen und das Wissen, wie unser elterliches Gehirn funktioniert, kann uns dazu befähigen, die Voraussetzungen für ein bewusstes und klares Eltern-Sein zu schaffen.

Die Autoren haben in ihrem Buch die Rolle der empathischen und weisen Lehrer übernommen, die uns durch die Feinheiten komplizierter Schaltkreise im Gehirn und hilfreicher elterlicher Strategien führen. Wir, die glücklichen Leser und Leserinnen, begeben uns auf eine beeindruckende Reise, auf der uns gezeigt wird, wie wir unsere Kompetenz als Eltern verbessern und unsere Freude an unserer Rolle steigern können. Weil die Autoren Interaktionen zwischen Therapeuten und Patienten/Eltern in ihrem Buch beschreiben, werden die Therapeuten und Therapeutinnen unter den Lesern von den Ratschlägen ihrer erfahrenen Kollegen und Kolleginnen profitieren, die mit Familien in einem bindungsorientierten Modell arbeiten.

Unser Ziel ist es, Bücher in unsere *Norton Series on Interpersonal Neurobiology* aufzunehmen, die auf hilfreiche Weise zeigen, wie Beziehungen und Gehirn miteinander interagieren, um unsere Entwicklung unser ganzes Leben lang zu formen. Und dieses Buch stellt eine praktische, wissenschaftliche und detaillierte Untersuchung eben dieser Thematik zum sozialen Gehirn dar. Wenn Sie eigene Kinder haben oder sich um andere Kinder kümmern, ist dieses Buch eine willkommene Quelle, um Ihre eigene innere subjektive und neurologische Erfahrung besser zu verstehen. Warum ist das wichtig? Forschungsergebnisse auf dem Gebiet der Bindungstheorie haben gezeigt, dass der sicherste Prädiktor für die Bindung des Kindes an Sie, die Mutter oder den Vater, Ihr eigenes Selbstverständnis ist. Dieses Buch wird Ihnen als nützlicher Ratgeber dienen und Ihnen dabei helfen, ein solches Selbstverständnis aufzubauen und weiterzuentwickeln. Wenn Sie als Therapeut oder Therapeutin tätig sind und Eltern und Familien helfen, dann werden Sie in diesem Buch eine kreative und überzeugende Darstellung des elterlichen Gehirns von zwei hoch qualifizierten Kollegen finden. Obwohl die Adressaten dieses Buches die Eltern selber sind, werden Therapeuten und Therapeutinnen dieses Buch sicher auch als sehr nützliche Referenz in ihrem Berufsalltag ansehen.

Die Basis unseres interdisziplinären Gebiets der Interpersonellen Neurobiologie ist die wissenschaftliche Forschung. Wir versuchen, das aus ihr gewonnene Wissen in der Therapie, der Bildungsarbeit, der Funktionsweise von Organisationen und Gesellschaft und im Alltag in die Praxis umzusetzen. Die in diesem Buch wiedergegebenen Beispiele der Moment-zu-Moment-Interaktionen zwischen Eltern und Kindern wurden natürlich nicht in einem mobilen Gehirnscanner durchgeführt. Die Autoren haben den wichtigen Schritt unternommen, das aus empirischen Studien zum Gehirn gewonnene Wissen mitzuberücksichtigen, um wissenschaftlich begründete Rahmenbedingungen zu schaffen, Rahmenbedingungen, die erklären, wie die der Elternrolle zugrunde liegenden neuronalen Systeme funktionieren. Danach haben sie die nächsten notwendigen Schritte unternommen und diese Rahmenbedingungen auf die Elternrolle im Alltag angewendet, um auf praktische Weise zu zeigen, dass das Wissen um die neuronale wissenschaftliche Grundlage der Elternschaft unser Verständnis von dem, was wahrscheinlich passieren wird, vertiefen kann. Sie veranschaulichen im Anschluss, wie dieses Verständnis, wenn es in die Praxis umgesetzt wird, zu neuen und wirksamen Methoden zur Verbesserung der Eltern-Kind-Beziehung führen kann.

Die Interpersonelle Neurobiologie ist mehr als nur eine Zusammenfassung und Synthese wissenschaftlicher Daten. Sie ist ein Gebiet, das solche wissenschaftlichen Daten umsetzt, um Lebenssituationen zu verbessern. Therapeuten können sich so wie Eltern selbst davon überzeugen, auf welche Weise diese Rahmenbedingungen praktische Möglichkeiten bieten, um unser Verständnis der elterlichen Erfahrung und unsere Freude an ihr zu vertiefen. Wie jede Mutter oder jeder Vater eines älteren Teenagers oder eines erwachsenen Sohnes oder einer erwachsenen Tochter Ihnen bestätigen wird, scheinen die Tage des Eltern-Seins sehr lang, die Jahre dagegen sehr kurz zu sein. Dieses Buch wird Ihnen dabei helfen, die Dankbarkeit und ausgewogene Perspektive zu finden, die wir benötigen, um diese wichtige, schwierige und lebensverändernde Beziehung zu verbessern. Ich wünsche Ihnen für die kommenden Tage und Jahre alles Gute. Genießen Sie die Reise!

Daniel Siegel
Gründungsherausgeber, The Norton Series on International Neurobiology;
Geschäftsführer, Mindsight Institute; klinischer Professor,
medizinische Fakultät der University of California in Los Angeles

Einleitung

Mütterliche Liebe ist für die Erhaltung der menschlichen Spezies unabdingbar.

NORIUCHI, KIKUCHI & SENOO (2008, S. 415)

Dies ist kein Buch über die Elternrolle im traditionellen Sinn. Wir versprechen nicht, in unserem Buch Ratschläge zu allen Herausforderungen und Sorgen der Elternrolle zu geben. Wir versprechen jedoch, Eltern – und den Therapeuten und Therapeutinnen, die möglicherweise mit ihnen im Rahmen einer Familientherapie arbeiten – dabei zu helfen, eine grundlegend andere Sichtweise der Elternrolle zu entwickeln. Unser Ziel ist es, Eltern dabei zu helfen, ihre Beziehung zu ihren Kindern zu vertiefen, und Therapeuten in ihrer Arbeit mit gestressten Eltern zu unterstützen.

Als zwei in die Jahre gekommene klinische Psychologen sind wir in einem Zeitalter der geistigen Gesundheit aufgewachsen, die sich noch nicht in dem Maße mit dem Gehirn beschäftigte. Uns faszinieren daher die aufregenden neuen Informationen des schnell wachsenden Gebietes der Neurowissenschaft und vor Kurzem haben wir zwei eng verwandte Spezialgebiete dieses weiten Feldes der Neurowissenschaft entdeckt, die untersuchen:

1. wie Lebenserfahrungen die Gehirnentwicklung von Kindern beeinflussen und
2. sich mit der Neurobiologie der Elternschaft und im Besonderen mit den Prozessen im Gehirn beschäftigen, die den Fürsorgeaspekt unterstützen.

Wir möchten gerne die Kernpunkte dieses neuen Wissens mit Ihnen teilen und hoffen, dass Sie dadurch an dem Enthusiasmus teilhaben werden, den wir angesichts dieses neuen Fensters zur Art und Weise, wie der Geist und die Herzen von Eltern die sich entwickelnden Gehirne ihrer Kinder beeinflussen und wie die Kinder das Gehirn und die Herzen der Eltern verändern.

Wir haben versucht, so gut es geht, unser auf dem Gehirn basierendes Modell der Elternschaft sowohl für Therapeuten *als auch* Eltern zugänglich und nützlich zu machen, denn wir glauben, dass beide Gruppen von diesen neuen Erkenntnissen profitieren können. Abhandlungen über das Gehirn können sehr technisch sein, wir finden jedoch, dass ein auf dem Gehirn basierender Ansatz hinsichtlich des Verständnisses des Pflegeprozesses und der Arbeit mit gestressten Eltern sehr viel zu bieten hat. Es ist daher wichtig, dass diese Informationen einer breiten Zielgruppe zur Verfügung gestellt werden. Wir haben versucht, dieses Buch so gut wie möglich „ohne Fachausdrücke" und leicht verdaulich zu gestalten und gleichzeitig der Komplexität der zugrunde liegenden Neurowissenschaft der Elternrolle und den therapeutischen Prozessen Respekt zu zollen, die nötig sind, um gestressten Eltern bei der Verbesserung ihrer Rolle als Eltern zu helfen.

Wir möchten, dass Sie als Eltern verstehen, dass das Wissen dieser Studien zum elterlichen Gehirn buchstäblich Ihr Leben verändern und Ihnen dabei helfen kann, sich selbst besser zu verstehen und Empathie für die eigene Person zu empfinden. Da wir voraussetzen, dass Sie intelligent und neugierig sind, haben wir uns nicht für den „Gehirn-für-Anfänger"-Ansatz entschieden. Wir möchten Ihnen genügend wirkliche, detaillierte Informationen zum Gehirn vermitteln, so dass Sie einschätzen können, wie wichtig ein gesundes Gehirn für das Eltern-Sein ist. Wir möchten Sie mit auf eine Reise ins Innere der Funktionsweise dieses erstaunlichsten Teils unseres Körpers nehmen, dieses Teils von uns, der alles, was wir denken, fühlen und tun, organisiert, einschließlich aller Aspekte, wie wir unsere

Kinder großziehen. Unser vielleicht wichtigstes Ziel ist es, Sie dazu zu motivieren, sich um Ihr Gehirn zu kümmern, denn die Gesundheit und das Wohlergehen der Menschen, die Sie lieben, insbesondere Ihrer Kinder, hängt in hohem Maße davon ab, wie gut Ihr Gehirn arbeitet. Und den Therapeutinnen und Therapeuten unter den Lesern und Leserinnen möchten wir ein verbessertes Modell zum Verständnis und zur Arbeit mit gestressten Eltern zur Verfügung stellen, zur Arbeit mit Eltern, die Ihre Hilfe benötigen, um ihre Fähigkeit wiederzuerlangen, sich um ihre Kinder zu kümmern und eine Beziehung zu ihnen herzustellen.

In den nachfolgenden Kapiteln werden wir erklären und erkunden, wie Stress sich der Elternrolle manchmal bemächtigen kann und was Eltern – und die Therapeuten, bei denen sie Rat suchen – tun können, um die Funktionsweise des Gehirns wiederherzustellen und eine kompromittierte Fürsorge, die wir als *blockierte Fürsorge* bezeichnen, zu vermeiden und einen auf Fürsorge ausgerichteten Geisteszustand aufrechtzuerhalten. Hochinteressante neue Ergebnisse der Hirnforschung liefern uns eine neue Wissensbasis zum Verständnis, wie Eltern liebevolle Bindungen zu ihren Kindern herstellen und motiviert bleiben, für diese trotz unvermeidlicher persönlicher und interpersoneller Konflikte zu sorgen. Diese Forschungsergebnisse geben Aufschluss über die Rolle, die das Gehirn in der Elternschaft spielt – welche Gehirnsysteme bei den Eigenschaften beteiligt sind, die wir als ausschlaggebend für eine „gute Elternschaft" ansehen, und was in diesen Gehirnsystemen geschieht, wenn Eltern gestresst sind und dadurch ihre Fürsorgefunktion leidet.

Wie wird eine gute Elternschaft aus einer auf dem Gehirn basierenden Perspektive definiert? Eine gute Elternschaft bedeutet,

- sensibel zu sein und emotional auf die Bedürfnisse seiner Kinder nach Aufmerksamkeit zu antworten.
- seine Kinder auf wirksame und beständige Weise zu trösten, wenn diese gestresst sind (Kliniker bezeichnen das als *Ko-Regulierung von Affekten*),
- ein guter erster Begleiter seiner Kinder zu sein, während diese anfangen zu lernen, wie sie Beziehungen zu anderen Menschen aufrechterhalten und diese genießen können,

- zu wissen, wann man seine Kinder sich anstrengen und an Herausforderungen arbeiten lässt, damit sie ihre eigene Belastbarkeit aufbauen,
- seine Kinder vor den fehlgesteuerten Auswirkungen seiner eigenen negativen Emotionen zu beschützen, indem man auf sein Potential zur Selbstregulation und zum Stressmanagement zurückgreift – indem man „sich auch wie ein Erwachsener verhält“.

Eine gute Elternschaft beinhaltet Eigenschaften, die sowohl das sich entwickelnde Gehirn des Kindes schützen (sogenannte *neuroprotektive Faktoren*) als auch das Wachstum des Gehirns unterstützen *(wachstumsfördernde Faktoren).*

Die Wissenschaft, die sich intensiv mit der Neurobiologie der Eltern-Kind-Beziehung beschäftigt, hat den ausgefallenen Namen *soziale Entwicklungsneurowissenschaft.* Obwohl dies ein Zungenbrecher ist, ist der Inhalt dieser Forschung, so wie sie sich in Büchern wie *Handbook of Developmental Social Neuroscience* (de Haan & Gunnar, 2009) darstellt, faszinierend. Diese Forschung befasst sich mit den Auswirkungen der Erfahrungen eines Kindes mit anderen Menschen, insbesondere Elternfiguren in den frühen Phasen seines Lebens, auf seine Entwicklung und zeigt auf, auf welche Weise solche frühen Erfahrungen im wahrsten Sinne des Wortes das Gehirn des Kindes „formen“. Erstaunlicherweise untersucht diese Forschung jetzt, auf welche Art und Weise frühe Lebenserfahrungen die Aktivität der Gene eines Kindes, also dessen DNA, beeinflussen. Dieser Zweig der Forschung, auch „erfahrungsabhängige“ oder „epigenetische“ Auswirkungen auf die Entwicklung des Gehirns genannt, ist sicherlich zur Zeit einer der interessantesten Bereiche der Neurowissenschaft. Auch wenn wir in unserem Buch nicht sehr viel über diesen höchst detailreichen und komplizierten Forschungszweig erklären, bitten wir Sie, diesen Bereich der Entwicklungsneurowissenschaft weiter zu verfolgen, denn er hat weitreichende Implikationen für unser gesamtes Verständnis der Art und Weise, wie wir Menschen uns als Folge der Interaktion unserer DNA mit unserer Umgebung entwickeln (Champagne, 2008; Canli et al., 2006).

Die Hirnforschung hat heute nicht nur einen Einfluss auf die Psychotherapie, sondern auch auf die Entwicklung von Interventionsprogrammen für

Eltern und ihre jungen Kinder, mit dem ausdrücklichen Ziel der Verbesserung der frühen Gehirnentwicklung. Während in den 1990er-Jahren einige Wissenschaftler erst damit anfingen, herauszustellen, dass die frühkindliche Betreuung die Entwicklung des Gehirns des Kleinkindes beeinflusst (Schore, 1994), ist jetzt für viele Hirnforscher, die sich mit der kindlichen Entwicklung befassen, der Ansatz, dass die Art und Weise, wie Kinder großgezogen werden, dauerhafte Folgen für die Entwicklung des kindlichen Gehirns hat, keine Theorie mehr, sondern eine Tatsache. Forschungsergebnisse aus der sozialen Entwicklungsneurowissenschaft zählen jetzt zu den besten Informationen bezüglich unseres Verständnisses der kindlichen Entwicklung und der Entwicklung von Interventionsprogrammen, mit deren Hilfe Eltern die Entwicklung ihrer Kinder fördern können (National Scientific Council on the Developing Child, 2010; Shonkoff & Levitt, 2010). Für uns ist ein auf dem Gehirn basierender Ansatz zum Verständnis der Elternrolle vereinbar mit – und unabdingbar für – dieses neue Modell zur Verbesserung von Programmen für Eltern und Kinder.

Die große Anzahl an Forschungsergebnissen in der sozialen Neurowissenschaft stellt auch die Wissensbasis eines neuen Modells der auf dem Gehirn basierenden Therapie dar, die als *Interpersonelle Neurobiologie* (Siegel, 2010) bezeichnet wird. Dieses Modell gehört zurzeit zu den einflussreichsten Ansätzen, was die Einbindung von Hirnforschung und Interventionen zur psychischen Gesundheit anbelangt, und die Konzepte, die wir in diesem Buch vorstellen, stehen im Einklang mit diesem ergiebigen Modell.

Die Untersuchung der inneren Funktionsweise eines elterlichen Gehirns ist ein relativ junger Zweig in der Hirnforschung. Frühe bahnbrechende Arbeiten mit Tieren (Numan & Insel, 2003) haben das Fundament für diesen in den letzten Jahren aufgeblühten Zweig der Forschung gelegt. Das Aufblühen dieses Forschungszweigs zeigt sich in einem Band mit dem Titel *Neurobiology of the Parental Brain* (Bridges, 2008). Dieses wunderbare, wenn auch sehr technische Buch ist aus der Konferenz „Parental Brain Conference: Parenting and the Brain“ (dt. „Konferenz zum elterlichen Gehirn: Elternschaft und Gehirn“) vom Juni 2007 in Boston heraus entstanden.

Im Wesentlichen zeigen Forschungen zum elterlichen Gehirn, dass die menschliche Elternschaft direkt auf einer Kerngrundlage der mammalischen

Fürsorge ruht, zu der wir unsere einzigartig menschlichen Fähigkeiten hinzufügen, Fähigkeiten des Selbstverständnisses, des „Menschen-Deutens", der Reflexion, der Emotionsregulation und der Fähigkeit, angesichts neuer Lebenserfahrungen zu wachsen und uns zu verändern. Unser Gehirn verbindet das in allen Säugetieren (Mammalia) innewohnende Kernsystem der Fürsorge mit unserem raffinierten *präfrontalen Cortex* (ein „höherer" Gehirnbereich, der in Menschen weit entwickelt ist) zur Bildung eines zweistufigen Systems der Elternschaft. Eine solche zweistufige Funktionsweise ermöglicht es uns, wenn wir in Höchstform sind, die tiefsten und innigsten Emotionen für unsere Kinder zu erleben, während wir gleichzeitig auch in der Lage sind, über alle Aspekte unserer Elternrolle klar und kreativ nachzudenken und unserer wertvollen Rolle als Eltern Bedeutung und Sinn zu verleihen. In den nachfolgenden Kapiteln werden wir beschreiben, wie sich diese ineinandergreifenden Mechanismen des Gehirns zusammenschließen – das sehr alte System der Elternschaft, das wir mit allen Lebewesen, ob groß und klein, teilen, und unser einzigartig menschliches denkendes und reflektierendes Gehirn –, um uns das Gehirnpotential zu geben, das wir für eine angemessene Begleitung unserer Kinder benötigen.

Wir werden ebenfalls untersuchen, wie sich die von Natur aus stressigen Prozesse der Eltern-Kind-Interaktion auf dieses zweistufige Gehirnsystem von „Unten-nach-Oben"- und „Oben-nach-Unten"-Schaltkreisen auswirken. Wir verwenden den Begriff *Von-unten-nach-Oben*, um die automatischeren, emotionsgetriebenen Komponenten der Elternschaft zu beschreiben, die das Erbe unserer mammalischen Evolution sind. Bestimmte Gehirnbereiche [z. B. die Amygdala (Mandelkern)], also die Bereiche, die sich früh in der Evolution der Primaten gebildet haben, sind für derartige Funktionen zuständig. Die Bezeichnung *Von-oben-nach-Unten* bezieht sich auf die höheren und eher menschlichen „exekutiven Funktionen" wie zum Beispiel Problemlösung, Emotionsregulation und Reflexion, die von den höheren Bereichen des Gehirns, insbesondere dem präfrontalen Cortex, gesteuert werden. Wir haben das Wissen aus diesen Forschungen zum zweistufigen Prozess der Elternrolle mit Forschungen zum Thema Stress miteinander verbunden und das Konzept der *elterlichen blockierten Fürsorge* beziehungsweise der *blockierten Fürsorge* entwickelt, um zu beschreiben, wie Stress die Fähigkeit wohlmeinender Eltern unterdrücken kann, auch weiterhin Liebe und Empathie für ihr Kind zu empfinden.

Forschungen zur Neurobiologie der Eltern-Kind-Interaktion, zum elterlichen Gehirn und zur Entwicklung des Stressreaktionssystems liefern uns eine große Palette an Informationen, die uns dabei helfen, zu verstehen, wie wichtig ein gesundes Gehirn der Eltern für die Entwicklung ihrer Kinder ist. Diese kombinierten Forschungsergebnisse bauen auf Tierstudien mit Primaten und Nagetieren auf (Champagne, 2009; Sapolsky, Meaney & McEwen, 1985; Suomi, 2003). Diese Studien zeigen schlüssig, dass frühe Fürsorgeprozesse einen lebenslangen Einfluss auf die Entwicklung der Stressreaktionssysteme des Nachwuchses haben können. Diese Forschungsergebnisse werden zurzeit auf verschiedene Weise auf den Menschen übertragen. In einer Studie werden beispielsweise die Auswirkungen einer einfühlsamen Betreuung von Pflegekindern auf deren Stressreaktionssysteme untersucht (Dozier, 2001). Andere Studien beschäftigen sich mit der Neurobiologie einer einfühlsamen Elternschaft mittels bildgebender Verfahren und Beobachtungen von Eltern-Kind-Interaktionen (Lorberbaum et al., 2002; Swain, Lorberbaum, Kose & Strathearn, 2007).

Kurz gesagt geht aus der Fülle der neurowissenschaftlichen Forschung eindeutig hervor, dass *die Elternrolle sehr wichtig ist* und dass sie ganz besonders wichtig in der frühkindlichen Phase ist, wenn sich das Gehirn des Kindes in einem empfindlichen Entwicklungsabschnitt des sozialen und emotionalen Lernens befindet und anfällig für Stress ist. Aufgrund von Forschungen zu verschiedenen Säugetierarten können wir ohne Übertreibung sagen, dass eine gute Elternschaft das kindliche Gehirn formt und es emotional belastbar macht und die sozialen Fähigkeiten des Kindes fördert, während seine Fähigkeit, anderen Menschen zu vertrauen und positive, mitfühlende Beziehungen aufrechtzuerhalten, weiterentwickelt wird. Das Ergebnis einer einfühlsamen Elternschaft sind belastbare, mitfühlende Gehirne. Kinder, die eine solche einfühlsame Elternschaft erhalten, sind besser gerüstet, selber einfühlsame und fähige Eltern zu sein, wenn es an der Zeit ist, die nächste Generation großzuziehen. Insgesamt zeigen diese faszinierenden Forschungsergebnisse, dass Kinder durch eine einfühlsame, abgestimmte Elternschaft eine „sichere Basis“ erhalten, von der aus sie die

Welt erkunden können; einen ersten Begleiter an ihrer Seite haben, mit dem sie ihre Entdeckungen teilen können; und die Gehirnsysteme entwickeln, die sie benötigen, um die unvermeidbaren Herausforderungen des Lebens zu akzeptieren und mit ihnen auf wirksame Weise umzugehen, einschließlich der Herausforderungen, Eltern der nächsten Generation zu sein.

Jedes Kind verdient eine Fürsorge, die die Entwicklung sicherer Bindungen fördert und das Kind auf die richtige Bahn der sozialen und emotionalen Belastbarkeit lenkt. Zu viele Kinder kennen nur die Art von Sicherheit, die nur zeitweise vorhanden ist und mit der Unaufmerksamkeit, Abwehrhaltungen, dem Desinteresse oder dem Kontrollverlust eines Elternteils verschwindet. Diese Art der flüchtigen und sporadischen Sicherheit zwingt Kinder dazu, viel zu früh in die Defensive zu gehen, wodurch sie in dem Umfeld, in dem sie sich eigentlich tief entspannt und „durch und durch" sicher fühlen sollten, zu erhöhter Wachsamkeit neigen. Die generationsübergreifenden Folgen solch gestörter Beziehungen, die aus dieser Art von defensiven Beziehungen zu anderen Menschen resultieren, sind weitverbreitet.

Dennoch ist es nicht leicht, seinen Kindern diese Form der einfühlsamen und abgestimmten Fürsorge zuteilwerden zu lassen, dieser Fürsorge, die, so hat die Forschung jetzt bestätigt, so wichtig für die kindliche Entwicklung ist. Eltern zu sein ist ein von Natur aus stressiger Prozess und selbst die einfühlsamsten und empathischsten Eltern verlieren manchmal die Fähigkeit, in Momenten der Angst, Furcht oder Müdigkeit Zuneigung für ihre Kinder zu empfinden. Manchmal fällt es uns allen schwer, die Ruhe zu bewahren. Wenn wir unter enormem Stress stehen, neigen wir in neurowissenschaftlicher Hinsicht alle dazu, die lebenswichtigen Verbindungen im Gehirn kurzzeitig außer Gefecht zu setzen. Diese Verbindungen ermöglichen es uns, auch unter Beschuss die Ruhe zu bewahren, „zu fühlen und mit Einsicht zu handeln" (Fosha, 2000). Eine solche Unterbrechung kommt weitaus eher im Gehirn gestresster Eltern vor und es ist nicht einfach, sich davon zu erholen, weil die Folgen im Kind schnell sichtbar sind.

In neurowissenschaftlicher Hinsicht „werden wir limbisch", wenn wir gestresst sind. Das limbische System ist im Wesentlichen unser ursprüngliches, „emotionales Gehirn", unser „affektiver/viszeraler" Kern (Panksepp, 1998). Wenn wir uns als Eltern in einem Zustand der Frustration oder des Stresses befinden, werden die tieferen, eng mit unserem Körper verbundenen Bereiche unseres Gehirns stark aktiviert, wodurch unsere höheren kognitiven Fähigkeiten der Selbstregulation, des Selbstbewusstseins und der Empathie kurzzeitig unterdrückt werden. Wenn wir uns in diesem Geistes- und Körperzustand befinden, sind wir im Wesentlichen „acht*los*", nicht „acht*sam*" (Siegel, 2010). Diese zeitweilige Unterbrechung beziehungsweise „Abkoppelung" unseres tieferen Gehirnsystems von unserem höheren Gehirnsystem liefert uns und unsere Kinder auf Gnade und Ungnade unseren primitiveren, wenig regulierten Emotionen und Handlungen aus. Glücklicherweise sind viele Eltern schnell in der Lage, sich von diesen „unelterlichen" Momenten zu erholen und ihre Verbindung zu ihren Kindern wiederherzustellen und so weitere dauerhafte Brüche in der Beziehung zu vermeiden. Wenn Eltern dagegen in defensiven Geisteszuständen feststecken und sich nicht rechtzeitig bemühen, solche Brüche zu reparieren, besteht das Risiko, dass sie *blockierte Fürsorge* entwickeln, was wiederum zur Unterdrückung ihrer einfühlsamen Versorgung ihrer Kinder führt.

Unserer Ansicht nach stellen die Forschungsergebnisse zum elterlichen Gehirn fünf Schlüsselbereiche der Fürsorge heraus (wir werden uns eingehender mit diesen Bereichen im Kapitel 2 beschäftigen und im Kapitel 3 untersuchen, wie diese Bereiche durch Stress beeinträchtigt werden und zu blockierter Fürsorge führen können).

Die fünf Bereiche der Fürsorge

1. Das *elterliche Annäherungssystem* ermöglicht es Eltern, ihren Kindern nahe zu sein, ohne in die Defensive zu gehen.
2. Das *elterliche Belohnungssystem* ermöglicht es Eltern, ihre Elternrolle als befriedigend zu erleben.
3. Das *elterliche Kinddeutungssystem* fördert die Fähigkeit der Eltern, die inneren, subjektiven Erfahrungen ihrer Kinder zu verstehen und Empathie für sie zu empfinden.
4. Das *elterliche Bedeutungsfindungssystem* ermöglicht es Eltern, eine Grunderzählung oder -geschichte über das Eltern-Sein zu erstellen.
5. Das *elterliche Exekutivsystem*, das Gehirnsystem, das auf höhere Hirnareale angewiesen ist, hilft Eltern dabei, die tieferen, automatischeren Gehirnprozesse zu regulieren. Das Exekutivsystem unterstützt Eltern darin, ihre eigenen Gefühle und Handlungen sowie den Zustand der Abstimmung (engl. „attunement“) beziehungsweise der Fehlabstimmung (engl. „misattunement“) auf ihr Kind zu kontrollieren. Dieses System spielt ebenfalls eine wesentliche Rolle bei der Bewältigung von Konflikten zwischen elterlichen und unelterlichen Gefühlen und bei der Reflexion über unsere Erfahrungen als Eltern. Das elterliche Exekutivsystem, das sehr stark von der Funktionsweise der Frontallappen abhängt, sorgt mit dafür, dass die anderen vier Systeme „eingeschaltet“ sind und arbeiten.

Dadurch, dass wir diese grundlegenden Bereiche der Fürsorge erklären und herausstellen, wie die innere Arbeitsweise des Gehirns in diese eingebunden ist, hoffen wir, Eltern und Therapeuten dabei zu helfen, ihre Sichtweise von Kindern und der Elternrolle von einem verhaltensorientierten Ansatz (der Schwerpunkt liegt auf der Art und Weise, wie sich die Kinder ausagieren und sich schlecht benehmen) auf einen beziehungsorientierten Ansatz (der Schwerpunkt liegt auf dem Versuch, zu verstehen, welche

Bedeutung ihr Verhalten hat) zu verlagern. Im letzteren Ansatz spielen eine enge Verbindung und das gegenseitige Verständnis (oder *Intersubjektivität*) eine Schlüsselrolle. Schließlich ist die Elternrolle, auch wenn sie gestört oder blockiert ist, im Prinzip eine wechselseitige Beziehung.

Wenn Eltern in ihrer Fürsorge blockiert sind, konzentrieren sie sich oft und einseitig auf die Verhaltensschwierigkeiten ihrer Kinder. Sie sind gestresst und erleben eine Beeinträchtigung einiger oder aller oben genannten Bereiche der Fürsorge und hoffen, dass sie nur „das Problem wieder in Ordnung bringen müssen", ohne zuerst ihre Beziehungsschwierigkeiten mit ihren Kindern zu verstehen. In diesem Buch möchten wir Eltern das beziehungsorientierte und auf dem Gehirn basierende größere Ganze zeigen, das ihnen dabei helfen wird, einfühlsame Eltern ohne Schuld- oder Schamgefühle für ihre Kinder zu sein.

1 Eltern zu sein hat etwas mit dem Gehirn zu tun

Sarah, die Mutter des zwölf Monate alten Vincent, schaut sich Videos von ihrem Sohn an, während Aufnahmen von ihrem Gehirn gemacht werden. Ihr werden zwei verschiedene Szenen gezeigt. In einem Video lacht Vincent fröhlich, während Sarah große, nasse Seifenblasen in seine Richtung bläst. In dem anderen Video weint Vincent, weil Sarah gerade das Zimmer verlassen hat. Während sich Sarah die Szene mit dem fröhlichen Vincent anschaut, leuchten Bereiche der linken Hemisphäre auf dem Monitor auf. Diese Bereiche des Gehirns sind mit einem System verbunden, das Hirnforscher als *Belohnungssystem* bezeichnen. Auch wenn das nicht auf dem Bildschirm zu sehen ist, werden diese Bereiche von Sarahs Gehirn in dieser Szene mit chemischen Substanzen wie Oxytocin und Dopamin überschwemmt. Im Gegensatz dazu sind Bereiche in der rechten Hirnhälfte sehr aktiv, wenn Sarah die Szene mit dem weinenden Vincent betrachtet. Diese Bereiche werden mit einer empathischen Reaktion angesichts des Leidens eines geliebten Menschen in Verbindung gebracht. In dieser Szene gelangen andere chemische Stoffe, wie eine dem Adrenalin ähnliche Substanz, in die Bereiche von Sarahs Gehirn, die ihre Wachsamkeit erhöhen und ihr intensiv und schmerzlich ins Bewusstsein rufen, dass es Vincent nicht gut geht. Was wir hier beobachten, ist ein gesundes elterliches Gehirn in Aktion.

Sarahs Gehirn: ein gesundes elterliches Gehirn in Aktion

> *Stabile Strukturen zum Schutz und zum Großziehen von Kindern zu schaffen, die viele Jahre lang bestehen bleiben, ist von grundlegender Bedeutung, denn unser Nachwuchs ist, verglichen mit dem anderer Säugetiere, weitaus schwächer und benötigt die längste Fürsorge.*
>
> DONATELLA MARRAZZITI (2009, S. 265)

So wie Vincent sind alle unsere Kinder vollkommen von uns als Eltern und vielleicht im Besonderen von der gesunden Funktionsweise unseres Gehirns in dieser Rolle abhängig. Das kindliche Gehirn kann sich dann am besten entwickeln, wenn das Kind mit Erwachsenen interagiert, deren Gehirn die Fähigkeit besitzt, das Kind bedingungslos zu lieben, Freude am Zusammensein mit ihm zu empfinden, sich eingehend mit ihm zu befassen und es zu verstehen. Kurz gesagt ist nichts wichtiger für eine Eltern-Kind-Beziehung und für die kindliche Entwicklung als die Gesundheit des elterlichen Gehirns.

Uns müssen unsere Interaktionen mit unseren Kindern bewegen, wenn wir auf ihre Bedürfnisse eingehen und die Verbindung zu ihnen aufrechterhalten wollen. Es reicht nicht aus, nur zu bemerken, dass Ihr Kind aufgebracht ist. Sie müssen etwas *fühlen,* wenn Sie sehen und hören, dass es Ihrem Kind nicht gut geht. Wir halten diesen Prozess, dass uns unsere Interaktionen mit unseren Kindern bewegen, für selbstverständlich. In diesem Buch aber werden wir uns eingehender mit dem neurowissenschaftlichen Hintergrund dieses Prozesses befassen und untersuchen, wie wir imstande sind, diese grundlegenden elterlichen Gefühle zu fühlen, wie unser Gehirn und unser Körper miteinander kommunizieren und uns ermöglichen, mitfühlend und einfühlsam mit unseren Kindern umzugehen.

Auch wenn der Prozess des Eltern-Werdens logisch zu sein scheint, zapft der Prozess des Eltern-Seins unser gesamtes Gehirnpotential an. Elterliche Liebe und eine einfühlsame, auf das Kind eingehende Elternrolle werden durch ein Kernsystem im Gehirn möglich gemacht, das aus dem Übergang von Reptilien zu Säugetieren entstanden ist. Dieser Übergang hatte wesentliche Veränderungen in der Struktur und chemischen Zusammensetzung des Gehirns zur Folge. Säugetiere erhielten neue Gehirnstrukturen wie den cingulären Cortex, die Inselrinde (Insula) und den orbitalen Cortex sowie chemische Substanzen wie Oxytocin, Vasopressin und Prolactin, die die Entwicklung dieser herrlichen Besessenheit mit der Pflege von Babys erst möglich machten, dieser intensiven Beschäftigung mit dem Nachwuchs, die in kleinen und großen Säugetieren, in Mäusen und Walen und Elefanten, beobachtet werden kann. Meeresschildkröten dagegen, die über solche Strukturen und chemischen Substanzen nicht verfügen, investieren ihre gesamte elterliche Energie in das Legen und das Beschützen ihrer Eier. Dann kehren sie ins Meer zurück und überlassen ihren Nachwuchs seinem Schicksal.

Im Kern ist die Elternrolle ein emotionaler Prozess, der seinen Ursprung tief in unserem Gehirn hat, in einer Reihe von eng miteinander verbundenen Bereichen, die man als *limbisches System* bezeichnet. Dieses limbische System steht in ständiger Verbindung mit unserem Körper, insbesondere mit unserem Herz, unserer Lunge und unseren Eingeweiden. Eltern-Sein ruht im wahrsten Sinne des Wortes auf den Verbindungen zwischen Gehirn und Körper, die es uns ermöglichen, liebevolle Gefühle zu erzeugen und in hohem Maße motiviert zu sein, für unsere Kinder zu sorgen. Während wir höhere und nur im menschlichen Gehirn vorkommende Bereiche für die Aufgabe als Eltern benutzen, verlassen wir uns trotzdem in großem Umfang auf dasselbe Kernsystem der elterlichen Fürsorge, das sich vor Millionen von Jahren entwickelt hat, um elterliche Liebe möglich zu machen (Fleming & Li, 2002).

Elterlich sein: Liebe im Gegensatz zu Selbstschutz

Die Eltern-Kind-Beziehung kann Gefühle der tiefen Liebe und Empathie fördern, aber sie kann auch Gefühle des Selbstschutzes und Impulse erzeugen, die „unelterlich“ sind. Gefühle der Liebe und Vertrauen haben ihre Wurzeln in der Sicherheit, in der Art der „gefühlten Sicherheit“, die ursprünglicher und instinktiver ist als das Wissen, dass man sich sicher fühlen *sollte.* Um einen emphatischen Stil der Elternschaft aufrechtzuerhalten, müssen Sie sich ein Bauchgefühl der Sicherheit bewahren, während Sie auf Ihr Kind sowohl in Zeiten der ruhigen Freude als auch in Zeiten des Konflikts eingehen. Liebe ist ein Zustand der Offenheit einem anderen Menschen gegenüber und sie konkurriert in unserem Gehirn und Körper mit den geschlossenen Zuständen des Selbstschutzes. Wenn wir unsere Elternrolle einfühlsam ausüben wollen, müssen wir in der Lage sein, die meiste Zeit über offen zu bleiben und uns auf unsere Kinder einzustellen, statt uns ihnen gegenüber zu verschließen, während wir uns selber gegen Gefühle der Unsicherheit oder Gefahr verteidigen.

In neurowissenschaftlicher Hinsicht ruht die Elternrolle auf einem Prozess der Regulierung unserer inneren „Geisteszustände“, auf dem sogenannten *Zustandsregulierungssystem,* das sich in der frühen Kindheit herausbildet (Porges, 2011). Die Elternrolle stützt sich auf unser auf soziale Kontakte ausgerichtetes System (engl. „social engagement system“), einen Gehirn-Körper-Zustand, der es uns ermöglicht, uns anderen Menschen anzunähern, ohne in die Defensive zu gehen. Unser auf soziale Kontakte ausgerichtetes System koordiniert die inneren Veränderungen in unserem Annäherungsverhalten (normalerweise offen und nicht defensiv) und unserem (defensiven) Vermeidungsverhalten. Unser Gehirn steuert diese Veränderungen, indem es automatische, unbewusste Von-unten-nach-Oben-Prozesse und bewusstere und aufwendigere Von-oben-nach-Unten-Prozesse benutzt. Wenn wir uns dieses Von-unten-nach-Oben- und Von-oben-nach-Unten-Zustandsregulierungssystems bewusst werden, verstehen wir besser, wie wir selber als Eltern sind und wie es uns gelingt, trotz des unweigerlichen Stresses und der Belastungen auf unserer Reise als Eltern offen zu bleiben.

Seinem Kind gegenüber offen sein: elterliche Geisteszustände und Zustandsregulierung

Die Elternrolle beruht im Besonderen auf dem Aufbau fester Verbindungen zwischen unserem Gehirn und unserem Herz. Diese Gehirn-Herz-Verbindung basiert auf einem Zweig eines komplizierten, umherschweifenden Nervs, dem *Vagusnerv* (Nervus vagus/Vagus). Das gesamte Vagusnerv-System reicht vom Verdauungssystem bis zum Hirnstamm und verbindet alle Bereiche auf seinem Weg zum Gehirn miteinander. Dieses System bildet die Grundlage für den Bereich unseres Nervensystems, der als *parasympathisches System* bezeichnet wird. Im Gegensatz zum *sympathischen Nervenssystem,* das unsere Systeme hochfahren lässt, indem es unsere Herzfrequenz erhöht, wenn wir für Handlungen bereit sein müssen wie zum Beispiel die defensiven Mechanismen des Kampfes oder der Flucht, ist das parasympathische System dann aktiv, wenn wir uns in einem relativ unbeweglichen Zustand befinden, uns beispielsweise entspannen, verdauen oder einen Film sehen. Der untere Bereich des Vagus verbindet den Darm mit dem Gehirn und koordiniert grundsätzliche Entspannungsvorgänge, Verdauungsprozesse und den Erstarr-/Immobilisierungsmechanismus, auf den wir als Verteidigung angesichts einer unausweichlichen, lebensbedrohlichen Gefahr zurückgreifen können. Der obere Bereich des Vagus verbindet Herz und Lunge mit dem Gehirn und ist ein evolutionsgeschichtlich jüngeres System, das nur in Säugetieren vorkommt. Dieses System fördert soziale Interaktionen und macht, auf neurologischer Ebene, tiefe Verbindungen mit anderen Menschen möglich, statt dafür zu sorgen, dass wir eine defensive Haltung einnehmen und unsere Mitmenschen angreifen oder vor ihnen weglaufen. Dieser obere Vagus-Bereich ist unerlässlich für eine einfühlsame Elternschaft.

Der Neurowissenschaftler Stephen Porges (2011) widmet seine berufliche Laufbahn dem Verständnis, warum Menschen solch soziale Wesen sein können. Er nennt diesen oberen Vagus-Bereich „intelligenten Vagus", weil er es uns erlaubt, unsere Herzfrequenz und unsere Atmung sehr flexibel über eine große Bandbreite an Gefühlen zu regulieren, ohne uns vollständig in eine defensive Reaktion zu begeben. Dieses System ermöglicht es Eltern, Bodenhaftung zu bewahren und emotional „gegenwärtig" zu sein, wenn die Eltern-Kind-Beziehung unter Stress oder Anspannung steht. Das intelligente Vagus-System unterstützt soziale Kontakte, Verbindung und gegenseitiges Verständnis, indem es Eltern dabei hilft, im Einklang mit der Erfahrung ihres Kindes zu sein und die Ruhe zu bewahren, selbst dann, wenn ihr ansonsten liebevoller Sohn einen Wutanfall hat.

Der intelligente Vagus verbindet nicht nur auf sehr effektive Weise die tiefer gelegenen Bereiche des präfrontalen Cortex mit Herz und Lunge, sondern kontrolliert auch die Muskeln des oberen Gesichtsbereichs, die wir benutzen, um positive Emotionen auszudrücken. Dieses intelligente Vagus-System (das Porges auch als „Bauch-Vagus" bezeichnet) koordiniert ebenfalls die Stimmqualität oder „Prosodie", die musikalische Qualität der Stimme, wie sie in der „Babysprache" in der höheren Tonlage, im Singsang veranschaulicht wird, mit dem Eltern häufig mit ihren Babys sprechen. Darüber hinaus, erklärt Porges, habe dieser Vagus-Schaltkreis eine Verbindung zu einem Muskel im Innenohr, der eine entscheidende Rolle im Prozess der Abstimmung unseres Gehörs auf die in der menschlichen Sprache benutzten Frequenzen spiele. Diese Verbindung erlaubt es uns, gute Zuhörer zu sein und uns sowohl auf den Inhalt des Gesprochenen als auch auf die subtilen musikalischen Eigenschaften (Prosodie) unserer eigenen Stimme und der unseres Gegenübers, einzustimmen.

Wenn dieses intelligente Vagus-System in Eltern und Kindern „eingeschaltet" ist, fühlen sich beide sicher genug, um offen miteinander zu kommunizieren. In einem solchen gemeinsamen Zustand der Ungezwungenheit können Eltern und Kinder eine tiefe Ebene des sozialen Kontakts aufrechterhalten, ohne in einen defensiven Zustand überzuwechseln, der mit dieser einzigartig menschlichen Form der Kommunikation unvereinbar wäre. Trevarthen bezeichnet diese Form der Kommunikation als „Intersubjektivität" (Trevarthen, 2001; Trevarthen & Aitken, 2001). Intersubjektive Kommunikation bedeutet, dass Eltern und Kinder innere Erfahrungen – Gedanken, Gefühle, Träume und Bedenken – miteinander teilen. Dem stehen oberflächlichere Arten der verhaltensorientierten Interaktionen gegenüber, die zwar häufig notwendig sind, aber weder ein tieferes gegenseitiges Verständnis noch eine Verbesserung der emotionalen Verbindungen fördern. Eine einfühlsame Elternschaft, die in hohem Maße auf dem intelligenten

Vagus-System fußt, fördert intersubjektive Kommunikation, das heißt, die Art von Eltern-Kind-Kommunikation, die Kindern hilft, sich von ihren Eltern verstanden und geschätzt zu fühlen. Das intelligente Vagus-System unterstützt Eltern darin, die meiste Zeit über in diesem offenen inneren Zustand zu bleiben und den Konkurrenzkampf zwischen dieser Offenheit und den defensiven Reaktionen zu regulieren, die normalerweise ein falscher Alarm sind und nicht wirklich Selbstschutzmaßnahmen erfordern. Wenn Eltern über ein gut entwickeltes auf soziale Kontakte ausgerichtetes System verfügen, können sie offen und empfänglich für die gesamte Bandbreite der kindlichen Gefühle und für ihre eigenen inneren Gefühle bleiben, ohne automatisch in einen selbstschützenden, egozentrischen Geisteszustand überzuwechseln. In gewisser Weise unterstützt ein guter Vagus-Tonus, das heißt ein gut entwickeltes intelligentes Vagus-System, die elterlichen Hirnfunktionen, damit Eltern dem Stress und den Belastungen der Eltern-Kind-Interaktionen mit Toleranz begegnen können. Eltern mit einem guten Vagus-Tonus haben ein größeres Stress-Toleranz-Fenster und sind besser in der Lage, starke Emotionen zu regulieren, als Eltern mit einem niedrigeren Vagus-Tonus. Abbildung 1.1 zeigt das intelligente Vagus-System.

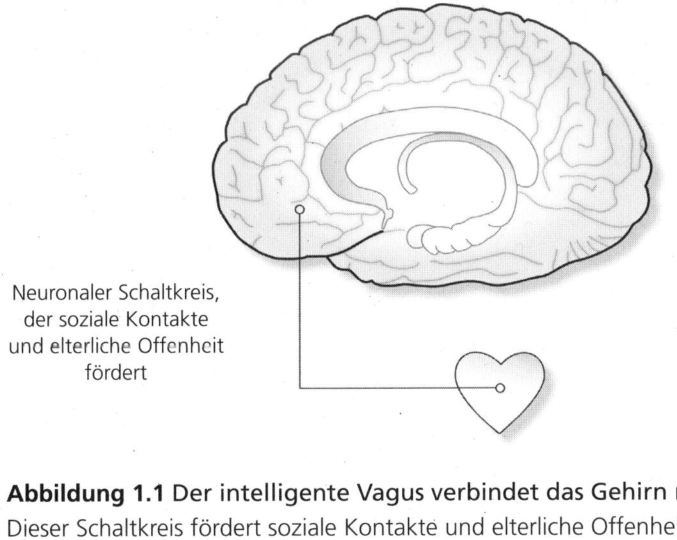

Abbildung 1.1 Der intelligente Vagus verbindet das Gehirn mit dem Herz
Dieser Schaltkreis fördert soziale Kontakte und elterliche Offenheit.

Das Ziel ist es dann, so lange wie möglich in dem offenen, auf soziale Kontakte ausgerichteten Zustand zu verweilen, wie in Abbildung 1.2 dargestellt. Das empfinden alle Eltern als schwierig, denn Interaktionen mit Kindern sind von Natur aus stressig und lösen manchmal – zwangsläufig – defensive Gefühle aus, die nicht mit den mitfühlenden Gefühlen, die wir haben möchten, übereinstimmen. Das auf soziale Kontakte ausgerichtete System wird nur dann aktiviert, wenn wir uns sicher genug fühlen, einem anderen Menschen nahe zu sein.

Als Nächstes werden wir uns ansehen, auf welche Weise unser Gehirn festlegt, ob wir uns sicher fühlen, uns auf unsere Elternrolle zu konzentrieren, oder unsere Blickrichtung auf unser eigenes körperliches und psychologisches Wohlbefinden richten.

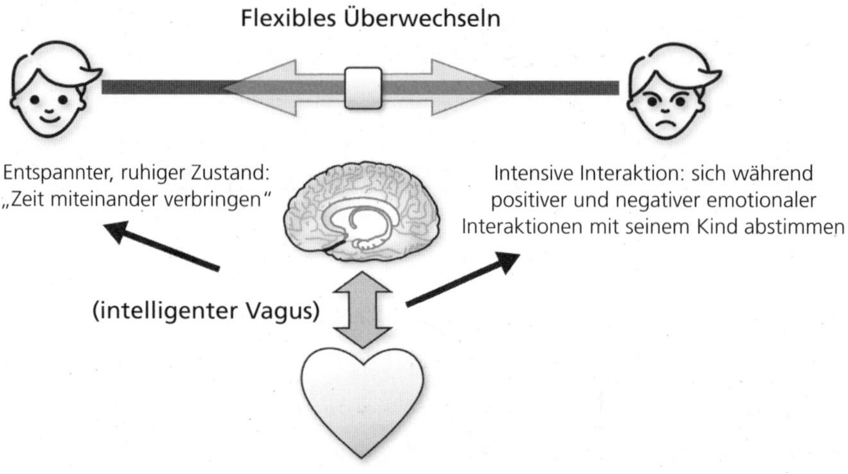

Abbildung 1.2 Das intelligente Vagus-System zur Förderung einer flexiblen, offenen Elternschaft nutzen

Vagus-Tonus im Hinblick auf das Eltern-Sein bedeutet soziale Kontakte, Flexibilität und Stress-Toleranz.

Seine Amygdala zähmen: Neurozeption und das limbische System

> *Um auf effektive Weise von defensiven auf soziale Kontakte ausgerichtete Strategien überzuwechseln, muss das Nervensystem der Säugetiere zwei wichtige anpassungsfähige Aufgaben erfüllen: (1) Es muss eine Risikobewertung vornehmen und (2) die primitiveren limbischen Strukturen, die die Verhaltensweisen des Kampfs, der Flucht und des Erstarrens kontrollieren, beruhigen, wenn die Umgebung als sicher wahrgenommen wird.*
>
> PORGES (2011, S. 57)

Das Gehirn bewertet sehr schnell, ob unser soziales Umfeld sicher oder gefährlich ist, mittels eines automatischen Kontrollverfahrens, das unterhalb des Radars unseres Bewusstseins stattfindet. Porges nennt dies *Neurozeptionssystem* (engl. „neuroception system"), um es von dem bewussteren Prozess der *Perzeption* (Wahrnehmung) zu unterscheiden. Dieses Neurozeptionssystem wird von einem Gehirnbereich koordiniert, der Amygdala heißt (siehe Abbildung 1.3) und alle eingehenden sensorischen Informationen sowie alle vom Körper ans Gehirn geschickten Informationen filtert. Die Amygdala gehört zu einem System, das Neurowissenschaftler als „limbisches System" bezeichnen. Das limbische System ist eine Gruppe von Strukturen im Säugetiergehirn, die Emotionen erzeugen und die grundlegenden Prozesse des Annäherns an und Vermeidens von Dingen im Leben steuern. Als Schlüsselkomponente des limbischen Systems erhält die Amygdala Eingangsdaten von allen äußerlichen Sinnesorganen und vom Körper und ist so in der Lage, eine mögliche Bedrohung in weniger als einer Zehntelsekunde zu erfassen, also in weitaus weniger Zeit, als unser Gehirn zur Bildung eines bewussten Gedankens oder Gefühls benötigt (Davis & Whalen, 2001). Wenn die Amygdala eine Bedrohung wahrnimmt, kann sie die Schaltkreise im Gehirn sofort von Annäherung auf defensives Vermeiden umschalten. Wenn die Gefahr als mäßig und nicht lebensbedrohlich eingestuft wird, werden wir wahrscheinlich unser sympathisches Nervensystem aktivieren, welches uns so weit in das Kampf-oder-Flucht-System führt, dass sich unsere Herzfrequenz und unsere Wachsamkeit erhöhen. Wird die Gefahr als lebensbedrohlich oder als überwältigend und unausweichlich bewertet, aktiviert die Amygdala unser parasympathisches System, jenes tiefer gelegene Vagus-System, welches Immobilisierung begünstigt, das heißt ein Abschalten, das uns im Wesentlichen auf einen verhältnismäßig schmerzfreien Tod vorbereitet. Das gleiche System benutzen Tiere, um sich „tot zu stellen", wenn ein Raubtier sie fressen will. Und wir benutzen es, um uns vom Geschehen zu distanzieren und aufzuhören, uns darüber Sorgen zu machen.

Wenn das Neurozeptionssystem keine wahre Gefahr entdeckt, aktiviert es unser soziales Annäherungssystem und sorgt dafür, dass wir uns sicher fühlen und ein Gefühl des Vertrauens zu unseren Mitmenschen aufbauen. Wenn dieses System „eingeschaltet" ist – also wenn die Amygdala gezähmt worden ist –, sind andere Gehirnsysteme zur Vermittlung von Selbstschutzreaktionen „ausgeschaltet". Wenn wir dieses grundlegende „Annäherungssystem" als Eltern aktivieren können, schalten sich die anderen Prozesse der Elternschaft, einschließlich der Fähigkeit, sehr große Freude am Zusammensein mit unseren Kindern zu empfinden, ein und fördern den Aufbau von dauerhaften emotionalen Bindungen mit unseren Kindern. Diese Verbindungen sind die meiste Zeit über ausreichend stabil, um konkurrierende Emotionen zu übertrumpfen, die sich unweigerlich aus den täglichen Interaktionen mit unseren Kindern über die vielen Jahre hinweg ergeben, die Menschen zum Erwachsenwerden benötigen.

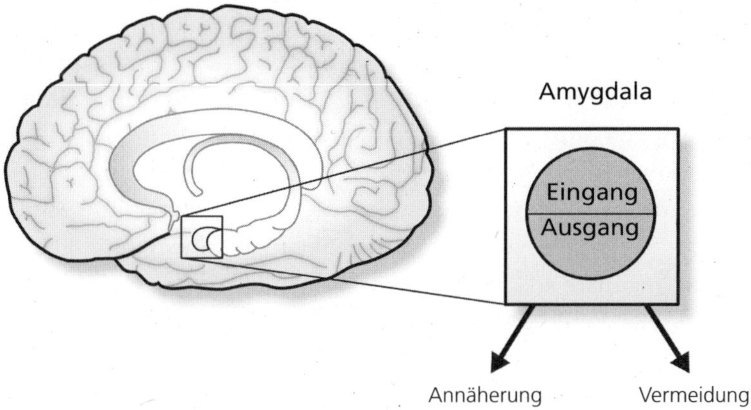

Abbildung 1.3 Lage der Amygdala
Die Amygdala verfügt sowohl über Eingangs- als auch Ausgangsbereiche, durch die sie die verschiedensten sensorischen Eingangsdaten, einschließlich der von den fünf Sinnesorganen und den viszeralen Bereichen wie Herz und Darm, empfangen kann. Sie kann diese Daten dann dazu nutzen, um entweder die Ausgangspfade zu den restlichen Hirnarealen und zum Körper zu unterdrücken oder um sie zu aktivieren.

Obwohl die Amygdala auf sowohl positive als auch negative Reize reagiert, scheint sie sich auf die Gefahrenerkennung, Angstkonditionierung und Schadensvermeidung, besonders auf der rechten Seite des Gehirns, spezialisiert zu haben. Die Amygdala auf der linken Gehirnseite scheint vermehrt an der Erzeugung bewusster Gefühle und Emotionen beteiligt zu sein, die sich eher auf das Annähern als auf das Vermeiden von Dingen im Leben beziehen (Whalen & Phelps, 2009).

Da alles, was wir mit unseren Sinnen äußerlich und innerlich wahrnehmen, die Amygdala zur schnellen Bewertung seines Überlebenswertes durchläuft, spielt die Amygdala auch eine Schlüsselrolle bei der schnellen und groben Einschätzung im elterlichen Gehirn. Ist es sicher, seinem Kind nahe zu sein und auf es ganz und gar einzugehen, oder stellt dieser innige Kontakt eine Gefahr dar? Dadurch fällt der Amygdala eine sehr wichtige

Rolle zu: Sie hilft den Eltern dabei, den Prozess des Eltern-Seins und der Verbindung zum Kind zu koordinieren, anstatt sie in einen Abwehrzustand übergehen zu lassen, der Eltern und Kind auf emotionaler und psychologischer Ebene voneinander trennt. Alle Säugetiere verfügen über diesen grundsätzlichen Schaltkreis der Neurozeption.

Laut Porges „führt Neurozeption unter Einzelpersonen, die sich kennen, und Einzelpersonen, die angemessen prosodische Stimmen und warme, ausdrucksstarke Gesichter haben, zu sozialen Interaktionen, die ein Gefühl der Sicherheit begünstigen“ (2011, S. 58). Die menschliche Amygdala reagiert in hohem Maße auf Gesichtsausdrücke, hier insbesondere auf Blickkontakte und Augenbewegungen. Man vermutet, dass diese schnelle – positive oder negative – Reaktion auf Blickkontakte zu einer der Schwierigkeiten gehört, die Menschen mit sozialen Phobien und Autismus-Spektrum-Störungen bei der Aufrechterhaltung von persönlichen Interaktionen mit anderen Menschen haben. Die Amygdala ist besonders empfänglich für Veränderungen im Augenbereich wie das Senken oder Anheben der Brauen, Veränderungen der Größe und Helligkeit der Pupillen und Veränderungen der Blickrichtung. Der Kontrast zwischen Hell und Dunkel ist beim menschlichen Auge am ausgeprägtesten, was uns vermutlich dabei hilft, die Vertrauenswürdigkeit unserer Mitmenschen anhand ihrer Augen zu deuten. Selbst Neugeborene schenken einem direkten Blickkontakt mehr Aufmerksamkeit als einem abgewandten Blick und das sowohl bei echten Gesichtern als auch bei Zeichnungen von Gesichtern. Blickkontakte können Intimität und liebevolle Gefühle auslösen, sie können aber auch defensive Reaktionen in unserer Amygdala erzeugen, wenn wir von einem Menschen unfreundlich angestarrt werden. In einem bedrohlichen Umfeld zu leben kann die Amygdala für wütende oder ängstliche Gesichtsausdrücke sensibilisieren und so die Schwelle für die Auslösung defensiver Reaktionen anderen Menschen gegenüber herabsetzen (Pollak, 2003).

Eine Region, die beim Eltern-Sein eine Schlüsselrolle spielt, ist die mediale Amygdala. Die mediale Amygdala hat sehr viel mit unseren Annäherungs- und Vermeidungsreaktionen gegenüber anderen Menschen zu tun (Mayes et al., 2009). Dieser Bereich ist an dem schnellen, automatischen Hin- und Herschalten zwischen diesen beiden Reaktionen des

Annäherns und des Vermeidens beteiligt (van Reekum et al., 2007). Ein derartiges Hin- und Herschalten ohne die Beteiligung höherer Kontrollprozesse wird unter anderem durch die Ausschüttung von Oxytocin in die mediale Amygdala durch angenehme Erfahrungen mit anderen Menschen wie beispielsweise „gute Berührungen“ und warme, freundliche Stimmen koordiniert. In der Amygdala befinden sich Oxytocin-Rezeptoren, und wenn diese Rezeptoren „beschäftigt“ sind, wirkt sich das beruhigend auf die Amygdala aus (Veenama & Neuman, 2008; Domes et al., 2007). Oxytocin hilft auf diese Weise bei der Blockierung des defensiven, vermeidenden Reaktionssystems und ermöglicht es dadurch dem auf soziale Kontakte ausgerichteten Annäherungssystem, eingeschaltet zu bleiben. Kurz gesagt ist die Ausschüttung von Oxytocin ein wichtiger, automatischer Von-unten-nach-Oben-Prozess, der Eltern darin unterstützt, die Verbindung zum Kind aufrechtzuerhalten, statt in einen Abwehrzustand überzuwechseln, der eine emotionale Barriere zwischen Eltern und Kind schafft.

Bereits im Gehirn eines Neugeborenen ist die Amygdala online und im Grunde arbeitsbereit. Auch wenn es eine kurze Phase nach der Geburt gibt, in der die Amygdala noch nicht sehr empfindlich ist, kann, so scheint es, hoher Stress dieses frühe Puffersystem aufheben und die Amygdala frühzeitig aktivieren. Dieses Erkennungssystem von Gefahren steht jedenfalls sehr früh während des ersten Lebensjahres zur Verfügung und steuert einen Großteil des ersten sozialen und emotionalen Lernens des Kindes, zusammen mit den mit der Amygdala verbundenen, tiefer liegenden Bereichen des präfrontalen Cortex, im Besonderen dem orbitalen Bereich des unteren präfrontalen Cortex.

Fazit: Im Hinblick auf die Elternrolle greift die Amygdala bei einer schnellen Bewertung der Sicherheit oder Gefahr einer Situation ein und spielt dadurch eine Schlüsselrolle, uns instinktiv auf unsere Kinder zuzubewegen oder aber uns von ihnen abzuwenden.

Den Überblick behalten: die Rolle des Hippocampus

In einem gesunden Gehirn arbeitet die Amygdala mit einer benachbarten, im Schläfenlappenbereich (Temporallappen) befindlichen Struktur zusammen. Diese Struktur ist der *Hippocampus* (Ammonshorn) (siehe Abbildung 1.4). Der Hippocampus ist aufgrund seiner zahlreichen Funktionen ein entscheidender und faszinierender Bereich des Gehirns. Er ...

- erzeugt bewusste, autobiografische Erinnerungen,
- hilft dabei, emotionale Reaktionen in einen zeitlichen und örtlichen Zusammenhang zu setzen,
- bildet neue Gehirnzellen *(Neurogenese),*
- hilft bei der Regulierung des Stressreaktionssystems (Andersen, Morris, Amaral, Bliss & O'Keefe, 2007).

Wie wichtig die verschiedenen Funktionen des Hippocampus sind, wird deutlich, wenn man sich Demenzpatienten ansieht. In Alzheimer-Patienten wird der Hippocampus letztendlich zerstört.

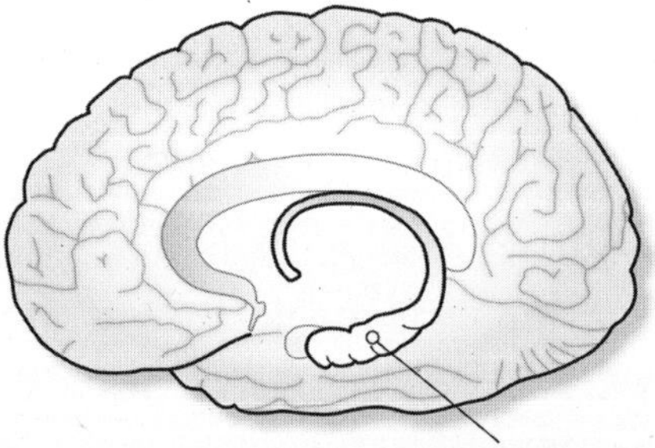

Abbildung 1.4 Der Hippocampus
Diese Struktur ist von wesentlicher Bedeutung bei der Schaffung von Erinnerungen, beim elterlichen Lernprozess sowie beim Umgang mit Stress. Außerdem sorgt sie dafür, dass das Gehirn gesund bleibt, und bildet neue Gehirnzellen.

In einem gesunden Gehirn arbeiten Amygdala und Hippocampus gut zusammen, um emotionale Erfahrungen in einen größeren Zusammenhang zu setzen. Der Hippocampus entwickelt sich jedoch langsamer und ist später online als die Amygdala und reagiert außerdem sehr empfindlich auf Stresshormone. Die langsamere Entwicklung des Hippocampus ist einer der Hauptgründe, warum die frühe Kindheit eine solch rein emotionale Phase des sozialen Lernens und der Entwicklung ist, eine Phase, in der viele Erfahrungen unmittelbar und intensiv sind und nur *implizit* im Gedächtnis bleiben, das heißt indirekt, in Form von unbewussten Anhaltspunkten wie Gerüchen, Geräuschen, Bildern und Muskeleigenreflexen (Propriozeption), anstatt *explizit*, das heißt in Form von bewussten und spezifischen Zusammenhängen, die häufig einen zeitlichen und örtlichen Bezug haben oder ein bestimmtes Ereignis betreffen (dies wird als *autobiografisches Gedächtnis bezeichnet und ist eine von mehreren Arten der expliziten Erinnerung*). Der Hippocampus wird für die Schaffung expliziter autobiografischer Erinnerungen benötigt, also die Art von Erinnerungen, die wir meinen, wenn wir vom Gedächtnis sprechen (Siegel, 1999; Wall & Messier, 2001).

Zusammenfassung:

- **Implizite emotionale Erinnerungen** sind nonverbale, von der Amygdala gesteuerte Erinnerungen, die ohne Bewusstsein stattfinden. (Es gibt andere Formen der impliziten Erinnerungen, an denen die Amygdala nicht beteiligt ist, wie zum Beispiel „prozedurale" Erinnerungen, sprich: wie wir bestimmte Dinge im Leben machen wie zum Beispiel Fahrradfahren.) Beispiel einer emotionalen impliziten Erinnerung: Als Kind hört Gail, wie ihr Vater ihre Mutter anschreit, und bildet eine implizite Erinnerung, mit der sie mit Männern Gefühle der Angst assoziiert. Später löst das Zusammensein mit Männern extremes Unbehagen in Gail aus, ohne dass sie weiß, wodurch diese Reaktion in Wirklichkeit hervorgerufen wird. Diese Art von Erinnerungen, die ihren Ursprung in sehr stressigen oder sehr angenehmen Erfahrungen sehr früh im Leben haben, sind die Basis für eine präverbale emotionale Konditionierung, die später im Leben starke Reaktionen auf Reize oder Ereignisse auslösen kann, die denen aus der frühen Kindheit ähnlich sind. Diese Formen von „ausgelösten“ Erinnerungen scheinen aus dem Nichts zu kommen und Gefühle und körperliche Reaktionen hervorzurufen, die wir uns nicht erklären können.

- **Explizite Erinnerungen** sind verbale, bewusste Erinnerungen, an deren Auswertung der Hippocampus beteiligt ist. Diese Erinnerungen sind nur dann möglich, wenn der Hippocampus ausreichend ausgereift und gesund ist. Beispiel: Als Jimmy fünf Jahre alt war, wurde er von einer Biene gestochen. Viele Jahre später kann er sich noch an diese Erfahrung erinnern und sie genau beschreiben. Er hat Angst vor Bienen und er weiß warum.
- **Autobiografische Erinnerungen** sind Erinnerungen an Ereignisse in unserem Leben, einschließlich des Wer, Was, Wo und Wann der Ereignisse. Sowohl die Amygdala als auch der Hippocampus sind notwendig, um die Gefühle und den Kontext der Erfahrung zu erfassen. Beispiel: Als Rob acht Jahre alt war, nahm sein Vater ihn zum ersten Mal zu einem Baseballspiel der Oberliga mit. An dieses Erlebnis erinnert sich Rob zwölf Jahre später noch ganz genau. Er erinnert sich daran, wie sein Vater und er in der Tribüne standen, einen Hotdog aßen und wie sein Vater die Heimmannschaft anfeuerte und dann enttäuscht war, als sie das Spiel verloren hatten.

Während sich das Gehirn entwickelt, arbeiten Amygdala und Hippocampus zusammen, um emotionsgetriebene Erinnerungen zu erzeugen, die einen zeitlichen und örtlichen Bezugspunkt haben. Neurowissenschaftler bezeichnen solche Erinnerungen als *kontextualisiert.* Solche autobiografischen Erinnerungen ermöglichen es uns, uns daran zu erinnern, wo wir waren, wann wir dort waren und mit wem wir dort waren, als emotional bedeutsame Ereignisse stattfanden. Diese Erinnerungen werden schließlich in unserem Langzeitgedächtnis gespeichert, können jedoch wieder aufgerufen und mit dem gegenwärtigen Moment verglichen werden, um zu sehen, ob es Unterschiede gibt oder ob zwischen der gegenwärtigen Erfahrung und den vergangenen Erfahrungen eine Übereinstimmung besteht. Bevor das Hippcampus-System wirklich anfängt, effektiv zu arbeiten (wahrscheinlich gegen Ende des zweiten Lebensjahres), ist das Gehirn nur in der Lage, *amygdaloide,* emotionsorientierte Erinnerungen oder prozedurale Erinnerungen (wie wir Dinge machen) zu erzeugen.

Da der Hippocampus sehr empfindlich auf Stresshormone wie Cortisol und auf erregende (exzitatorische) chemische Substanzen wie Glutamat reagiert, kann dieser Bereich des Gehirns durch zu viel Stressreaktivität geschädigt werden (McEwen, 2004). Eine unzulängliche Funktionsweise des Hippocampus und sogar strukturelle Veränderungen in diesem Bereich sind typische Merkmale vieler psychischer Störungen wie Depressionen und Angststörungen, posttraumatische Belastungsstörungen (PTBS) und Schizophrenie. Wenn man ein gesundes Gehirnwachstum und eine belastbare Funktionsweise des Gehirns fördern will, lautet ein sehr wichtiges Ziel, den Hippocampus während seiner frühen Entwicklung zu schützen. Weil die Amygdala eng mit dem Hippocampus verbunden ist und mit ihm zusammenarbeitet, kann die Überaktivierung der Amygdala eine Quelle toxischer Auswirkungen auf die Arbeitsweise, das Wachstum und die Struktur des Hippocampus sein.

Fazit: Im Hinblick auf die Elternrolle hilft der Hippocampus uns dabei, unsere Erfahrungen als Eltern in einen größeren Zusammenhang zu stellen, mit Stress umzugehen, aus unseren Erfahrungen zu lernen, neue Gehirnzellen zu bilden und reiche Erinnerungen an das Zusammensein mit unseren Kindern zu erzeugen.

Ein gesundes Gehirn aufbauen: von unten nach oben und von oben nach unten

Die Begriffe *Von-unten-nach-Oben* und *Von-oben-nach-Unten* beziehen sich auf die tieferen und höheren Schaltkreise des Gehirns beziehungsweise auf die von Hirnforschern als *ventrale* (tiefere) und *dorsale* (höhere) bezeichneten „Ströme" zur Informationsverarbeitung. (Es hilft vielleicht, sich den Unterschied zwischen „dorsal" (*rück*seitig) und „ventral" vor Augen zu führen, indem Sie sich die *Rücken*flosse eines Haifischs oben auf seinem großen Körper vorstellen.) Der Von-unten-nach-Oben-Strom in unserem Gehirn ist eng mit unseren viszeralen Organen – Herz, Lunge, Nebennieren und Verdauungstrakt – verbunden und macht dadurch diesen Schaltkreis zu einem System, das *Affekt* erzeugt, das heißt sämtliche Arten von Gefühlen und Empfindungen. *Affekte* sind alle unsere Emotionen, Empfindungen und viszerale Reaktionen auf Dinge, die wir mögen und denen wir uns nähern möchten sowie Dinge, die wir nicht mögen und denen wir lieber aus dem Weg gehen. Wenn dieser tiefer gelegene Strom aktiviert ist, fühlen wir, dass *uns* etwas passiert. Wir haben instinktive Reaktionen und tiefe Empfindungen, die uns die Dinge sehr persönlich nehmen lassen. Dieser Von-unten-nach-Oben-Strom ist demnach genau dann „eingeschaltet", wenn wir etwas aus einer egozentrischen oder „ichbezogenen" Sicht erleben. Bildgebende Verfahren an Patienten, die an klinischer Paranoia leiden (*klinisch* bedeutet hier, dass die Störung so schwer ist, dass sie einer psychiatrischen Diagnose bedarf), zeigen, dass nur der Von-unten-nach-Oben-Strom eingeschaltet ist (Drevets, 2000). Der obere Strom ist im Wesentlichen außer Betrieb und deswegen glauben paranoide Menschen, dass sich alles, was sie erleben, um sie dreht. Diesen Menschen fehlt buchstäblich das Gehirnpotential, zumindest während solcher Momente, um zwischen dem, was „sie" wirklich betrifft, und dem, was „sie nicht" betrifft, zu unterscheiden.

Der obere Strom des Gehirns ist nicht direkt mit unserem viszeralen Selbst verbunden. Wir benutzen diesen „kühleren" Gehirnschaltkreis, wenn wir etwas verstehen oder objektiver betrachten möchten, sozusagen von einer höheren Warte aus und weniger leidenschaftlich und persönlich. Wir brauchen also beide Gehirnströme, den tieferen und den höheren, um unsere Emotionen und Empfindungen zu fühlen, um mit unseren Erfahrungen „im Einklang zu sein", und um unsere Erfahrungen im Kontext zu sehen, indem wir zwischen dem wirklich Persönlichen und dem Nicht-Persönlichen unterscheiden (Beauregard, Levesque & Bourgouin, 2001; Ochsner, Ray et al., 2004). Da der Von-unten-nach-Oben-Strom mit unserem limbischen System verbunden ist, ist dieser Schaltkreis für unser unmittelbares Überleben unerlässlich. Dieser Schaltkreis ist das System, das ein „erstes" neurozeptives, unbewusstes Sichten der von unseren äußeren und inneren Sinnen stammenden Informationen durchführt. Wir benutzen dieses System, wenn wir alles im Leben auf seinen unmittelbaren Überlebenswert einschätzen und schnell bewerten möchten, ob wir uns in Gefahr befinden oder sicher sind.

Die Amygdala ist Teil des tiefer gelegenen Stroms, während der Hippocampus teilweise als Brücke zwischen den beiden Strömen fungiert. Die Amygdala *erhält* Informationen *von* jedem sensorischen Bereich des Gehirns und *versorgt* diese sensorischen Bereiche mit Informationen, während der Hippocampus Informationen erhält, die bereits in hohem Maße und auf multisensorische Art und Weise von anderen Bereichen des Gehirns aufgearbeitet worden sind, und teilt erst dann diese gut aufgearbeiteten Informationen mit den höheren Gehirnbereichen (LeDoux, 2002). Sowohl der tiefere als auch der höhere Strom speisen ihre „Ausgangsinformationen" in den präfrontalen Cortex ein und machen diesen Bereich damit zu Ihrer Zentrale, die diese beiden Ströme miteinander vernetzt, die Ihre emotionsorientierte, subjektivere Erfahrung mit Ihrer objektiveren, sachlicheren und „kognitiven" Art der Bedeutungsbestimmung eines Geschehens verbindet. Wird der präfrontale Cortex geschädigt, ist eine solche Vernetzung beider Ströme schwierig oder in schwereren Fällen sogar unmöglich. (Der bekannteste Fall in der Neurowissenschaft ist der Fall des Phineas Gage, dessen präfrontaler Cortex geschädigt wurde, wodurch die lebenswichtigen Verbindungen zwischen seinem ventralen und seinem dorsalen System zerstört wurden. Googeln Sie „Phineas Gage", um mehr über diesen Fall aus dem 19. Jahrhundert zu erfahren.)

Der obere Strom entwickelt sich langsamer und arbeitet langsamer. Dadurch wird ein Szenario geschaffen, in dem der tiefere Schaltkreis des Gehirns den höher gelegenen leichter dominieren kann als umgekehrt. Selbst als Erwachsene können wir so manchmal dem Von-unten-nach-Oben-System von Gehirn und Körper ausgeliefert sein und zeitweise die abbremsende Funktionsweise unseres Von-oben-nach-Unten-Systems verlieren. Abbildung 1.5 zeigt, wie die beiden Ströme im präfrontalen Cortex verbunden sind. Wie Sie sehen, ist der untere Strom direkt mit Ihrem Herz und Ihrem intelligenten Vagus-System verbunden. Der präfrontale Cortex ist die Integrationszone für beide Ströme und genau das ermöglicht es Ihnen, sich Ihrer Gefühle bewusst zu werden *und* gleichzeitig darüber nachzudenken, was in Ihrer Beziehung zu Ihrem Kind geschieht, das heißt „zu fühlen und damit umzugehen". Abbildung 1.5 zeigt die Interaktion zwischen dem Von-unten-nach-Oben-Prozess (Affektregulierung) und dem Von-oben-nach-Unten-Prozess (reflexiver Prozess).

Fazit: Im Hinblick auf die Elternrolle verbinden die Von-unten-nach-Oben- und Von-oben-nach-Unten-Prozesse des Gehirns elterliche Gefühle und elterliches Denken auf anpassungsfähige und flexible Weise miteinander.

Frühe Kindheit und das elterliche Gehirn: ein generationsübergreifender Zyklus

Die Entwicklung der Fähigkeit, sich beständig um seine Kinder zu kümmern, hat ihren Anfang in der frühen Kindheit der *Eltern*. Frühe Eltern-Kind-Interaktionen schaffen nicht nur den metaphorischen und psychologischen Rahmen, sondern die neurobiologische Basis für die spätere Fähigkeit, einfühlsame und mitfühlende Eltern zu sein.

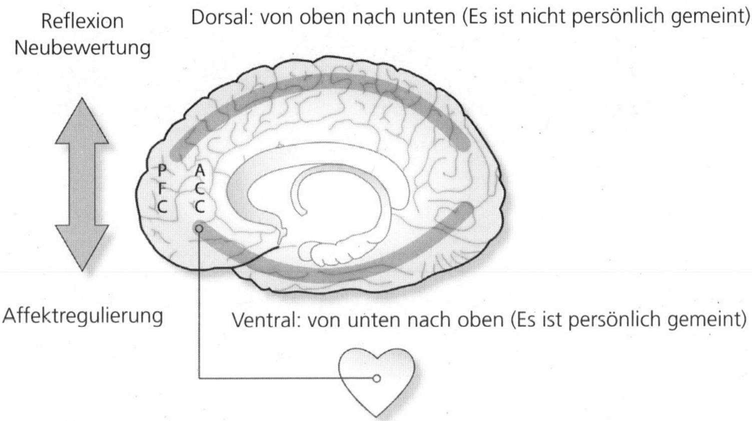

Abbildung 1.5
Ventrales (tieferes) und dorsales (höheres) Gehirnsystem treffen im präfrontalen Cortex aufeinander, welcher die Eingangsdaten beider Systeme zusammenfügt. ACC = anteriorer cingulärer Cortex; PFC = präfrontaler Cortex

Während des ersten Lebensjahres bildet das kindliche Gehirn mehr Verbindungen zwischen dem unteren und dem oberen Strom des Gehirns. Diese Verbindungen sind notwendig für die Emotionsregulation und für die Ausbildung der Fähigkeit, zu den Prozessen des Fühlens und Denkens eine Verbindung herzustellen, also in der Lage zu sein, mit emotional erregenden

Ereignissen im Leben auf flexible und widerstandsfähige Weise umzugehen. Während der ersten achtzehn Lebensmonate bildet die kindliche Amygdala wechselseitige Verbindungen zu den höheren Hirnarealen, die in den tiefer gelegenen Bereichen des präfrontalen Cortex liegen (National Scientific Council on the Developing Child, 2008; Schore, 1994). Die beiden Bereiche des präfrontalen Cortex, die die Hauptrolle bei der Bildung dieser *fronto-limbischen* Verbindungen spielen, sind der orbitofrontale Cortex und der anteriore cinguläre Cortex, wie in Abbildung 1.6 veranschaulicht.

Der Grund, warum der obitofrontale Cortex und der anteriore cinguläre Cortex so wichtig für die kindliche Entwicklung und letztlich die Elternrolle sind, ist die Tatsache, dass diese Bereiche die Aktivität der Amygdala direkt regulieren und bei der Modulierung der oben erwähnten Gefahrenerkennungs- (Neurozeption) und Zustandsregulierungsprozesse helfen können. In einem gesunden, reifen Gehirn sind der orbitale Bereich und der anteriore cinguläre Cortex, in Zusammenarbeit mit der Amygdala, in höherem Maße für Ihre Emotionen und Stressreaktionen verantwortlich als die Amygdala alleine. Und das bedeutet, dass Sie mehr Macht haben, die Art und Weise zu regulieren, wie Sie auf emotional erregende Dinge im Leben reagieren, einschließlich der Dinge, die Ihr Kind tut und die schwierige Gefühle in Ihnen auslösen. Diese Verbindungen zwischen dem orbitofrontalen Cortex und dem benachbarten anterioren cingulären Cortex und der Amygdala sind die Kernelemente Ihres „exekutiven" Gehirns, des Systems, das emotionale Reaktionen reguliert und den Prozess koordiniert, mit dem Sie die Kontrolle über Ihre Handlungen behalten, selbst dann, wenn Sie intensive negative Gefühle und Impulse verspüren. Und aus diesem Grund ist es äußerst wichtig, dass das kindliche Gehirn gute Verbindungen zwischen dem orbitofrontalen Cortex, dem anterioren cingulären Cortex und der Amygdala bildet und sich damit ein effektives exekutives Gehirnsystem zur Selbstregulation entwickeln kann – zu einem Prozess, der während der ersten achtzehn Lebensmonate sehr aktiv stattfindet und danach weiterhin vonstattengeht, während wir erwachsen werden.

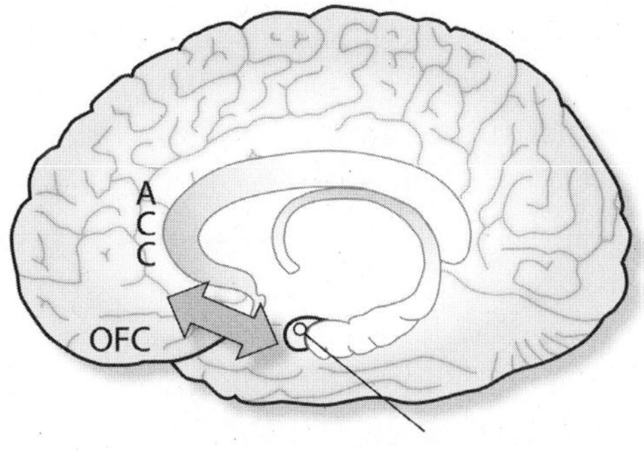

Abbildung 1.6 Das fronto-limbische System
Der orbitofrontale Cortex (OFC) und der tiefer gelegene anteriore cinguläre Cortex (ACC) sind mit der Amygdala verbunden und bilden so einen Gehirnschaltkreis zur Selbstregulation.

Die Neurowissenschaft hat den Prozess aufgezeigt, durch den gute Eltern-Kind- und schlechte Eltern-Kind-Beziehungen von Generation zu Generation weitervererbt werden. Sie hat mit ihren Forschungsarbeiten, die verschiedene Säugetierarten umfassen, nachgewiesen, dass eine frühe Fürsorge die Entwicklung der Gehirne des Nachwuchses auf dauerhafte Weise beeinflusst, und zwar auf eine Weise, die große Auswirkungen auf die Art und Weise hat, wie Erwachsene die nächste Generation großziehen werden (National Scientific Council, 2010). Diese faszinierenden Forschungsarbeiten werden als *maternaler oder parentaler Effekt* bezeichnet und zeigen, bis hinunter auf die Ebene der spezifischen Genaktivität, auf welche Weise ein frühes Umfeld das Gehirn negativ beeinflussen kann (Francis, Champagne & Meaney, 2000). Im Wesentlichen zeigen diese Forschungsarbeiten, dass frühe Erfahrungen Schlüsselschaltkreise im Gehirn, die bei der Stressreaktion und bei sozial-emotionalen Prozessen beteiligt sind, „einstellen" und „formen". Eine solche Programmierung des sich entwickelnden kindlichen Gehirns passt sich dieser ersten sozialen Nische so an, dass es die besondere Art der Fürsorge, die das Kind erfährt, widerspiegelt. In

Wirklichkeit bereitet dieser frühe „erfahrungsabhängige" Prozess das kindliche Gehirn darauf vor, in einer Welt zu leben, die dem ersten Umfeld in Bezug auf dessen Sicherheits- und Gefahrenniveau ähnlich ist.

So wie ein Kind, das im ersten Lebensjahr Kontakt zu einer bestimmten Sprache hat, den für das Erlernen der Sprache zuständigen Schaltkreis auf die bestimmten Klänge seiner Muttersprache einstellt und es dadurch für sein Gehirn schwerer macht, die Klänge einer anderen Sprache später in seinem Leben zu hören, stellt der Kontakt mit einer besonderen sozialen und emotionalen Nische das Gehirn des Kindes so ein, dass es später gegen Veränderungen dieses grundlegenden sozialen Programms im Umgang mit anderen Menschen resistent ist. Das sich entwickelnde Gehirn beschäftigt sich ausschließlich mit dem Erlernen einer grundlegenden Strategie, die beinhaltet, dass man die Verbindung zu diesem notwendigen Rettungsanker, den Bindungsfiguren darstellen, aufrechterhält und auch dass man diesen Bindungsfiguren gegenüber ausreichend wachsam bleibt, sollte ihre Gegenwart nicht immer sicher sein.

Diese präverbale Strategie im Umgang mit anderen Menschen heißt *Bindungstyp*. Es gibt verschiedene Bindungstypen, die alle, ob sicher oder unsicher, auf der frühen Gehirnentwicklung basieren, die das Zwischenspiel von Genen und Umwelt widerspiegelt (Siegel, 1999). So zeigen jüngste Forschungen, in denen Erwachsene verschiedener Bindungstypen mit Hilfe von bildgebenden Verfahren untersucht wurden, dass es bestimmte „Gehirnunterschriften" gibt, die mit diesen Bindungstypen assoziiert werden (Strathearn & Fonagy, 2009; Swain & Lorberbaum, 2008). Aus diesem Grund neigen diese frühen Bindungstypen auf elementarster Ebene dazu, sehr dauerhaft zu sein. Sie verändern sich oft vom ersten Lebensjahr an bis ins Erwachsenenalter kaum und beeinflussen die Art, wie wir unsere Kinder großziehen (Van IJzendorn, 1995).

Dieses anfängliche Einstellen des sozial-emotionalen Gehirnschaltkreises und des Stressreaktionssystems tendiert dazu, bestehen zu bleiben und dieselben alten Programme abzuspielen, selbst dann, wenn „neue" Informationen als Folge von alten Verhaltensweisen zur Verfügung gestellt werden. Die Natur hat sichergestellt, dass wir unsere ursprünglichen Überlebensstrategien nicht so leicht aufgeben. Das Wissen um die beständige Natur solcher frühen Programmierungen des sozialen Gehirns kann viel dazu beitragen, wenn man Eltern und Therapeuten helfen möchte, zu verstehen, warum es so schwierig sein kann, die Elternrolle mit einem Gehirn auszuüben, das auf eine defensive Haltung, statt auf ein Leben innerhalb sicherer Verbindungen mit anderen Menschen eingestellt ist.

Fazit: Im Hinblick auf die Elternrolle bildet die frühe Entwicklung des Gehirns das Fundament für Selbstregulation und persönliche Sicherheit und hilft gleichzeitig beim Aufbau eines gesunden elterlichen Gehirns.

Das elterliche Gehirn vorbereiten: hormonelles Einstellen des Fürsorgeprozesses

Während die frühe Entwicklung die Voraussetzungen dafür schafft, ein mitfühlender Mensch zu sein, begünstigt der eigentliche Prozess des Eltern-Werdens hormonelle Veränderungen, die die primäre und entwicklungsmäßig angemessene Ausrichtung des Gehirns auf seine eigenen Ressourcen und Fähigkeiten (die Alles-dreht-sich-um-Mich-Phase der Jugendzeit und des frühen Erwachsenenalters) auf eine intensive Ausrichtung auf den Fürsorgeprozess verschiebt. Während diese hormonelle „Vorbereitung" des Gehirns auf die Elternrolle weitaus unbeständiger in Vätern als in Müttern verschiedener Spezies ist, verändert das Vater-Werden ebenfalls das Gehirn verschiedener Spezies, zumindest so weit, dass Väter beziehungsweise Vatertiere daran gehindert werden, ihren eigenen Nachwuchs zu verletzen (Veenama & Neuman, 2008). In einigen Spezies wie zum Beispiel im Menschen durchlaufen die Gehirne von Müttern als auch von Vätern enorme Veränderungen, durch die die Gehirne beider Elternteile von anderen Beschäftigungen auf ein ausgeprägtes Interesse am Schutz und der Pflege des Nachwuchses umgelenkt werden. In Spezies, bei denen sich beide Elternteile um den Nachwuchs kümmern, fördert ein ähnlicher Prozess solcher Gehirnveränderungen normalerweise die „Paarbindung", das heißt die Bildung lebenslanger Bindungen im Erwachsenenalter nach der Paarung (Carter, 2005). In Spezies wie der Prairie-Wühlmaus und dem Titi-Affen, die diese Muster der Paarbindung aufzeigen und bei denen beide Elternteile sich gemeinsam um den Nachwuchs kümmern, sehen wir die Ursprünge dieser Art von Familiensystemen, die die meisten Menschen schätzen. Und in einigen Spezies, einschließlich des Menschen, können auch nicht leibliche Eltern ein auf Pflege und Fürsorge ausgerichtetes Gehirn entwickeln. Allein der Kontakt mit Kindern kann ein derartiges Fürsorgesystem aktivieren.

Neurowissenschaftler wie Sue Carter sind auf eine Goldmine gestoßen, was das Verständnis der Gehirnmechanismen von emotionalen Bindungen betrifft, als sie die Rolle von *Neuropeptiden* (von Neuronen zur gegenseitigen Kommunikation benutzte proteinähnliche Moleküle), insbesondere von Oxytocin und Vasopressin, bei der Förderung von Bindungen unter erwachsenen Tieren und Elterntier-Jungtier-Bindungen entdeckten (Carter, 2005; Insel & Shapiro, 1992). Oxytocin und Vasopressin sind in den Gehirnen von Frauen und Männern aktiv, wobei Oxytocin eine größere Rolle in Frauen und Vasopressin in Männern spielt. Sowohl in Müttern als auch in Vätern spielt Oxytocin eine sehr wichtige Rolle bei der Förderung des Bindungsprozesses zwischen Eltern und Kind. Eltern, deren Gehirn viel Oxytocin in die limbischen Bereiche ausschüttet – sprich in die Amygdala, den Hippocampus und den orbitofrontalen Cortex –, neigen dazu, sehr mitfühlende und einfühlsame Eltern zu sein, die ihre Interaktionen mit ihren Kindern häufig als sehr angenehm erleben.

Oxytocin wirkt wie ein Beruhigungsmittel im Gehirn und sorgt dafür, dass das von der Amygdala angetriebene Alarmsystem ruhig bleibt, während es das Annäherungssystem im Gehirn aktiviert, jenes intelligente Vagus-System, das Porges als die neuronale Grundlage für liebevolle Beziehungen bezeichnet. Vasopressin wird eher mit hartnäckigen Verhaltensweisen und mit einer aggressiven „Verteidigung des Territoriums" in Verbindung gebracht. Das ist wahrscheinlich der Grund, warum es eher ein „Akteur" in der Neurobiologie des Vaters als der der Mutter ist. Vasopressin im väterlichen Gehirn fördert wahrscheinlich eine väterliche Beschäftigung mit der Sicherheit und dem Wohlbefinden seiner Familie, während Oxytocin dem Vater ein Gefühl der Sicherheit und der Freude bei den innigen Interaktionen mit seinen Kindern vermittelt (Bales & Carter, 2003). Vielleicht haben die unterschiedlichen Wirkungsweisen von Oxytocin und Vasopressin in Vätern etwas damit zu tun, dass manche Väter hauptsächlich „Brotverdiener" sein möchten, andere es wirklich genießen, sich um ihre Kinder zu kümmern und mit ihnen zu spielen, und wieder andere beide Funktionen sehr gut ausüben. Es muss weiter in diese Richtung geforscht werden (und das geschieht bereits, während wir dieses Buch schreiben), um ein klareres Bild der Situation zu gewinnen.

Als Neurowissenschaftler sich daranmachten, zu erfahren, warum Eltern-Nachwuchs- und Eltern-Eltern-Bindungen in manchen Säugetierarten viel stärker als in anderen Spezies waren, stellten sie fest, dass die Lage *der* entscheidende Faktor war, nämlich wo genau im Gehirn die Rezeptoren für Oxytocin und Vasopressin besonders häufig vorkommen beziehungsweise am „dichtesten" sind (Carter & Keverne, 2002). Alle Säugetierarten scheinen Oxytocin während des Liebesaktes freizusetzen. Hierbei handelt es sich um eine chemische Reaktion, die die Abwehrsysteme zeitweise deaktivieren kann, die ansonsten eine Paarung unmöglich machen würden. Aber hier ist der springende Punkt: In Spezies, die ein Leben lang zusammenbleiben und starke und dauerhafte Bindungen zwischen Eltern und Nachwuchs bilden, gibt es viele Oxytocinrezeptoren im Belohnungszentrum des Gehirns, genauer gesagt im Bereich des Nucleus accumbens, einem wichtigen Teil des auf soziale Kontakte ausgerichteten Systems und des elterlichen Gehirns.

Der Nucleus accumbens gehört zum motorischen System und ist eine Schlüsselkomponente eines Systems, das ein Neurowissenschaftler als „Suchsystem" bezeichnet (Panksepp, 1998). Wenn etwas im Leben unseren Nucleus accumbens aktiviert, indem es Dopamin in diesen Bereich fließen lässt und dort die Rezeptoren aktiviert, können wir an dieser Sache anhaften und vielleicht sogar ein wenig süchtig danach werden. Eine solche „Sache" kann unser zukünftiger Ehepartner oder zukünftige Ehepartnerin sein, unsere Kinder, unsere Autos, unsere Schuhe und, ja, auch Drogen und Alkohol. Alles, was im Leben als Belohnung empfunden wird, schickt letztendlich eine Nachricht an den Nucleus accumbens und benutzt dazu Dopamin als Schlüssel-Mittler-Substanz. Wenn also die elterlichen Aktivitäten den Nucleus accumbens in Ihrem elterlichen Gehirn durch eine Kettenreaktion, an der sowohl Oxytocin als auch Dopamin beteiligt sind, zum Aufleuchten bringen, werden Sie das Eltern-Sein anders erfahren als jemand, dessen Gehirn dies nicht tut oder es nicht so ausgeprägt tut wie Ihr Gehirn. Darüber hinaus hängt die Dichte der Rezeptoren für Oxytocin und Dopamin im elterlichen Gehirn zum Teil von der Art und Weise ab, wie der betroffene Elternteil von seinen eigenen Eltern großgezogen wurde, genauer gesagt von der Qualität der Fürsorge, die er selber früh im Leben erfahren hat. Eine gute Fürsorge begünstigt die „Expression" der Gene für die Oxytocin- und Dopamin-Rezeptoren und das bedeutet, dass ein gut umsorgtes Gehirn eines Kindes mehr dieser Rezeptoren produziert.

Dieses Oxytocin-Dopamin-Nucleus-accumbens-Szenario wird ebenfalls durch Ihr Stressniveau beeinträchtigt. Wenn Sie unter hohem Stress stehen, kann dieses System, selbst wenn Sie ein gut entwickeltes Belohnungssystem haben, durch Ihr Stressreaktionssystem, genauer gesagt durch Stresshormone, behindert oder zumindest zeitweise ganz außer Gefecht gesetzt werden. Wenn Ihr Stresssystem eingeschaltet ist, ist Ihr Belohnungssystem wahrscheinlich ausgeschaltet. Diese beiden Systeme konkurrieren im Grunde miteinander, sie wetteifern sozusagen um die „Entscheidung", ob Sie nach etwas Angenehmem suchen oder sich verteidigen sollten. Ihre Amygdala spielt eine entscheidende Rolle in diesem „Entscheidungsprozess". Menschen und Tiere mit einer geschädigten Amygdala gehen auf neue Dinge im Leben sehr schnell zu und sorgen sich sehr wenig um mögliche Gefahren oder Risiken. Das trifft auch auf Kinder mit Williams-Beuren-Syndrom (WBS) zu. Kinder, die vom Williams-Beuren-Syndrom betroffen sind, sind außergewöhnlich freundliche Kinder mit einer unterdurchschnittlich aktiven Amygdala und überdurchschnittlich aktiven, die Kontaktfreudigkeit steuernden Bereichen des Gehirns. Sich mit seiner Amygdala und den Dingen, auf die sie im Leben reagiert, vertraut zu machen ist ein wichtiger Teil des Lernprozesses zur Regulierung des eigenen Stresses und der Handhabung seiner Neigungen, sich Dingen im Leben, einschließlich seiner Kinder, anzunähern oder aber ihnen aus dem Weg zu gehen.

Ein weiterer Bereich des Gehirns, der zum elterlichen Vorbereitungsprozess gehört und auf Oxytocin reagiert, ist die *mediale präoptische Region.* Die mediale präoptische Region gehört zum Hypothalamus. Sie ist eine Kernstruktur im mittleren Bereich des Gehirns und befasst sich mit allen grundlegenden Trieben im Leben wie Hunger, Durst, Sex, Schlaf und Fürsorge. Forschungen an verschiedenen Säugetierarten (vom Nagetier bis zum Menschen) haben ergeben, dass die mediale präoptische Region ein äußerst wichtiger Bereich des Gehirns für die Vorbereitung des mütterlichen Verhaltens nach der Geburt des Nachwuchses ist (Numan & Stolzenberg, 2008). Ihre Rolle im väterlichen Gehirn ist weniger klar, denn die mediale präoptische Region ist in männlichen Säugetieren stärker an das Paarungsverhalten gekoppelt. Im generell geheimnisvolleren väterlichen Gehirn scheint es Interaktionen mit anderen Bereichen des Gehirns zu geben, die dazu beitragen, dass Abwehrreaktionen unterdrückt und Väter mitfühlender und einfühlsamer werden. Durch die Beschäftigung mit der Frage, wie Eltern auf die Elternrolle durch bestimmte Hormone vorbereitet werden, haben Forscher jedenfalls viel über das elterliche Gehirn gelernt. Solche Hormone versetzen das Gehirn in einen Zustand der Bereitschaft für eine Reihe von Fürsorgeprozessen wie das Errichten von Bauen, Säugen, Körperpflege und das Zurückholen der Jungen, wenn diese „verloren“ gehen. Es ist unter anderem dieser Vorbereitungsprozess, der Babys so liebenswert und unwiderstehlich für ihre Eltern macht.

Welche chemischen Substanzen im Gehirn setzen diese Vorbereitung der medialen präoptischen Region in Gang? Östrogen scheint hierbei eine Schlüsselsubstanz zu sein. Und Prolactin, bekannt für die Anregung der Milchproduktion in stillenden Müttern, spielt ebenfalls eine sehr wichtige Rolle und das überraschenderweise sowohl in Vätern als auch in Müttern. Wenn Östrogen in die mediale präoptische Region ausgeschüttet wird, scheint es die Rezeptoren für Prolactin und Oxytocin (welches in zwei anderen Bereichen des Hypothalamus gebildet und von ihm freigesetzt wird) zu sensibilisieren. Wenn Oxytocin, nach der Vorbereitung dieser Region durch Östrogen, in die mediale präoptische Region ausgeschüttet wird, übernimmt die mediale präoptische Region eine aktive Rolle bei der Förderung elterlicher Aktivitäten. Sie signalisiert dem Körper, die Milchproduktion hochzufahren, sowie anderen Bereichen des Gehirns, besonders dem Belohnungszentrum, verstärkt auf kindliche Reize wie Gerüche, Berührungen, Gesichtsausdrücke und Vokalisation zu reagieren.

Kurz gesagt führt die Vorbereitung der medialen präoptischen Region zu einer Sensibilisierung des emotionalen Gehirns und der Menschendeutungsregionen des Gehirns, um das elterliche Gehirn darauf einzustellen, sich besonders für das neugeborene Kind zu interessieren und mehr Aufmerksamkeit für das Kind zu entwickeln. Durch die Zusammenarbeit dieser Hirnregionen wird der Prozess des Eltern-Seins in Gang gesetzt und eine proaktive Reihe an auf den Pflegeprozess ausgerichtete Verhaltensweisen initiiert und werden die Interaktionen mit dem Säugling angenehm gemacht. Dieses hormonell gesteuerte Von-unten-nach-Oben-Szenario im elterlichen Gehirn stellt die mammalischen Kernsysteme der Annäherung und Belohnung dar, die wir „elterliches Annäherungssystem" und „elterliches Belohnungssystem" nennen. Mehrere Spezies verfügen über diese beiden Gehirnsysteme, die dafür verantwortlich sind, dass Eltern hoch motiviert sind, sich um ihre Babys zu kümmern und diesen Prozess als unvergesslich und unwiderstehlich zu empfinden. Diese Prozesse im Gehirn von Eltern schalten im Wesentlichen die Prioritäten von nicht elterlichen Beschäftigungen auf elterliche Aufgaben um und helfen dabei, diesen elterlichen Geisteszustand so lange aufrechtzuerhalten, bis der Nachwuchs erwachsen ist. Wenn dieses System des Schnellstarts und Aufrechterhaltens des Eltern-Seins nicht gut funktioniert oder aus irgendeinem Grund unterdrückt wird, leidet der gesamte elterliche Prozess und es besteht die Gefahr, blockierte Fürsorge zu entwickeln. Diese Systeme können – und wir befassen uns damit näher im Kapitel 3 – durch unkontrollierten elterlichen Stress ausgeschaltet werden.

Versuche an Rattenmüttern zeigen die Macht einer solchen Prioritätenverschiebung von der Zeit vor der Geburt zur Zeit nach der Geburt. „Jungfräuliche" Ratten meiden Rattenjunge zuerst. Sie meiden sie entweder oder sie greifen sie an. „Primipare" (erstgebärende) Ratten dagegen ziehen den Kontakt mit Rattenjungen einer Kokaingabe vor. Ihre Prioritäten verschieben sich dann in der Zeit, in der Rattenjunge alt genug zum Entwöhnen von der Mutter (Absetzen) sind, wieder zurück, so dass zur Zeit der Absetzung Kokain wieder weitaus attraktiver erscheint als zu der Zeit, als die Rattenjungen noch klein waren (Fleming, Gonzalez, Afonso & Lovic, 2008).

Die hormonelle Vorbereitung des elterlichen Prozesses in niederen Säugetieren verläuft in menschlichen Eltern auf ganz ähnliche Weise. Obwohl an unserem Eltern-Sein auch die höchsten Regionen unseres großen präfrontalen Cortex beteiligt sind, welcher uns erheblich verbesserte exekutive Fähigkeiten zur Selbstregulation und zur Handlung in Übereinstimmung mit höheren Zielen und Absichten zur Verfügung stellt, übt dieses überwiegend subkortikale Von-unten-nach-Oben-System der Elternrolle, das wir im Laufe unserer Evolution von den niederen Spezies geerbt haben, immer noch einen großen Einfluss auf uns aus. Die Rolle des für die Elternrolle zuständigen Kernsystems im Menschen manifestiert sich auf vielfältige Weise. Forschungen haben zum Beispiel gezeigt, dass Mütter und Väter während positiver, angenehmer Interaktionen mit ihren Säuglingen Oxytocin freisetzen und dass die Prolactin-Menge sowohl in Müttern als auch Vätern ansteigt, wenn beide sich um die Kinderbetreuung kümmern (Feldman, Gordon & Zagoory-Sharon, 2010).

Elterliche Freude: der Dopamin-Faktor

Eines der faszinierendsten Forschungsergebnisse zum Thema elterliches Gehirn ist die Tatsache, dass Interaktionen mit dem Nachwuchs verstärkt das Belohnungssystem des Gehirns aktivieren (Fleming et al., 2008). Das Belohnungssystem ist eng mit der chemischen Substanz Dopamin verknüpft. Dopamin wird in den Nucleus accumbens ausgeschüttet, wenn wir auf etwas Angenehmes im Leben treffen. Und dazu zählen auch Drogen. Hat das Dopamin-System erst einmal etwas Schönes erfahren, speichert es die Erinnerung daran und feuert dann in Erwartung der als Belohnung empfundenen Erfahrung. Studien zeigen, dass unser Belohnungssystem eingeschaltet wird, wenn wir mit unseren Kindern interagieren. Dieser Prozess ist sehr wichtig, denn er stellt sicher, dass wir hoch motiviert bleiben, uns auch weiterhin mit unseren Kindern zu beschäftigen. Im Kapitel 3 beschreiben wir, wie Stress dieses System unterdrücken und eine Aufrechterhaltung des Fürsorgeprozesses sehr schwierig machen kann. Die Unterdrückung des elterlichen Belohnungssystems ist einer der Kernmechanismen der blockierten Fürsorge.

Wie wir anhand der einleitenden Beschreibung von Sarahs Gehirn gesehen haben, zeigen bildgebende Verfahren im wahrsten Sinne des Wortes die Aktivierung des Belohnungssystems im Gehirn von Eltern an, wenn diese sich Bilder von ihren Kindern ansehen oder Aufnahmen ihrer Stimmen hören (Swain & Lorberbaum, 2008). Neueste Studien mit bildgebenden Verfahren, die die Reaktionen in Gehirnen von Eltern mit sicheren und unsicheren Erwachsenenbindungen vergleichen, weisen erstaunliche Unterschiede auf, insbesondere bezüglich der Gehirnaktivität, wenn sie Aufnahmen hören, auf denen ihre Kinder weinen. Während die Eltern mit sicheren Bindungen ihre Belohnungspfade im Anschluss an die Aufnahmen ihrer weinenden Kinder zu aktivieren schienen, zeigten die Eltern mit unsicheren Bindungen ein komplizierteres Muster an Gehirnaktivität, in dem sie die miteinander konkurrierenden Systeme der Annäherung und der Vermeidung zu aktivieren schienen (Strathearn & Fonagy, 2009).

Fazit: Im Hinblick auf die Elternrolle stellt die Vorbereitung des elterlichen Gehirns die Eltern darauf ein, sich mit dem Wohlbefinden des neugeborenen Kindes zu beschäftigen und diesen Fürsorgeprozess zu genießen.

Zur Fürsorge bewegt: elterliche Empathie und die Inselrinde

Zusätzlich zu diesem äußerst wichtigen Vorbereitungsprozess müssen sich Eltern auf emotionaler und viszeraler Ebene dazu bewegt fühlen, mit ihren Kindern zu interagieren, um motiviert zu bleiben, für sie innig, beständig und viele Jahre lang zu sorgen. In der Literatur zur Elternschaft finden sich häufig Begriffe, die die eher nicht greifbaren und dennoch wichtigen Eigenschaften der elterlichen Antwortbereitschaft auf ihre Kinder beschreiben. Diese Begriffe sind *Empathie* und *Wärme.* Elterliche Empathie und Wärme gehen mit Gehirnprozessen einher, die unsere körperlichen Reaktionen auf Dinge im Leben mit Hirnregionen verbinden, welche es uns ermöglichen, von diesen körperlichen Reaktionen berührt zu werden. Empathie und Wärme haben folglich mit der Fähigkeit zu tun, seine körperlichen Reaktionen auf Dinge im Leben zu spüren und sich seiner instinktiven Reaktionen und der Funktionsweise des limbischen Systems bewusst zu werden. Um Empathie zu erleben, müssen diese Reaktionen in Hirnregionen registriert werden, die die bewusste Erfahrung erzeugen, durch andere Menschen berührt zu werden.

Auf den vorangegangenen Seiten sind wir ausführlicher auf die Amygdala als wichtigen Teil des emotionalen Gehirns eingegangen. Zurzeit widmen Hirnforscher einen Großteil ihrer Aufmerksamkeit der *Inselrinde* (Insula), einer weniger bekannten Region des Gehirns. Die Inselrinde gilt als das „viszerale“ Gehirn oder der Teil des Cortex, in dem Informationen von den Aktivitäten unserer Viszera (Eingeweide) wie dem Herz, der Lunge und dem Darm empfangen werden (Craig, 2009). Menschen, die sich sehr genau ihrer körperlichen Empfindungen bewusst sind, wie beispielsweise ihrem Herzschlag, haben eine sehr aktive Inselrinde, insbesondere auf der rechten Seite des Gehirns. Man nimmt heute an, dass die Aktivierung der Inselrinde eine Schlüsselkomponente der Neurobiologie der Intuition, unseres „Bauchgefühls“, ist, dass wir Dinge, die wir uns nicht wirklich erklären können, „einfach wissen“. Wie viele Hirnregionen erzeugt die Inselrinde eine Karte der von ihr verarbeiteten Informationen – in diesem Fall eine Karte der viszeralen Systeme des Körpers. Teile der Inselrinde, wenn diese aktiviert sind, lösen Gefühle des Ekels und negative soziale Emotionen wie Neid und Eifersucht aus. Andere Teile erzeugen dagegen liebevolle Gefühle, die soziale Kontakte und Intimität fördern (Cozolino, 2006).

Während Menschen, die intensive Gefühle erleben und sich schnell auf die Gefühle ihrer Mitmenschen einstellen können, eine erhöhte Aktivität in der Inselrinde aufweisen, haben Menschen, die berichten, nur ein geringes Bewusstsein ihrer eigenen Gefühle und körperlichen Empfindungen zu haben, eine trägere Inselrinde und ihnen fehlt es an intuitivem Wissen, was die inneren Gefühlszustände ihrer Mitmenschen betrifft. In klinischer Sicht haben Menschen, die *alexithym* sind, das heißt, die sich ihrer Gefühle nicht bewusst sind, eine unterdurchschnittlich aktive Inselrinde (Gundel et al., 2004). Es ist daher verständlich, dass die Inselrinde eine wichtige Rolle im elterlichen Gehirn spielt und dass individuelle Unterschiede in der Reaktivität der Inselrinde das elterliche Empathievermögen beeinträchtigen können, das heißt die Fähigkeit, sich auf einer viszeralen, intuitiven Ebene auf die Erfahrungen des Kindes einzustellen.

Wissenschaftler unterscheiden genau zwischen Empathie und dem eher kognitiven Prozess der *Mentalisierung* beziehungsweise der etwas ungeschickt ausgedrückten „Theory of Mind“ (ToM). Empathie ist der emotionsorientierte, viszerale Einstellungsprozess, der automatisch abläuft, während Mentalisierung ein bewusster, mentaler Prozess ist, der die Fähigkeit voraussetzt, die verbale und nonverbale Kommunikation eines Kindes verstehen zu können. Höhere Regionen des elterlichen Gehirns sind an der Mentalisierung beteiligt wie der mittlere Bereich des präfrontalen Cortex, der mediale präfrontale Cortex. Sowohl Empathie- als auch Mentalisierungsfähigkeiten sind für die Elternrolle wichtig (Baron-Cohen, 2003).

Die Inselrinde, insbesondere der anteriore (vordere) Bereich dieser Struktur, ist in ihrer Funktion als Schlüsselkomponente des elterlichen Empathiesystems eng mit einer anderen Hirnregion verbunden, die sehr wichtig für die Elternrolle ist. Diese Region ist der anteriore cinguläre Cortex. Diese bedeutende Verbindung zwischen Inselrinde und anteriorem cingulärem Cortex ist in Abbildung 1.7 bildlich dargestellt.

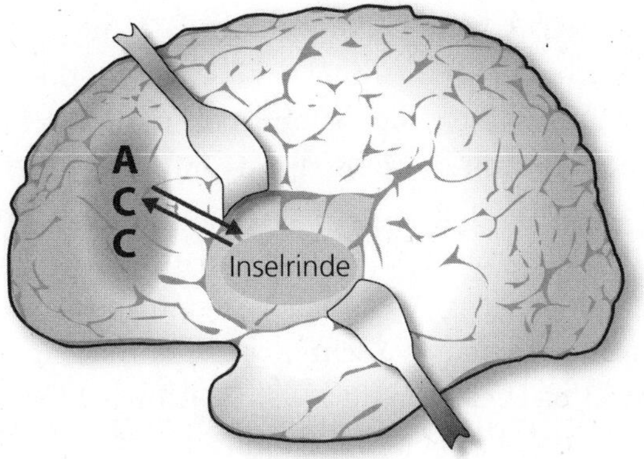

Abbildung 1.7 Die Verbindung zwischen Inselrinde und anteriorem cingulärem Cortex: der Schlüssel zur elterlichen Empathie

Wie oben erwähnt, ist der anteriore cinguläre Cortex eine Struktur, die im Gehirn von Reptilien praktisch nicht vorkommt. Man vermutet, dass es einen starken Zusammenhang zwischen seinem Entstehen während des Übergangs von den Reptilien zu den Säugetieren und dem Entstehen einer beständigen elterlichen Fürsorge bei Säugetieren gibt und hier im Besonderen der Fähigkeit der Eltern, auf Vokalisationen der Unruhe oder Not des Nachwuchses (wie z. B. Schreie oder Weinen) zu reagieren. Durch die Zerstörung des anterioren cingulären Cortex in Tieren oder Menschen wird das elterliche Interesse am Nachwuchs stark reduziert und führt zu einem Mangel an Antwortbereitschaft, der auf unheimliche Weise an Formen der elterlichen Vernachlässigung erinnert (Cohen et al., 2006). Aus diesen Forschungsergebnissen geht klar hervor, dass der anteriore cinguläre Cortex ein wesentlicher Bestandteil des elterlichen Gehirns ist. Später werden wir beschreiben, wie der anteriore cinguläre Cortex auch als bedeutende Brücke zwischen Emotionsregulation und reflexiven Prozessen im elterlichen Gehirn fungiert und buchstäblich den Kernprozess des Eltern-Seins mit den höchsten kognitiven Fähigkeiten des Menschen verbindet (Allman, Hakeem, Erwin, Nimchinsky & Hof, 2001).

Eine einzigartige Art von Gehirnzellen, die man nur in Säugetieren findet und die ein erhöhtes Bewusstsein der eigenen Emotionen und der Emotionen seiner Mitmenschen, hier besonders Zustände der Not und Unruhe, zeigen, verbindet die anteriore Inselrinde mit dem anterioren cingulären Cortex. Diese Gehirnzellen sind nach ihrem Entdecker benannt und heißen Von-Economo-Neuronen (VE-Neuronen). Von-Economo-Neuronen kommen am häufigsten im Menschen vor, sind aber auch in einigen anderen Säugetieren zu finden, die sehr viel Empathie zeigen, wie in Elefanten, Menschenaffen, Delfinen und Walen (Allman, Tetreault, Hakeem & Park, 2011). (Wenn Sie einen Hund besitzen, denken Sie wahrscheinlich, dass Ihr Vierbeiner ebenfalls diese Zellen besitzt. Man hat solche Zellen jedoch noch nicht in dieser Spezies nachgewiesen.)

Interessanterweise weisen menschliche Gehirne sowohl Unterschiede in der Größe von anteriorer Inselrinde und anteriorem cingulärem Cortex als auch Unterschiede in der Dichte der Von-Economo-Neuronen auf. Und noch verblüffender ist, dass diese Unterschiede mit den Unterschieden in Empathie, sowohl gemessen anhand von Aufgaben in Selbstauskunft als auch anhand von Beobachtungen von tatsächlichen Eltern-Kind-Interaktionen, in Beziehung stehen (Cohen et al., 2006). Das bedeutet, dass etwas sehr Wichtiges in diesen Hirnregionen stattfindet, was mit ihren Verbindungen und der tatsächlichen Anzahl der VE-Neuronen, die diese miteinander verbinden, zu tun hat. Von großer Bedeutung für Eltern und Therapeuten sind die Beweise, dass die Inselrinde und der anteriore cinguläre Cortex auf Lebenserfahrungen entweder durch Zusammenziehen oder Ausdehnen reagieren (Cozolino, 2006). Es hat sich zum Beispiel gezeigt, dass es vermehrt zu einer Ausdehnung in der anterioren Inselrinde und bestimmten Bereichen des anterioren cingulären Cortex während der Liebenden-Güte-Meditation kommt (Posner, Rothbart, Sheese & Tang, 2007; Tang et al., 2010). Diese „erfahrungsabhängige Neuroplastizität" – Veränderungen in Gehirnprozessen oder in der Gehirnstruktur als Folge von erlebter Erfahrung – ist für Kliniker, die diese Hirnforschung beobachten, hochinteressant (z. B. Siegel, 2010).

Fazit: Im Hinblick auf die Elternrolle begünstigt das System von Inselrinde, anteriorem cingulärem Cortex und Von-Economo-Neuronen elterliche Empathie und Intuition, die beide Schlüsselkomponenten des elterlichen Abstimmungsprozesses sind.

Abstimmung: die Aufgabe der Spiegelneuronen

Ein weiteres faszinierendes und wegweisendes Ergebnis der Hirnforschung war die Entdeckung der Spiegelneuronen: motorische Neuronen (Motoneuronen) in Primaten, die aktiviert werden, wenn man andere Primaten oder Menschen bei einer bewussten oder zielgerichteten Handlung beobachtet wie beispielsweise dem Greifen nach Nahrung. Seit der zufälligen Entdeckung dieser Mimikryzellen durch eine Gruppe von italienischen Neurowissenschaftlern in den 1990er-Jahren (Carr, Iacoboni, Dubeau, Maziotta & Lenzi, 2003) haben Hirnforscher herausgefunden, dass Menschen über das gleiche Spiegelsystem verfügen. Spiegelzellen sind sogar zahlreicher im motorischen System des Menschen vorhanden als in dem der Primaten, in denen sie ursprünglich entdeckt wurden. Der Spiegelprozess ist ein unbewusster Mechanismus im Gehirn, von dem man heute annimmt, dass er Empathie und Abstimmung aufeinander, einschließlich zwischen Eltern und Kind, möglich macht. Spiegelzellen sind motorische Neuronen, die entweder durch unsere eigenen bewussten Bewegungen oder aber durch die Beobachtung der Tätigkeiten anderer Menschen aktiviert werden. Dazu zählt das Beobachten von Gesichtsausdrücken oder Gesten, während wir mit unseren Mitmenschen interagieren. Stimmen können ebenfalls die Spiegelzellen aktivieren.

Der Spiegelprozess führt zu einer subtilen Aktivierung derselben Muskeln, die wir benutzen würden, wenn wir die Handlung, die wir beobachten, selber ausführen würden. Einfach ausgedrückt geht die Tatsache, dass

Gähnen ansteckend ist, wahrscheinlich auf die Arbeit des Spiegelsystems zurück. Wenn wir einander imitieren, neigen wir dazu, etwas von dem, was die andere Person in dem Moment erlebt, zumindest schwach, auch zu fühlen. Aus diesem Grund glauben viele Neurowissenschaftler, dass dieser Spiegelprozess in hohem Maße zur Empathie und interpersonellen Abstimmung, einschließlich der Eltern-Kind-Abstimmung, beiträgt. Kleine Kinder haben, so wie Eltern, ein aktives Spiegelsystem. Der Spiegelprozess ist folglich ein wechselseitiger Prozess (Norris & Cacioppo, 2007).

Der Spiegelmechanismus findet viel schneller im Gehirn statt als die Zeit, die benötigt wird, um das, was der andere sagt, zu verstehen. Daher „übertrumpft" dieses System die verbale Kommunikation in Bezug auf seine Fähigkeit, die subjektive Erfahrung der „spiegelnden Person" zu beeinflussen. Der Spiegelprozess bereitet also unsere emotionalen Antworten unterhalb der Bewusstseinsebene vor und das häufig auf eine Art und Weise, die nicht im Einklang mit unseren verbalen Nachrichten steht. Wenn die imitierte Kommunikation nicht mit den verbalen Nachrichten übereinstimmt, kann diese Diskrepanz eine wichtige Quelle der Fehlabstimmung und des Missverständnisses zwischen Eltern und Kindern sein.

Der Spiegelprozess in einer Eltern-Kind-Beziehung wirkt in beide Richtungen: Er kann sowohl Empathie *als auch* gegenseitiges Abwehrverhalten erzeugen, je nachdem, was in dem jeweiligen Moment imitiert wird. Das Potential, das der Spiegelprozess ein störender Einfluss zwischen Eltern und Kind sein kann, wird erhöht, wenn die Eltern, ohne sich dessen bewusst zu sein, einen leicht negativen Gesichtsausdruck und Klang der Stimme haben, während sie glauben, etwas ganz anderes mit ihren Worten zum Ausdruck zu bringen. Eine ähnliche Diskrepanz kann sogar in Interaktionen mit einem präverbalen Kind auftreten, wenn die Eltern „Mikroexpressionen", flüchtige Gesichtsausdrücke der Angst, der Wut oder des Ekels zeigen, welche das Spiegelsystem des Kindes entdeckt, selbst dann, wenn die Eltern sich dieser Mikroexpressionen nicht bewusst sind oder wenn diese nicht bewusst vom Kind verarbeitet werden (Tronick, 2007).

Eltern mit ungelösten, Stress erzeugenden Erinnerungen an die Vergangenheit, oder Eltern, die zurzeit sehr viel Stress erleben, neigen eher dazu, die negativen Folgen dieser Prozesse in ihrer nonverbalen Kommunikation mit ihren Kindern auszudrücken. Solch ein Szenario kann zur Entwicklung von beidseitigen defensiven Gefühlen führen, wenn das Kind den Stress der Eltern imitiert und dann Anzeichen seines eigenen Unbehagens zeigt, die wiederum von den Eltern imitiert werden (Tronick, 2007). Dieser Prozess kann einen negativen Kreislauf in Gang setzen, den weder Eltern noch Kind beabsichtigten. Derartige versteckte interpersonelle Prozesse begünstigen eine blockierte Fürsorge und sie übertragen möglicherweise unbemerkt Traumata von einer Generation auf die nächste, ohne dass Kindesmisshandlungen oder Verwahrlosung stattgefunden hätten. Deshalb empfehlen bindungsorientierte Therapeuten und Traumaspezialisten nachdrücklich, dass Eltern einen Weg finden, mit ihren eigenen Vergangenheitserfahrungen fertig zu werden und das negative Potential zu entschärfen, dass ungelöste schmerzliche Erinnerungen ihre Elternrolle und die Entwicklung ihrer Kinder störend beeinflussen könnten.

Fazit: Im Hinblick auf die Elternrolle stärken Spiegelprozesse die Fähigkeit der Eltern, sich auf die bewussten oder unbewussten Absichten ihrer Kinder als Bestandteil des elterlichen Kinddeutungssystems einzustellen.

Das reife Gehirn: wenn der präfrontale Cortex auf das limbische System trifft

Obwohl wir stark von hormonell gesteuerten Von-oben-nach-Unten-Prozessen abhängig sind, die den Kernprozess der Fürsorge begünstigen und unterstützen, benötigen wir dennoch auch alle unsere beeindruckenden kognitiven Ressourcen, um unsere Elternrolle konstruktiv auszuüben.

Unser Gehirn muss gute Verbindungen haben zwischen den tiefer gelegenen Regionen, die Emotionen oder „Affekte" erzeugen, und den höheren Regionen, die uns erlauben, einen Schritt von unseren Urreaktionen zurückzutreten, um über unsere Erfahrungen mit unseren Kindern und sie selber und ihre Bedürfnisse nachzudenken.

Sich selbst überlassen hat das subkortikale limbische System einige grundlegende Interessen: Es sucht nach den „guten Dingen" im Leben, findet und konsumiert sie; es entdeckt und verteidigt uns gegen die „schlechten Dinge"; und es „verbindet" uns, sexuell oder auf andere Art und Weise, mit unseren Mitmenschen. Die Hauptaufgabe des limbischen Systems besteht im Wesentlichen darin, uns schnell auf für unser Überleben wichtige Dinge zuzubewegen oder uns von ihnen wegzubewegen. Wenn wir möchten, dass unsere Kinder ihre eigenen Fähigkeiten der Selbstregulation entwickeln, müssen wir unsere eigenen limbischen Reaktionen im Umgang mit ihnen regulieren.

Wie wir gesehen haben, muss die Von-oben-nach-Unten- und Von-unten-nach-Oben-Anordnung im Gehirn, die die Elternrolle unterstützt, wachsen und sich entwickeln. Dieser Prozess fängt sehr früh im Leben an und dauert mindestens bis in die frühe zweite Lebensdekade, wenn der präfrontale Cortex „reif" genug ist, um uns dabei zu helfen, unser Leben „frontaler" zu koordinieren, als wir es einige Jahre früher hätten tun können. Dieses frontale Potential erreicht seinen Reifegrad, wenn der präfrontale Cortex eine starke Verbindung sowohl zum hinteren Bereich des Gehirns, das heißt einen stabilen *horizontalen* Schaltkreis, als auch zum limbischen System, das heißt einen stabilen *vertikalen* beziehungsweise fronto-limbischen Schaltkreis, aufgebaut hat (Giedd, 2010). Die Stärkung solcher Verbindungen hat sehr viel mit der *Myelinbildung,* der Isolierung der Gehirnverschaltungen (Axone) mit einer Fettschicht (Myelin), zu tun. Eine derartige Isolierung erhöht die Geschwindigkeit und die Effizienz der Kommunikation zwischen verschiedenen Hirnregionen. Durch Myelinbildung entsteht die „weiße Substanz" des Gehirns. In letzter Zeit richten Hirnforscher ihre Aufmerksamkeit verstärkt auf die weiße Substanz des Gehirns. Das liegt zum Teil daran, dass man vor Kurzem entdeckt hat, dass Erfahrungen den Prozess der Myelinbildung beeinflussen und dass dieser Prozess nicht einfach völlig automatisch stattfindet (im nicht in deutscher Übersetzung vorliegenden Buch *The Other Brain* von Douglas Fields findet sich eine faszinierende Diskussion zur Wichtigkeit der weißen Substanz).

Abbildung 1.8 zeigt den horizontalen Schaltkreis und den vertikalen Schaltkreis im Gehirn. Wenn beide Schaltkreise gut entwickelt (myelinisiert) sind, ist unser Gehirn eher in der Lage, Belohnungen aufzuschieben, Impulse zu kontrollieren, vorauszuplanen und unvermeidliche innere Konflikte zwischen Selbstinteresse und unserer Verantwortung anderen gegenüber, einschließlich unserer Kinder, zu lösen. Sich in der Elternrolle zu versuchen, bevor unser Gehirn diesen Entwicklungsgrad erreicht hat – oder wenn unser frontales Potential durch Stressreaktionen unterdrückt wird –, ist außerordentlich schwierig und problemanfällig und kann zur Entwicklung von blockierter Fürsorge führen.

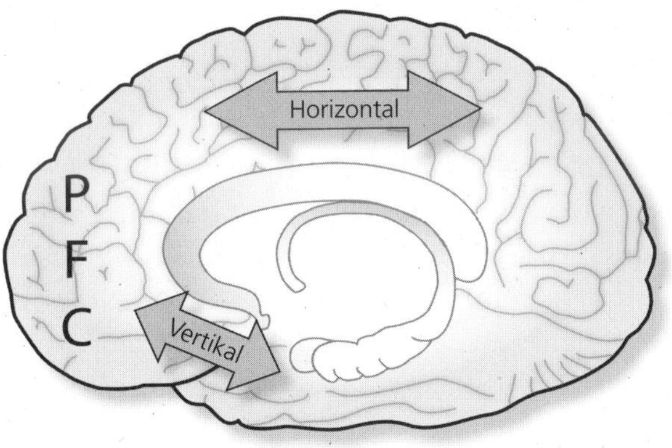

Abbildung 1.8 Das reife Gehirn
Wenn die Verbindung zwischen präfrontalem Cortex und dem hinteren Teil des Gehirns (horizontal) sowie dem limbischen System (vertikal) stark ist.

Fazit: Im Hinblick auf unser Eltern-Sein benötigen wir ein reifes Gehirn, um der Elternrolle angemessen nachkommen zu können. Der präfrontale Cortex benötigt etwa zwanzig Jahre oder mehr, bevor er voll entwickelt ist und Ihnen die Fähigkeit der Selbstregulation geben kann, die wir für eine adäquate Ausübung der Elternrolle benötigen. Stress kann sich beeinträchtigend auf den präfrontalen Cortex auswirken, selbst dann, wenn dieser bereits „ausgereift" ist.

Einfühlsam bleiben: die Rolle des anterioren cingulären Cortex

Eine der wichtigsten Gehirnstrukturen für das Eltern-Sein ist der anteriore cinguläre Cortex (ACC). Diese Struktur befindet sich unter dem Neocortex, der äußeren Hirnschicht, und verläuft in einem schmalen Band von vorne nach hinten entlang der Mittellinie des Gehirns. Wir konzentrieren uns hier auf den anterioren (vorderen) Bereich des cingulären Cortex und beschreiben im Nachfolgenden, wie dieser Bereich als „Gehirnbrücke" fungiert zwischen dem limbischen System (dem Emotionen erzeugenden Gehirnsystem) und kognitiven Prozessen, die mit den höchsten Bereichen des präfrontalen Cortex verknüpft sind. Dank seiner Brückenfunktion hilft der anteriore cinguläre Cortex Eltern dabei, ihre Gefühle mit ihren Gedanken auf flexible Weise zu verknüpfen. Dieser Bereich ist ebenfalls ein wichtiger Teil des sogenannten exekutiven Aufmerksamkeitssystems und des Selbstregulierungssystems und damit eine Schlüsselstruktur, die Eltern darin unterstützt, ihren Kindern liebevolle Aufmerksamkeit zu schenken.

Emotionsregulation und elterliche Reflexion miteinander vernetzen: der anteriore cinguläre Cortex als Brücke

Auf den vorangegangenen Seiten haben wir die Rolle des anterioren cingulären Cortex bei der Aufzucht der Jungen während des Übergangs von Reptilien zu Säugetieren und seinen wichtigen Beitrag zur elterlichen Empathie beschrieben. Zusätzlich zu seiner Rolle, mit Hilfe der Inselrinde und Amygdala Gefühle ins Bewusstsein zu bringen, hat der anteriore cinguläre Cortex eine wichtige Funktion im Hinblick auf die Verknüpfung von Emotionsregulation und Selbstreflexion. Der anteriore cinguläre Cortex ist der vordere Teil des cingulären Cortex, eine Struktur, die sich in der Mitte des Gehirns über dem Corpus callosum (Balken/Gehirnbalken) befindet, ein Faserband, das die linke Gehirnhälfte mit der rechten Gehirnhälfte verbindet. Abbildung 1.9 veranschaulicht die Lage des anterioren cingulären Cortex und die Einteilung dieser Hirnregion in drei Bereiche: den ventralen Bereich, den rostralen Bereich und den dorsalen Bereich. Die Abbildung zeigt auch die Verbindungen zwischen diesen drei Bereichen des anterioren cingulären Cortex und den drei Schlüsselbereichen des präfrontalen Cortex.

Der Grund, warum der anteriore cinguläre Cortex so wichtig für das Eltern-Sein ist, dass er sowohl mit dem limbischen System (dem Emotionen erzeugenden Schaltkreis) als auch mit den drei Bereichen des präfrontalen Cortex verbunden ist: dem tiefer gelegenen oder orbitalen Cortex; dem mittleren Bereich oder mittleren präfrontalen Cortex (MPFC) und dem höchstgelegenen Bereich oder dorsolateralen präfrontalen Cortex (DLPFC). Aufgrund seiner Verbindungen mit allen drei Bereichen des präfrontalen Cortex fungiert der anteriore cinguläre Cortex als äußerst wichtige Brücke, die buchstäblich den Emotionsregulationsprozess im unteren Bereich, zusammen mit dem orbitalen Bereich, mit den reflexiven Prozessen des mittleren präfrontalen Cortex und den Prozessen der Konfliktlösung und den Planungsprozessen des dorsolateralen präfrontalen Cortex im oberen Bereich verbindet.

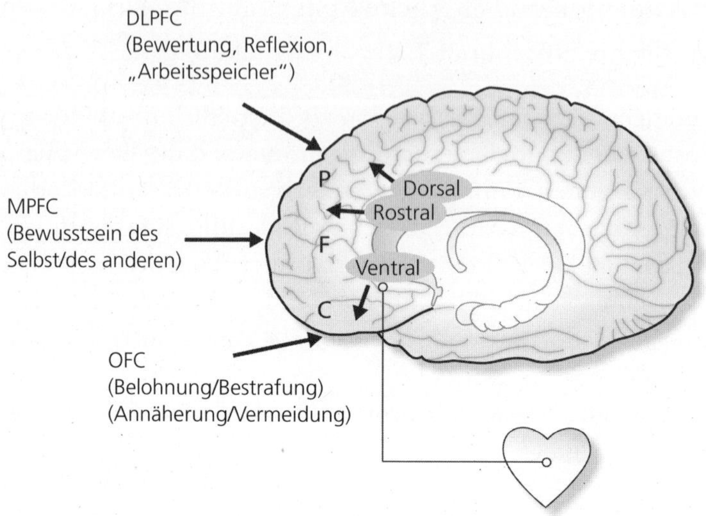

Abbildung 1.9 Verbindungen zwischen dem anterioren cingulären Cortex (ACC) und dem orbitofrontalen Cortex (OFC)
Die ventralen, rostralen und dorsalen Bereiche des ACC sind mit den OFC-, den MPFC- und den DLPFC-Regionen des präfrontalen Cortex und mit dem intelligenten Vagus-System verbunden.

Der untere Bereich des anterioren cingulären Cortex hat verschiedene Bezeichnungen in der Literatur der Hirnforschung. Er wird als *ventromedialer*, *subgenualer* und *ventraler* anteriorer cingulärer Cortex bezeichnet. (Diese Begriffe beziehen sich alle auf die Lage der Gehirnstrukturen in Bezug auf andere Strukturen.) Für welchen Begriff wir uns auch entscheiden, dieser Bereich befindet sich unterhalb der knieähnlichen Krümmung im Corpus callosum und ist eng mit der Amygdala und dem autonomen Nervensystem, sowohl dem nach oben regulierenden sympathischen Zweig als auch dem nach unten regulierenden parasympathischen Zweig, verbunden. Dadurch hat der ventrale anteriore cinguläre Cortex trotz seiner geringen Größe eine ausschlaggebende Funktion. In einem gesunden Gehirn schaltet sich dieser Bereich ein, wenn die Amygdala auf eine potentielle Gefahr oder etwas Negatives reagiert wie beispielsweise das Verhalten des Kindes oder einen negativen Gesichtsausdruck (Heinz et al., 2005). Durch die Koaktivierung des ventralen anterioren cingulären Cortex und der Amygdala fangen die Mutter oder der Vater, ohne es zu wissen, bereits damit an, die negative Reaktion ihrem Kind gegenüber zu regulieren. Anders ausgedrückt wird es, wenn Ihr Gehirn nicht Ihren ventralen anterioren cingulären Cortex zusammen mit Ihrer Amygdala koaktiviert, schwerer für Sie sein, Ihre negative Reaktion zu kontrollieren. Das schließt sowohl eine wütende als auch eine ängstliche Reaktion mit ein. Aufnahmen des Gehirns von Patienten mit Angststörungen und Depressionen zeigen, dass der ventrale anteriore cinguläre Cortex nicht aktiviert wird, wenn die Amygdala aktiv ist. Ein solches Hirnmuster wird mit einer schlechten Emotionsregulation assoziiert.

Dieser kleine untere Bereich des anterioren cingulären Cortex ist also ziemlich wichtig für das Eltern-Sein. Im Wesentlichen setzt durch die Aktivierung des ventralen anterioren cingulären Cortex der Prozess des Regulierens potentiell ungünstiger Reaktionen ein. Ein solcher Abbremsmechanismus ermöglicht es Ihnen als Eltern, sich in Ihrem Gehirn nach oben in den mittleren und die höchstgelegenen Bereiche des präfrontalen Cortex zu bewegen, um, falls erforderlich, Ihren elterlichen Geisteszustand wiederzuerlangen, wieder eine Verbindung zu Ihrem intelligenten, auf soziale Kontakte ausgerichteten Vagus-System herzustellen und über das, was Sie gerade tun, bewusst nachzudenken.

Die Aktivität des anterioren cingulären Cortex wechselt jetzt vom unteren zum mittleren und zum höchstgelegenen Bereich nach oben. Dieser höchste Bereich heißt dorsaler anteriorer cingulärer Cortex. Der mittlere Bereich stellt den Zugang zu Ihrem mittleren präfrontalen Cortex bereit und fördert Selbstreflexion und Abstimmung auf die Gefühle Ihres Kindes, während der dorsale anteriore cinguläre Cortex Zugang zu Ihrem höchstgelegenen präfrontalen Bereich, Ihrem dorsolateralen präfrontalen Cortex, gewährt, damit Sie Ihre anfängliche „Einschätzung" des Geschehens neu bewerten und ein „höheres", objektiveres Verständnis der Situation gewinnen können. Dank der Brückenfunktion des anterioren cingulären Cortex ist Ihr Gehirn jetzt in einem offen flexiblen und reflexiven Zustand, der einer achtsameren und einfühlsameren Art und Weise im Umgang mit Ihrem Kind förderlich ist, ungeachtet des Zustandes, in dem Ihr Kind sich in dem Moment befindet. Hier müssen Sie in Ihrem Gehirn sein, wenn es schwierig wird und das Von-unten-nach-Oben-System nicht in der Lage ist, Ihr Gehirn in einem ausbalancierten Zustand zu halten. Hier müssen Sie Ihr Von-oben-nach-Unten-Zustandsregulierungssystem, Ihre exekutiven Fähigkeiten, benutzen, um „sich auch wie ein Erwachsener zu verhalten".

Fazit: Im Hinblick auf das Eltern-Sein hilft der anteriore cinguläre Cortex in seiner Brückenfunktion Ihnen dabei, zu „fühlen und damit umzugehen", eine Verbindung zu Ihren Gefühlen und zu den Gefühlen Ihres Kindes aufrechtzuerhalten und gleichzeitig dabei mitzudenken, also „sich auch wie ein Erwachsener zu verhalten".

Elterliche Selbstregulation

Um auf die Signale eines Kindes einfühlsam und angemessen zu antworten, müssen Eltern ein Gehirnsystem benutzen, das sich entwickelt hat, um Fortschritte bei der Einhaltung eines Ziels oder einer Absicht zu überwachen, indem es Fehler oder Abweichungen von diesem Ziel entdeckt und schnell Verhaltenskorrekturen oder -anpassungen vornimmt, um sich wieder auf das Ziel auszurichten. Im Bereich der Eltern-Kind-Abstimmung müssen Eltern dieses System der Selbstregulation, Fehlererkennung und Selbstkorrektur anwenden, um auf die inneren Zustände des Kindes „abgestimmt zu bleiben".

Das neuronale System, das diesen Prozess unterstützt, ist ein Schaltkreis, der in hohem Maße von dem Funktionieren des anterioren cingulären Cortex abhängig ist. Der anteriore cinguläre Cortex wird aktiviert, wenn man sich eines Konfliktes oder eines Missverhältnisses zwischen einem aktuellen Ziel oder Zweck und der unmittelbaren Rückmeldung zum Fortschritt bezüglich der Erreichung dieses Ziels bewusst wird. Und je größer der Konflikt, desto größer die Aktivierung des anterioren cingulären Cortex. Menschen, die eine starke Aktivierung des anterioren cingulären Cortex aufweisen, kurz, nachdem sie wahrgenommene Fehler gemacht haben, neigen eher dazu, ihre Aufmerksamkeit und ihre Handlungen nach dem Entdecken von Fehlern entsprechend anzupassen. In gewissem Sinne ist der anteriore cinguläre Cortex Teil des „O-Nein-Systems" des Gehirns, das uns warnt, dass etwas nicht stimmt und unserer größeren Aufmerksamkeit und Sorgfalt bedarf.

Dieses System der Selbstregulation ist sehr wichtig, denn es hilft Ihnen, Rückmeldungen von Ihrem Kind aufzunehmen und sie dazu zu benutzen, sich besser auf die Situation abzustimmen, wenn das, was Sie tun, nicht hilfreich oder effektiv ist. Neueste Forschungsergebnisse zeigen, dass ein großer Zusammenhang zwischen der Aktivierung des anterioren cingulären Cortex, nachdem ein Fehler bei einer computergestützten Aufgabe gemacht wurde, und der Einfühlsamkeit gegenüber den Rückmeldungen des Kindes während Eltern-Kind-Interaktionen zu Hause besteht (Fleming, Gonzalez, Afonso & Lovic, 2008). Diese Forschungsergebnisse weisen auf eine wichtige Verbindung zwischen der Fähigkeit, sich auf das, was man gerade tut, genau zu konzentrieren, also „achtsam" zu sein, und der Fähigkeit, sich auf die Bedürfnisse seines Kindes einzustimmen.

Die Entwicklung des inneren Konfliktlösungssystems im Gehirn findet in Etappen statt und hängt, so hat sich gezeigt, teilweise von der Art der frühkindlichen Erfahrungen ab. Darüber hinaus sind Größe und Funktionsweise dieses neuronalen Schaltkreises zur Unterstützung der inneren Konfliktlösung von Mensch zu Mensch verschieden. Forschungen, die anhand von bildgebenden Verfahren die Gehirne von extravertierten und introvertierten Menschen miteinander verglichen haben, weisen Unterschiede in den Aktivierungsmustern in den Bereichen des anterioren cingulären

Cortex auf, die mit Selbstregulation, Fehlerentdeckung und Konfliktverarbeitung assoziiert werden. Extraversion steht mit einer geringeren Aktivierung des anterioren cingulären Cortex im Zusammenhang, während Introversion mit einer stärkeren Aktivierung dieser Hirnregion während Aufgaben verknüpft wird, die das Aufrechterhalten der Konzentration auf seine eigene Leistung bezüglich eines bestimmten Ziels erfordert.

Aufgrund der zunehmenden Forschungen auf dem Gebiet der Wechselbeziehung von Selbstregulation und innerer Konfliktlösung scheint die Annahme wahrscheinlich zu sein, dass Eltern mit einer geringen Abstimmung und Einfühlsamkeit ihren Kindern gegenüber „niedrigere Aktivatoren" des neuronalen Schaltkreises sind, der Selbstregulation, Selbstreflexion und Neubewertung fördert. Eine solche Wahrscheinlichkeit legt nahe, dass die Verbesserung der Funktionsweise dieses Selbstregulationssystems eines der Ziele bei der Zusammenarbeit mit solchen Eltern ist, damit diese eine größere Fähigkeit der Reflexion entwickeln und sich schneller von den Rissen in der Eltern-Kind-Beziehung erholen und wieder eine Verbindung zum Kind herstellen können.

Fazit: Im Hinblick auf das Eltern-Sein warnt Ihr Selbstregulationssystem – Ihr „O-Nein-System" – Sie, dass etwas mit Ihrem Kind oder Ihrer Beziehung nicht in Ordnung ist, und fordert Sie dazu auf, sich auf das, was gerade abläuft, verstärkt zu konzentrieren, damit Sie effektiver und auf abgestimmte Weise auf die Situation antworten können.

Elterliche Aufmerksamkeit: der anteriore cinguläre Cortex, das exekutive Aufmerksamkeitssystem und achtsame Elternschaft

Interessanterweise wissen wir heute, dass der obere Bereich des anterioren cingulären Cortex, das heißt der dorsale anteriore cinguläre Cortex, ein wesentlicher Teil eines Systems ist, das die Neurowissenschaftler Michael Posner und Mary Rothbart (2007) das *exekutive Aufmerksamkeitssystem* nennen. Wir benutzen dieses exekutive Aufmerksamkeitssystem, wenn wir angesichts von Ablenkungen und konkurrierenden Impulsen und Gewohnheiten dafür sorgen müssen, dass unsere Aufmerksamkeit nicht abschweift. Dieser Schaltkreis im Gehirn entwickelt und verbessert sich im Laufe der Zeit. Wir zeigen im Durchschnitt ungefähr im Alter von siebzehn Jahren ein Erwachsenen ähnliches Niveau der Aufmerksamkeitsregulation. Das exekutive Aufmerksamkeitssystem ermöglicht es uns, konzentriert zu bleiben oder unsere Aufmerksamkeit nach Bedarf auf flexible Weise zu verlagern, um uns auch weiterhin auf unsere Aufgaben zu konzentrieren oder uns an sich verändernde Situationen anzupassen. Dieses System ist ebenfalls von Mensch zu Mensch sehr verschieden und neigt dazu, in Frauen weiterentwickelt zu sein als in Männern.

Die Struktur und Funktionsweise dieses Gehirnsystems können je nach Eltern sehr unterschiedlich sein. Während Eltern mit einem unterdurchschnittlich aktiven exekutiven Aufmerksamkeitssystem Schwierigkeiten haben, sich in ausreichender Weise um ihre Kinder zu kümmern, neigen Eltern mit einem überdurchschnittlich aktiven System dazu, sich zu viele Sorgen um ihre Kinder zu machen und zu sehr auf ihre Sicherheit zu achten. Forschungen haben gezeigt, dass dieser Teil des Gehirns überdurchschnittlich aktiv in Menschen ist, die sich chronisch Sorgen machen, einschließlich Menschen, die an Zwangsstörungen leiden. Solche Menschen erhalten ständig Signale von dieser Hirnregion, dass etwas nicht in Ordnung ist und ihrer sofortigen Aufmerksamkeit bedarf. Es ist daher wahrscheinlich am besten, in Bezug auf diesen Aspekt der elterlichen exekutiven Funktionsweise „in der Mitte des Spektrums" zu sein. In einem späteren Kapitel über elterliche Reflexion (Kapitel 6) stellen wir Ihnen neueste Forschungsergebnisse vor, dic darauf hindeuten, dass

Eltern ihr exekutives Aufmerksamkeitssystem mit Hilfe bestimmter Achtsamkeitsübungen verbessern können.

Fazit: Im Hinblick auf das Elten-Sein ermöglicht das elterliche exekutive Aufmerksamkeitssystem es Ihnen, Ihre Aufmerksamkeit auf höchst flexible Weise auf die sich verändernden Bedürfnisse Ihres Kindes und sich verändernde Umstände anzupassen.

Wenn das elterliche Gehirn mit dem kindlichen Gehirn kommuniziert: Wir stellen Ihnen Oscar vor

Kinder sind von Geburt an hoch motiviert, mit Erwachsenen zu interagieren, und sind für soziale Kontakte ausgestattet, wenn sie in diese Welt kommen. Das bedeutet, dass die Eltern-Kind-Beziehung von Anfang an wechselseitig ist und dass Eltern antwortbereite Partner in diesem wechselseitigen Tanz sein müssen.

Reziprozität in Eltern-Kind-Beziehungen: Trost und Freude

Weil Kinder so von unserer Liebe, unserem Interesse und unserer Aufmerksamkeit abhängig sind, sind sie, wenn sie geboren werden, bereits für soziale Kontakte „verdrahtet“ und von Anfang an in der Lage, unsere Augen, Ohren und Herzen für sich zu gewinnen. Selbst Neugeborene folgen unserem Blick und ziehen es vor, wenn wir ihnen in die Augen sehen. Wenn sie geboren werden, kennen sie bereits die Stimme ihrer Mütter und verbinden sehr schnell diesen besonderen Klang mit den dazugehörigen Gesichtern. Und unsere Gehirne wiederum sind so verdrahtet, dass wir uns vom Charme unserer Babys „einnehmen“ lassen. Wir sind so verdrahtet, dass wir unsere Babys als bezaubernd und unwiderstehlich wahrnehmen, auch dann, wenn unsere Mitmenschen dies nicht so sehen, insbesondere wenn sie sich erbrechen, schreien oder in ihre Windeln machen. Das ist das natürliche System der Reziprozität in Eltern-Kind-Beziehungen, ein hauptsächlich automatischer neurobiologischer „Von-unten-nach-Oben-Tanz“, der uns mit unseren Kindern auf viel stärkere Weise verbindet, als unsere intellektuellen Fähigkeiten allein es je tun könnten. Als Eltern müssen wir von den Versuchen unserer Kinder, unsere Aufmerksamkeit zu gewinnen, bewegt werden. Wir müssen so offen und empfänglich wie möglich sein, um die Bemühungen unserer Kinder, mit uns zu kommunizieren, zu verstärken und das Vertrauen unserer Kinder in uns als Kommunikationspartner zu festigen. Eine solche Kommunikation geht über die auf Anspannung und Trost basierenden Interaktionen hinaus, die mit Bindungssicherheit assoziiert werden. Sie reicht bis in das Reich der Soziabilität hinein, in dem Eltern, so Colwyn Trevarthens wunderschöne Beschreibung, die „ersten Begleiter“ ihrer Kinder sind. Wenn die Doppelsysteme von Bindung und Begleitung gut miteinander verbunden sind, schaffen Eltern und Kinder ein robustes wechselseitiges System, das sowohl Trost und Freude als auch alle anderen menschlichen Erfahrungen umfasst, die unser Leben reich und bedeutsam machen.

Kinder sind limbische Wesen. Sie finden sich in ihrer neuen Welt durch den Ausdruck ihrer Gefühle und das Ausprobieren aller Möglichkeiten, uns zu bewegen und Emotionen zu zeigen, zurecht. Sie müssen einen Raum haben, in dem sie ihrem limbischen System sozusagen ein Ganzkörpertraining geben können. So lernen sie, ihren eigenen Emotionen zu vertrauen und sich in ihrem eigenen Körper wohlzufühlen. Dadurch, dass Kinder dieses System, diesen „affektiven Kern“, benutzen, bauen sie das Gehirnpotential auf, das sie zur Regulierung der limbischen Triebe benötigen. Zu viele Einschränkungen oder ein Mangel an einfühlsamer elterlicher Ko-Regulierung der gesamten Bandbreite der kindlichen affektiven Erfahrungen führt zu einer Unterentwicklung des mit der Selbstregulation befassten Gehirnsystems. Was ist Selbstregulation? Fangen wir damit an, was es nicht ist: Selbstregulation ist keine Unterdrückung. Selbstregulation ist die belastbare Fähigkeit, zu „fühlen und damit umzugehen“, die gesamte Bandbreite des Affekts zu erleben und sämtliche Gefühlsformen hinreichend effektiv zu modulieren, so dass man sich selbst vertraut, gut mit der Bandbreite der menschlichen Erfahrung umzugehen und ein vertrauenswürdiger Partner und Elternteil zu sein.

Wir stellen Ihnen Oscar vor

Um dieses faszinierende Wechselspiel zwischen dem sich entwickelnden kindlichen Gehirn und dem elterlichen Gehirn besser zu verstehen, stellen wir Ihnen Oscar vor. Oscar hatte seinen ersten Geburtstag, als wir dieses Buch geschrieben haben. Er wird uns dabei helfen, darzustellen, wie Kinder lernen, sich mit „Bindungsfiguren“ sicher zu fühlen, und wie sie Eltern auf effektive und fast unwiderstehliche Weise für sich gewinnen können. Um Oscar kümmern sich zwei liebevolle Eltern, seine leibliche Mutter und sein leiblicher Vater, die beide ganz wild auf ihn und in hohem Maße auf seine sich verändernden Geistes- und Körperzustände abgestimmt sind.

Auf diesem Foto ist Oscar bereit, eine Verbindung herzustellen. Seine Augen glänzen verführerisch und selbst seine Unterlippe fordert uns auf, mit ihm zu spielen. Sein herrlich ausdrucksstarkes Gesicht zeigt uns in einem Augenblick, der zu kurz für ein bewusstes Verarbeiten ist, dass Kinder für soziale Kontakte verdrahtet sind. Kleinkinder suchen unsere Gesichter und Stimmen, sie bringen uns zum Lachen und verleiten uns dazu, dass wir so lange mit ihnen spielen, wie wir dieses Spiel aufrechterhalten können, indem wir auf ihre Rückmeldungen abgestimmt bleiben. Wenn wir nicht zu gestresst oder abgelenkt sind,

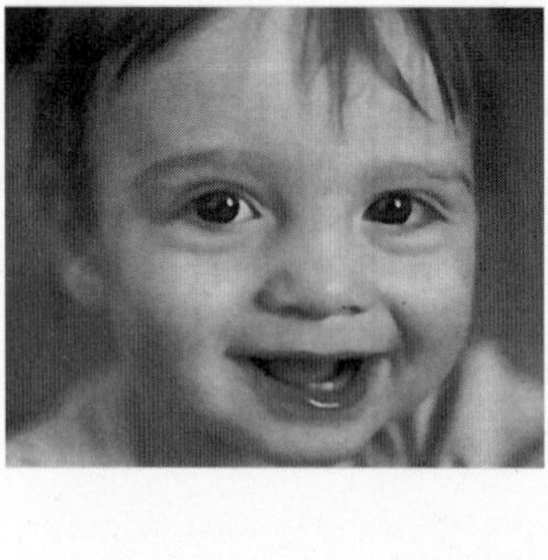

Foto 1.1. Oscar lächelt

werden wir instinktiv auf positive Weise auf das reizende, lachende Gesicht eines Kindes und seine Einladung, eine Verbindung zu ihm herzustellen, eingehen. Oscars Lächeln zu sehen bringt bestimmte „Kinddeutungsregionen“ in unserem Gehirn zum Aufleuchten und schickt Nachrichten an unser Emotionen erzeugendes System, die uns dazu bewegen, uns dem Kind anzunähern. Dieses elterliche Kinddeutungssystem ist eine interaktive Gruppe von Hirnregionen, die es der Mutter und dem Vater ermöglichen, die nonverbalen Kommunikationen ihrer Kinder auf einfühlsame und abgestimmte Weise wahrzunehmen und auf sie zu antworten und das während der Schlüsselphase für die Bindungsbildung und danach während der gesamten Eltern-Kind-Beziehung. Unser elterliches Kinddeutungssystem wird allein durch einen Blick auf Oscars offenes, lächelndes Gesicht aktiviert.

Was geschieht in Ihrem Gehirn, wenn Sie Oscar ansehen? Auch wenn Sie nicht fühlen können, wie Ihr Gehirn arbeitet, so können Sie doch Hinweise auf seine Funktionsweise erhalten, indem Sie darauf achten, was mit Ihrem eigenen Gesicht passiert, während Sie mit Oscars Gesicht interagieren. Spüren Sie, wie sich die Muskeln unterhalb Ihrer Augen leicht zusammenziehen? Ziehen sich Ihre Augenbrauen ein klein wenig nach oben? Sinkt Ihr Kiefer etwas nach unten, während sich Ihre linke Gesichtshälfte etwas verschiebt, was ein Zeichen für die starke Aktivierung Ihres Annäherungssystems ist? Sie benutzen vielleicht Ihre Spiegelneuronen, um Oscars Lächeln zu imitieren (siehe Foto 1.2).

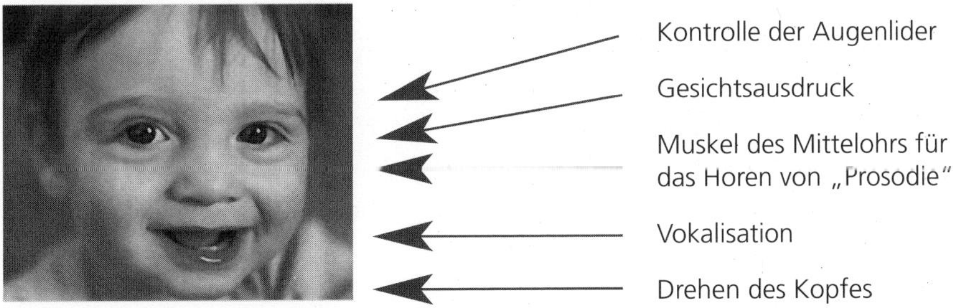

Foto 1.2 Das auf soziale Kontakte ausgerichtete System ist eingeschaltet

Oscar benutzt im Grunde Verbindungen zwischen seinem Gehirn und Körper, die zum auf soziale Kontakte ausgerichteten System – zum von Porges beschriebenen „intelligenten" Vagus-Schaltkreis (2011) – gehören. Indem Oscar sein eigenes auf soziale Kontakte ausgerichtetes System „einschaltet", lädt er uns ein, dies auch zu tun und uns mit ihm zu beschäftigen. Auf dem Foto ist zu erkennen, wie seine beiden Gesichtshälften seine Bereitwilligkeit, zu uns eine Verbindung herzustellen, unterschiedlich zum Ausdruck bringen. Die eine Gesichtshälfte zeigt seine Bereitwilligkeit etwas mehr als die andere Gesichtshälfte. Das spiegelt den Unterschied zwischen den limbischen Systemen auf der rechten und der linken Seite wider.

Obwohl Sie es nicht wissen, haben Sie wahrscheinlich gerade eben etwas Oxytocin in Ihr limbisches System und Ihre Amygdala ausgeschüttet. Das Freisetzen von Oxytocin ist Teil des chemischen Tanzes, durch den sich Eltern in der Nähe ihrer Kinder ruhig und voller Liebe fühlen. Oscar setzt auch Oxytocin in seinem Gehirn und seinem Körper frei, wodurch er sich sicher fühlt und in seinem auf soziale Kontakte ausgerichteten System oder Annäherungssystem bleibt. Wissenschaftler haben herausgefunden, dass sowohl Eltern als auch Kinder Oxytocin freisetzen, wenn ihre Interaktionen sehr angenehm und aufeinander abgestimmt sind. Faszinierende Forschungsarbeiten von Ruth Feldman und ihren Kolleginnen zeigen, dass Eltern mit der höchsten Oxytocinkonzentration während solcher Momente der tiefen Verbindung auch die stärksten Bindungen zu ihren Babys angeben und aufweisen (Feldman, Gordon & Zagoory-Sharon, 2010).

Oxytocin wird durch beruhigende Formen des körperlichen Kontakts freigesetzt wie Umarmungen, zärtliches Streicheln und sogar Massagen. Oxytocin wird auch dann freigesetzt, wenn man die Stimme eines geliebten Menschen hört wie ein Student, der die Stimme seiner Mutter auf dem Handy hört, oder ein Kind, das seine Mutter sagen hört: „Es ist in Ordnung. Alles wird gut" (Seltzer, Ziegler & Pollak, 2010). Weil Oxytocin auf zahlreiche Weise freigesetzt wird, kann sogar ein Elternteil mit Depressionen und einem „flachen Affekt" (Emotionen werden nicht im Gesicht oder in der Stimme ausgedrückt) das Oxytocin-System des Kindes durch Berührungen, einschließlich Babymassage, stimulieren. Und wenn die Mutter (oder der Vater) Massagen bekommt, helfen diese guten

Berührungen möglicherweise dabei, ihr Oxytocin-System in Gang zu setzen und von der stresslösenden und stimmungsaufhellenden Wirkung von beruhigenden Berührungen zu profitieren, die ihr entgangen sind, als sie und ihr Kind den „Kontakt verloren haben“ (Field, 2002).

Wir wissen heute auch, dass Stresshormone die Produktion von Oxytocin und die Funktionsweise des Oxytocin-Systems unterdrücken. Gestresste Eltern können daher Schwierigkeiten haben, ihr Oxytocin-System einzuschalten und die durch Oxytocin vermittelten Vorteile wie Wohlbefinden und „gefühlte“ Sicherheit zu genießen. Wenn es einen Konflikt in der Eltern-Kind-Beziehung gibt, kann es sein, dass weder Eltern noch Kind den vollen Nutzen aus den „guten Berührungen“ ziehen, was zu einer Unterdrückung des Oxytocin-Systems in den Eltern und im Kind führt. Eine derartige Unterdrückung des Oxytocin-Systems ist ein wichtiger Faktor für blockierte Fürsorge. Er erschwert es, dass Sie sich sicher, geborgen und einfühlsam fühlen, auch dann, wenn Sie den Wunsch nach genau diesen Gefühlen haben. In einer blockierten Beziehung ist es sehr wichtig, dass das Oxytocin-System wiederbelebt wird, damit gute Verbindungen wiederhergestellt werden können.

Da Oxytocin eine „stresslösende“ Wirkung hat, vermutet man nun, dass es eine *neuroprotektive* chemische Substanz ist, die das elterliche Gehirn gesund hält und es von den potentiell schädigenden Folgen der Stresshormone befreit. Das ist wahrscheinlich einer der Gründe dafür, dass gute Beziehungen die Gesundheit und Langlebigkeit von Frauen und Männern fördern. Gute Beziehungen unter Erwachsenen und gute Eltern-Kind-Beziehungen dienen sozusagen dem Schutz der Gehirne beider Partner. Positive Beziehungen sind im wahrsten Sinne des Wortes „gute Medizin“ (Gordon, Zagoory-Sharon, Leckman & Feldman, 2010).

Wenn Sie etwas gestresst waren, bevor Sie sich das Foto von Oscar angeschaut haben, sind Sie jetzt vielleicht etwas ruhiger. Sie sind vielleicht sogar von einem inneren Geisteszustand der Schläfrigkeit in einen aktiveren, interessierteren Zustand übergewechselt, der Ihnen hilft, das hier Gelesene über das Gehirn besser zu verstehen, das ansonsten zu trocken und nüchtern sein könnte. Das ist die natürliche Macht des kindlichen auf soziale Kontakte ausgerichteten Systems: Es sorgt dafür, dass die

Hauptbezugspersonen aufmerksam sind, Freude erleben, in eine einfühlsame Haltung versetzt werden und keine blockierte Fürsorge entwickeln.

Gute Beziehungen begünstigen die Entwicklung des Gehirns auch auf eine andere Art und Weise: Sie lösen die Freisetzung von sogenannten *Wachstumsfaktoren im Gehirn* aus. Das Gehirn produziert eine Reihe von chemischen wachstumsfördernden Substanzen. Eine solche Substanz mit einer Schlüsselfunktion ist *BDNF* (engl. „brain-derived neurotrophic factor“: vom Gehirn gebildeter neurotropher Faktor). (*Neurotroph* bedeutet wachstumsfördernd.) In guten Beziehungen produzieren beide Partner mehr BDNF und diese erhöhte Produktion wiederum fördert die anhaltende Entwicklung der Gehirne beider Partner (Roth, Lubin, Funk & Sweat, 2009). BDNF ist in den Hirnregionen aktiv, die für eine gute soziale und emotionale Funktionsweise von entscheidender Bedeutung sind, hier ganz besonders im präfrontalen Cortex und im Hippocampus (die Struktur, die so wichtig für Lern- und Gedächtnisprozesse und Stressregulierung ist). Beziehungen, die sicher sind und beide Partner unterstützen, scheinen das BDNF-System in einem aktivierten Zustand zu halten, wodurch diese Schlüsselregionen zum Wachstum angeregt werden. Auf diese Weise helfen gute Beziehungen beim Aufbau belastbarer Gehirne.

Im Gegensatz dazu wird in Beziehungen, die für beide Partner chronisch stressig und fehlgesteuert sind, eher die Aktivität chemischer Substanzen wie Oxytocin und BDNF in beiden Partnern unterdrückt. Dieser wachstumsunterdrückende Effekt schlechter interpersoneller Verbindungen erzeugt ein Szenario, in dem eine Beziehung in neurobiologischer Hinsicht toxisch werden kann und das Wachstum und die Entwicklung des Gehirns unterdrücken und sogar eine Gedeihstörung in Kindern hervorrufen kann (Gerhardt, 2004; Perry, 1997). Eine solche wachstumsunterdrückende Dynamik in Beziehungen fährt die Stress- und Abwehrsysteme hoch, erzeugt also ein Hirnmuster, das zu einer Reihe von stressbedingten Störungen wie Depressionen, Angststörungen und posttraumatischen Belastungsstörungen (PTBS) führen kann. Im Wesentlichen sind gute Beziehungen neuroprotektiv, generativ und für beide Partner von Vorteil, während schlechte Beziehungen für Fehlsteuerungen und eine Unterdrückung des Wachstums sorgen.

Unten sehen Sie ein weiteres Foto von Oscar. Aber diesmal schaut er uns eher vorsichtig an. Dieses Foto veranschaulicht die Reaktion des Erstarrens. Nun ist sein tiefer gelegenes Vagus-System „eingeschaltet“ und ruft eine Immobilisierung und leichte Angst hervor. Auf diesem Foto sehen wir kein Zusammenziehen der Muskeln unterhalb der Augen. Dieser Bereich des Gesichts ist jetzt flacher, während Oscar sich recht intensiv auf unsere Gesichter ausrichtet und versucht herauszufinden, ob es sicher ist, näherzukommen und mit uns Kontakt aufzunehmen. Seine Augenbrauenmuskeln sind leicht angespannt und seine Augen sind weit offen, damit sein Gehirn so viel wie möglich vom Geschehen aufnehmen kann. Sein Mund ist geöffnet und er stellt dadurch den Muskel seines Innenohres so ein, dass er die Geräusche, die wir machen, hören kann, dass er unsere „Prosodie“ einschätzen kann, um herauszufinden, in welchem Geisteszustand wir uns befinden.

Bitte achten Sie auch hier auf den Unterschied zwischen Oscars beiden Gesichtshälften. Die rechte Gesichtshälfte (von uns aus gesehen), also Oscars linke Seite, zeigt eindeutig einen angstvollen Gesichtsausdruck, während seine linke Gesichtshälfte (von uns aus gesehen) neutraler und vielleicht ein wenig besorgt aussieht. Oscars gesamtes Gesicht zeigt eine Mischung aus Affekten, die auf der Aktivität seiner beiden Gehirnhälften beruhen. Da einige Aspekte der Gesichtsausdrücke von der gegenüberliegenden Seite des Gehirns koordiniert werden, spiegelt der angstvollere Ausdruck auf seiner linken Seite wahrscheinlich die Aktivierung seines Angstsystems in der rechten Gehirnhälfte, seines rechten limbischen Systems, wider. Er ist von seinem intelligenten auf soziale Kontakte ausgerichteten Vagus-System in eine Abwehrhaltung übergewechselt, in der seine Aufmerksamkeit von etwas gefesselt wird, das in seiner Amygdala einen zumindest leichten Alarm ausgelöst hat. Auch wenn er sich noch nicht in einem kompletten Fluchtmodus befindet, so doch in einem Zustand des leichten Erstarrens, so wie ein „im Scheinwerferlicht geblendetes Reh“. Eine

Foto 1.3 Erstarren

solche Reaktion können wir häufig in unseren Mitmenschen oder anderen Lebewesen beobachten, wenn diese plötzlich ganz ruhig werden, während sie sich auf etwas Gesehenes oder Gehörtes ausrichten, und sich gespannt darauf konzentrieren, um herauszufinden, ob sie sich in Gefahr befinden.

Hier sehen wir die Auswirkungen von Oscars Neurozeptionssystem, während seine Amygdala ihre Aufgabe erledigt und ihn vor Gefahren bewahrt, indem sie ihn schnell und unbewusst darauf hinweist, mit dem Spielen und Lächeln aufzuhören und sich gespannt auf etwas in seinem Umfeld zu konzentrieren, das eine Gefahr darstellen könnte. Oscar ist in diesem Alter noch nicht in der Lage, sein Aufmerksamkeitssystem zu regulieren und zu entscheiden, auf welches Objekt er seine Aufmerksamkeit richtet. Seine Aufmerksamkeit wird stattdessen automatisch durch seine *Orientierungsreaktion* auf Objekte gerichtet. Die Orientierungsreaktion ist ein obligatorisches Aufmerksamkeitssystem, das größtenteils von seiner Amygdala und seiner Reaktion auf die Objekte kontrolliert wird, die er in seinem Umfeld und im Inneren seines Körpers wahrnimmt. Später, wenn sein Gehirn ausreift, wird er ein „höheres", willkürlicheres „exekutives Aufmerksamkeitssystem" entwickeln, das er benutzen kann, um aus dieser obligatorischen, von der Amygdala angetriebenen Art des Umgangs mit Dingen herauszutreten. Dieses höhere Aufmerksamkeitssystem hängt sehr von der Entwicklung der Gehirnbrücke ab, die wir auf den vorangegangenen Seiten beschrieben haben. Die Gehirnbrücke ist die Verbindung zwischen dem anterioren cingulären Cortex und der Amygdala. Durch sie erlangt das Kind die Kontrolle über den neurozeptiven Prozess und ist weniger seinen amygdaloiden Momenten ausgeliefert.

Es fällt nicht schwer, sich vorzustellen, wenn wir uns Oscars Gesicht hier ansehen, dass ein Kind, das in weniger glücklichen Umständen und in einer wirklich Angst machenden Umgebung lebt, viel zu viel Zeit in einem Zustand der erhöhten Wachsamkeit bezüglich seiner Sicherheit und viel zu wenig Zeit mit sorglosem Spielen, Erkundungen und angenehmen Verbindungen mit seinen Hauptbezugspersonen verbringt. Wenn dieses System des Erstarrens oft benutzt wird, wird es stärker und leichter aktivierbar und schafft so die Voraussetzungen für einen chronischen Zustand der erhöhten Wachsamkeit und Schwierigkeiten, sich in der Nähe seiner

Mitmenschen zu entspannen. Eltern, die in einem unsicheren Umfeld aufgewachsen sind, neigen zu erhöhter Wachsamkeit hinsichtlich ihrer Sicherheit und haben möglicherweise Schwierigkeiten, sich sicher genug zu fühlen, um von einer Abwehrhaltung in das auf soziale Kontakte ausgerichtete System überzuwechseln, und das sogar im Beisein ihrer eigenen Kinder. Es ist daher nachvollziehbar, dass die Entwicklung des intelligenten, auf soziale Kontakte ausgerichteten Vagus-Systems des Kindes sehr von der Art der Fürsorge abhängt, die es während dieser frühen Phase der Gehirnentwicklung erhält, und dass dieser frühe Prozess der Gehirnformung die Grundlage für eine zukünftige Elternrolle darstellt.

Oscar lebt glücklicherweise in einem sicheren Umfeld. Seine Amygdala reagiert nicht auf seine Eltern. Stattdessen kann er sich an sie wenden, um Trost und Hilfe bei seiner Emotionsregulation zu erhalten, und seine Eltern, wenn nötig, als sichere Basis nutzen. Und wenn er dann von ihnen getröstet worden ist und sein Gleichgewicht wiedererlangt hat, kann er ihre Aufmerksamkeit durch ein fröhliches Spiel in Anspruch nehmen oder in die Ecke krabbeln, um dort den Käfer näher zu erkunden, und seine Entdeckungsreise danach mit seinen verblüfften Eltern teilen. Wenn er dann ihre Blicke der Besorgnis oder des Ekels sieht, kann er von seiner Käfererkundung in die Wiederherstellung der Verbindung zu seinen Eltern überwechseln und sie wieder zum Lächeln bringen, damit er „die Verbindung zu ihnen" wieder spürt. Und so läuft der Tanz der Abstimmung, Fehlabstimmung und erneuten Abstimmung oder Beziehungskorrektur ab. Dies ist der herrliche Eltern-Kind-Tanz, durch den sich das kindliche Gehirn entwickelt, während Eltern dem Kind gleichzeitig dabei helfen, sicheren Menschen zu vertrauen und auf ihre einfühlsame Fürsorge zu zählen, und dem Kind den Luxus schenken, viel Zeit mit dem Erkunden der Welt und dem Lernen zu verbringen, ein Luxus, der Kindern von gestressten Eltern nicht zur Verfügung steht.

Foto 1.4

Auf diesem Foto sehen wir ganz deutlich Oscars Unruhe und Anspannung. Er ist mit dem, was in dem Moment gerade geschieht, gar nicht zufrieden. Vielleicht sieht er uns zum ersten Mal und reagiert auf unsere „Fremdheit“. Als Nächstes wird er sich wahrscheinlich nach seiner Mutter umsehen. Seine Stirn ist gerunzelt und seine Augen sind fast geschlossen, so als ob er die Ursache seiner Anspannung nicht sehen will. Er ist kurz davor, zu weinen, um die besonderen Menschen in seinem Leben wissen zu lassen, dass er Trost braucht, dass er zu seiner sicheren Basis zurückkehren muss. Keine Angst, Oscar, Mama und Papa sind schon hier und Du wirst bald wieder lachen (Foto 1.5).

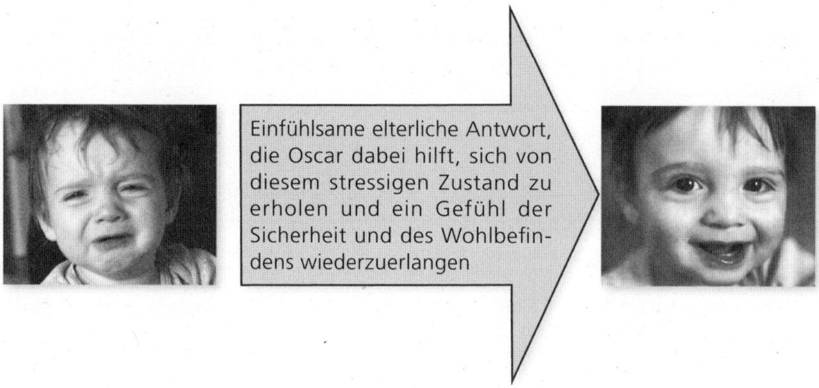

Foto 1.5
Der positive Kreislauf: dem Kind dabei helfen, sich von seiner Anspannung und Unruhe zu erholen und ein Gefühl der Sicherheit wiederzuerlangen.

Wenn Oscars Eltern auf zeitgerechte, einfühlsame und abgestimmte Weise auf seine Unruhe antworten, ko-regulieren sie seine Emotionen und geben ihm das Gerüst, das er benötigt, um von seiner Unruhe wieder in einen Zustand der Sicherheit, des Wohlbefindens und des spielerischen Kontakts überzugehen. Man weiß, dass tägliche Wiederholungen dieses guten Kreislaufs die Entwicklung des Gehirns fördern. In einem solchen guten Kreislauf, in dem Eltern ihren kleinen Kindern dabei helfen, von den inneren Zuständen der Fehlsteuerung wieder in einen regulierten Zustand überzugehen, wird das Gehirn vor längeren Zeiten der Anspannung geschützt und die Bildung von Verbindungen im kindlichen Gehirn angeregt, die dem Kind letztendlich das Potential der Selbstregulation zur Verfügung stellen. In diesem positiven Kreislauf sehen wir das Fundament für die Fähigkeit des Gehirns, gute Eltern zu sein (Atzil, Hendler & Feldman, 2011).

Das kindliche Gehirn

Anhand von Foto 1.6 benutzen wir Oscars verschiedene Gesichtsausdrücke, um den Prozess, den Porges als *Neurozeption* bezeichnet, zu veranschaulichen. Neurozeption ist der Prozess, mit dessen Hilfe unser limbisches System schnell bewertet, ob unser Umfeld sicher ist oder Gefahren bestehen, und unsere emotionale Verfassung und unsere Verhaltenszustände dementsprechend steuert.

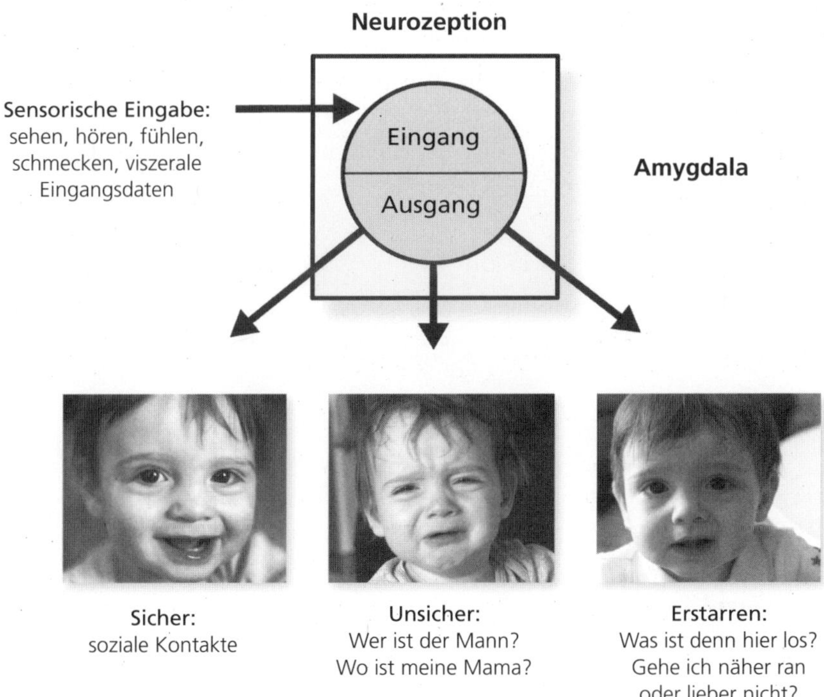

Foto 1.6 Oscar zeigt uns, was Neurozeption ist.

Vielen Dank, Oscar, dass Du uns geholfen hast, die Prozesse des auf soziale Kontakte ausgerichteten Systems, der Abwehrhaltung, der Neurozeption und der sicheren Bindung zu verstehen.

Das elterliche Gehirn

Die Herausforderung für das elterliche Gehirn besteht darin, in einem sicheren Modus zu bleiben, selbst dann, wenn sich das Kind nicht in seinem eigenen sicheren Modus befindet. Wenn Sie Ihr intelligentes Vagus-System der Annäherung dann „eingeschaltet" lassen können, wenn Ihr Kind in eine defensive Geisteshaltung übergeht, ist es weitaus wahrscheinlicher, dass Ihre Reaktion liebevoll und hilfreich sein wird und die emotionale Entwicklung Ihres Kindes fördern und seine Fähigkeit stärken wird, defensive und negative Geisteszustände zu regulieren. Ihre Fähigkeit, die Ruhe zu bewahren und „elterlich" zu bleiben, hilft Ihrem Kind, die „Gehirnmuskeln" aufzubauen, die es braucht, um später einmal genau dasselbe mit Ihren Enkelkindern zu tun. Und das ist der Grund, warum die Gesundheit Ihres Gehirns so wichtig ist für die Schaffung eines wirklich positiven und auf Wachstum ausgerichteten Kreislaufs von guter Fürsorge innerhalb Ihrer Familie. Abbildung 1.10 fasst die von oben nach unten und von unten nach oben verlaufenden Zustandsregulierungsprozesse im elterlichen Gehirn zusammen.

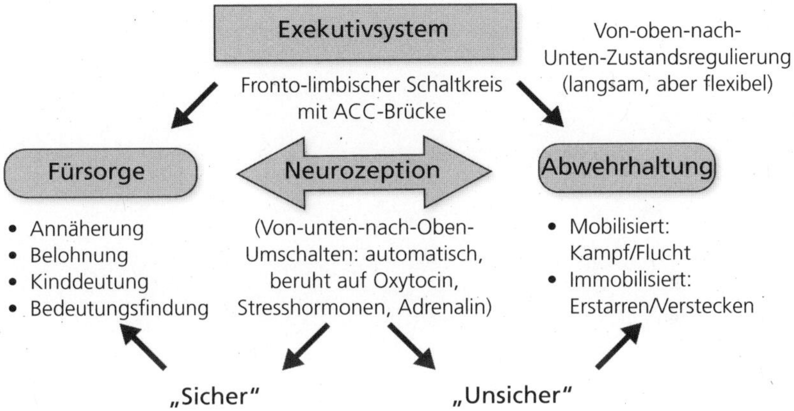

Abbildung 1.10 Zusammenfügung aller Teile

Das von oben nach unten und von unten nach oben verlaufende Zustandsregulierungssystem im elterlichen Gehirn.

2 Die fünf Bereiche des Eltern-Seins

Menschliches Eltern-Sein beinhaltet verschiedene miteinander verknüpfte und dennoch getrennte Funktionsbereiche, die zusammen einen robusten, ganzheitlichen Fürsorgeansatz darstellen. Auf der Basis unserer Lektüre zur neurowissenschaftlichen Forschung fassen die in Tabelle 2.1 aufgelisteten fünf Bereiche unserer Meinung nach die Kernprozesse eines gelingenden Eltern-Seins zusammen, wobei jeder dieser Bereiche von der Funktionsweise eines bestimmten Schaltkreises oder Systems im Gehirn abhängt.

Elterlicher Bereich

Elterlicher Prozess	Elterlicher Prozess
1. Elterliches Annäherungssystem	Die Fähigkeit, sich sicher zu fühlen und aufgeschlossen und aufmerksam zu bleiben, während man eng mit seinem Kind interagiert.
2. Elterliches Belohnungssystem	Die Fähigkeit, die Elternrolle als angenehm, befriedigend und lohnenswert zu erleben.
3. Elterliches Kinddeutungssystem	Die Fähigkeit, sein Kind zu verstehen, sich auf das Kind einzustimmen und Empathie für sein Kind zu empfinden.
4. Elterliches Bedeutungsfindungssystem	Die Fähigkeit, die Bedeutung seiner Erfahrungen als Eltern zu verstehen und eine kohärente persönliche Geschichte über das Eltern-Sein zu erstellen.
5. Elterliches Exekutivsystem	Die Fähigkeit, seine inneren Geisteszustände zu regulieren, die Qualität der Eltern-Kind-Verbindung zu regulieren und zeitgerechte, effektive Korrekturen vorzunehmen.

Tabelle 2.1 Bereiche eines gelingenden Eltern-Seins

Das elterliche Annäherungssystem

Das elterliche Annäherungssystem ist das Kernmotivationssystem, das den Fürsorgeprozess unterstützt. Dieses System muss funktionieren, damit Eltern sich sicher genug fühlen, um mit ihren Kindern zu interagieren. Tierstudien haben gezeigt, dass dieses grundlegende Fürsorgesystem stark von einem Schaltkreis im Säugetiergehirn abhängt, der einen Bereich des Hypothalamus sowohl mit dem Körper als auch mit dem Emotionen erzeugenden limbischen System verbindet. Dieser Schlüsselbereich im Hypothalamus heißt *mediale präoptische Region.* Wir haben sie im Kapitel 1 vorgestellt. Obwohl die mediale präoptische Region normalerweise am Sexual- und Paarungsverhalten beteiligt ist, sorgen durch Schwangerschaft und Geburt ausgelöste hormonelle Veränderungen in Müttern für ein Umschalten von der nicht elterlichen Konfiguration auf eine elterliche Konfiguration in der medialen präoptischen Region. Und das wiederum signalisiert dem limbischen System, insbesondere dem Belohnungssystem, sehr empfindlich auf sensorische Erfahrungen der Interaktion mit dem Kind zu reagieren. Die Vorbereitung der medialen präoptischen Region durch den Prozess des Eltern-Werdens beruhigt auch die Amygdala der Eltern und richtet das Neurozeptionssystem, das wir am Anfang des Buches beschrieben haben, auf Sicherheit statt Selbstschutz aus. Im Wesentlichen hilft die Vorbereitung der medialen präoptischen Region dabei, die Tendenz zu deaktivieren, sich nur ungern anderen Menschen zu nähern. Aus diesem Grund spielt die mediale präoptische Region auch eine wichtige Rolle bei der Sexualität und der körperlichen Intimität unter Erwachsenen.

Die mediale präoptische Region ist ein Bereich im Gehirn, in dem sich sehr viele Rezeptoren für verschiedene Hormone und *Peptide,* chemische Substanzen, befinden. Bei der Umschaltung der medialen präoptischen Region auf einen elterlichen Geisteszustand scheinen Östrogen, Prolactin und Oxytocin die wichtigsten chemischen Substanzen zu sein. Wenn Östrogen während der Schwangerschaft ausgeschüttet wird, aktiviert die Stimulation der Östrogen-Rezeptoren in der medialen präoptischen Region die Ausschüttung von Oxytocin und Prolactin. Während diese beiden chemischen Substanzen danach durch den ganzen Körper fließen, sind sie auch im Gehirn zu finden. Oxytocin gelangt in die limbischen Bereiche des Gehirns, insbesondere in die Amygdala, wie im Kapitel 1 beschrieben. Oxytocin hat eine besänftigende und beruhigende Wirkung im Gehirn, wodurch das Abwehrsystem gedämpft wird, das anderenfalls sehr schnell von der Amygdala aktiviert werden kann. Auf diese Weise spielt Oxytocin eine sehr große Rolle bei der Aktivierung des von Porges beschriebenen intelligenten, auf soziale Kontakte ausgerichteten Vagus-Systems in Eltern. Wenn Oxytocin-Rezeptoren im Ausgangsbereich stimuliert werden, der die Amygdala mit den reflexartigen Abwehrschaltkreisen im Hirnstamm verbindet, dann blockiert dieser Schaltkreis gewissermaßen das Abwehrsystem. Darüber hinaus befinden sich im Bereich des Hirnstamms, der bei der Auslösung der grundlegenden Abwehrreaktionen des Kampfes, der Flucht und des Erstarrens sehr wichtig ist, Oxytocin-Rezeptoren, die dazu beitragen, dass dieses „fest verdrahtete" Abwehrverhalten in diesem Bereich nicht ausgelöst wird. Dieser Bereich des Hirnstamms wird als *periaquäduktales Grau* bezeichnet.

Das Annäherungssystem ist enger mit der linken Gehirnhälfte als der rechten Gehirnhälfte verbunden. Das Neurozeptionssystem, das zwischen Gefahr und Sicherheit unterscheidet und im Kapitel 1 beschrieben wird, ist hauptsächlich ein System der rechten Hirnhälfte. Die rechte Hirnhälfte ist auf sehr reale Weise mehr daran beteiligt, uns vor Schaden zu bewahren, und vermittelt uns, was wir im Leben meiden sollten und wie wir solchen Dingen aus dem Weg gehen können. Im Gegensatz dazu ist die linke Hirnhälfte mehr daran beteiligt, dass wir uns an Dinge annähern, sei es, um mit ihnen auf positive Weise zu interagieren, weil sie gut für uns sind oder zumindest uns gut fühlen lassen, oder um aggressiv und nachdrücklich mit ihnen umzugehen, sie aus dem Weg zu schaffen (denken Sie an *aggressives Verhalten im Straßenverkehr*). Wut ist dann, so hat man, vielleicht überraschenderweise, herausgefunden, eine Emotion der linken Hirnhälfte, so wie auch Freude. Demnach scheinen sowohl positive als auch negative „Annäherungsemotionen" „links lateralisiert" zu sein, um den wissenschaftlichen Ausdruck dafür zu benutzen.

Manche Menschen sind so verdrahtet, dass sie eher „linkshirndominant“ oder „rechtshirndominant“ sind. Und andere wieder haben ein natürliches Gleichgewicht zwischen den Systemen beider Hirnhälften. Das heißt, dass manche Menschen eher genetisch disponiert sind, Gefahren zu meiden, als sich Menschen und Dingen im Leben anzunähern und mit ihnen zu interagieren. Dieser Unterschied liegt zum Teil an Genen, die die Reaktivität oder Sensibilität der Amygdala gegenüber Neuheiten oder Ungewissheit beeinflussen. Das ist der Grund, warum manche Säuglinge sich selbst kurz nach der Geburt für neue Erfahrungen begeistern, während andere unwillkürlich zurückweichen und weinen. Einen niedrigen Vorgabewert zur Aktivierung des Alarmsystems der Amygdala zu haben gehört zur Neurobiologie der angeborenen Schüchternheit (Kagan, 1994).

Die Systeme der linken und der rechten Hirnhälften, die die Prozesse der Gefahrenvermeidung und Annäherung fördern, sind gleichzeitig auch Lern- und Gedächtnissysteme, die diese Funktionen sehr früh im Leben ausüben. Wenn unsere frühen Erfahrungen voller Erlebnisse sind, die uns Angst gemacht oder Anspannung gebracht haben, lernt unser rechtsseitiges Gefahrenvermeidungssystem, die Gefühle der Angst oder des Stresses mit den als gefährlich empfundenen Dingen zu assoziieren. Zusätzlich zu diesem „assoziativen Lernen“ sind die Systeme der Annäherung und Vermeidung auch mit „instrumentellem Lernen“ beschäftigt. Diese Art des Lernens verbindet das *Wie* einer körperlichen oder emotionalen Belohnung oder Verletzung mit dem Erleben, sich belohnt oder verletzt zu fühlen.

Wenn zum Beispiel ein Kleinkind eine Steckdose anfasst und dabei von der Mutter oder dem Vater angeschrien wird, stellt das Vermeidungssystem der rechten Hirnhälfte des Kindes eine Verbindung zwischen der Handlung des Berührens der Steckdose und dem durch die laute Stimme der Eltern ausgelösten „Schmerz“ her. Wenn das Kind dann beim nächsten Mal das Verlangen hat, die Steckdose zu berühren, wird die Erinnerung dieser Verbindung zwischen Handlung und Angeschrienwerden hervorgerufen und hilft dem Kind, das Angeschrienwerden zu vermeiden, indem sein Verlangen, die Steckdose zu berühren, unterdrückt wird.

Durch die Kombination der Prozesse des assoziativen und des instrumentellen Lernens lernen Kinder sehr viel darüber, wie und wann sie sich an ihre Pflegepersonen annähern oder aber sie meiden können, lange bevor sie wirklich „wissen", was sie da lernen. Instrumentelles Lernen wird zum „Wie"-Bestandteil der auf Belohnungen oder Angst beruhenden Erinnerungen und geht Hand in Hand mit dem „Was"-Bestandteil unseres assoziativen Lernens.

Das Lernsystem der Gefahrenvermeidung in Kindern, die die Empfänger einer nicht einfühlsamen Fürsorge sind, hat viele Möglichkeiten, tätig zu sein und diesen Kindern dabei auf assoziative und instrumentelle Weise zu helfen, wie sie in einem unsicheren Umfeld überleben können. Neurowissenschaftler nennen diesen Prozess „bindungsorientiertes" Lernen. Dieser Prozess findet nicht nur unter extremen Bedingungen wie Misshandlungen, Missbrauch oder Vernachlässigung statt, sondern tritt auch in „kleineren" und subtileren Situationen auf. Kleinkinder sind beispielsweise sehr gestresst, wenn ihre Mütter sie nicht anlächeln oder sich mit ihnen beschäftigen oder zumindest Gefühle oder Leben in ihren Gesichtern und Stimmen zeigen. Das ist auch der Grund, warum es sich als so störend auf die Entwicklung des Kindes auswirken und sein sehr junges Alarmsystem aktivieren kann, wenn Mütter Depressionen haben, wodurch der Gesichtsausdruck und die Stimme der betroffenen Mutter „abgeflacht" werden.

Eines der einprägsamsten und am schwierigsten anzusehenden Experimente in der Literatur zu Eltern-Kind-Interaktionen ist Ed Tronicks „Experiment des regungslosen Gesichts" (2007), ein Forschungsmodell, das kurzzeitig mütterliche Depressionen oder Vernachlässigungen nachahmt. In Tronicks Experiment interagieren Mütter normal und auf höchst beteiligte und spielerische Weise mit ihren Säuglingen, bis der Versuchsleiter sie bittet, ein regungsloses Gesicht zu machen, bewegungslos zu werden. Schnell zeigen sich die Babys gestresst und offensichtlich verstört und beunruhigt darüber, dass sie ihr Gefühl der Verbindung zur Mutter über ihr Gesicht, ihre Augen und ihre Stimme verloren haben, dass sie ihre lebenswichtige Verbindung zu ihrer Hauptbezugsperson verloren haben. Einige der Babys erbrechen sich sogar. Wenn die Mütter dann zu ihrer großen Erleichterung wieder „zum Leben erwachen" dürfen, erholen sich ihre Babys schnell und scheinen ebenso wieder zum Leben zu erwachen.

Physiologisch ausgedrückt wechseln die Säuglinge von ihrem intelligenten Vagus-System in eine Abwehrhaltung über – zuerst in die aktive Defensivhaltung des Protests (sympathisches System) und danach in den ursprünglichsten Zustand, der Bewegungsunfähigkeit aus Angst (tiefer gelegenes parasympathisches Vagus-System). Die Wiederherstellung der Aufmerksamkeit und des positiven Affekts der Mutter hilft den meisten Babys schnell, wieder in dieser Hierarchie des Nervensystems aufzusteigen und wieder, mit Hilfe der Ko-Regulierung oder des „Gerüsts" der Mutter, in ihr intelligentes, auf soziale Kontakte ausgerichtetes Vagus-System überzuwechseln. Interessanterweise benötigen Babys mit einem niedrigen „Vagus-Tonus" – eine Messgröße der Funktionsweise des intelligenten Vagus-Systems – mehr Zeit, um sich von dem regungslosen Gesicht der Mutter zu erholen, als Babys mit einem besseren Vagus-Tonus. Man vermutet, dass Unterschiede im Vagus-Tonus in sehr kleinen Kindern sowohl auf genetische als auch auf umweltbedingte Faktoren zurückgehen und dazu zählt auch mütterlicher Stress (Porges, 2011). Dieses Experiment zu sehen ist sehr bewegend und zeigt auf sehr anschauliche Weise, wie wichtig die Ko-Regulierung der Mutter für das Baby ist, wie abhängig das Kind von der „Gegenwärtigkeit" seiner Mutter ist.

Es ist offensichtlich, dass das Baby einen interaktiven Partner braucht, um sein linksseitiges Annäherungssystem für angenehme Interaktionen mit anderen Menschen zu entwickeln. Solche interaktive Partner müssen beständig dafür sorgen, dass Nähe zu anderen Menschen als sicher und häufig auch erfreulich empfunden wird. Kinder, die beispielsweise ihre ersten Lebensjahre in großen russischen oder rumänischen Waisenhäusern verbracht haben und von sehr vielen Schichtarbeitern mit nur wenig (falls überhaupt) liebevoller Fürsorge betreut wurden, können unterentwickelte linksseitige Verbindungen zwischen den Schlüsselbereichen des präfrontalen Cortex – dem orbitofrontalen Cortex und dem tiefer gelegenen anterioren cingulären Cortex – und den Bereichen der Schläfenlappen und des limbischen Systems haben, insbesondere der Amygdala und dem Hippocampus. Eine jüngste Studie zum Beispiel, in der mit Hilfe von bildgebenden Verfahren die Gehirne dieser Kinder mit Gehirnen von in Familien aufgewachsenen Kindern verglichen wurden, zeigt diesen Unterschied auf sehr auffällige Weise: Selbst ein ungeschultes Auge kann den Unterschied in der Stärke der linksseitigen fronto-limbischen Verbindungen zwischen den in Familien aufgewachsenen Kindern und den Kindern aus den Waisenhäusern erkennen (Eluvathingal et al., 2006). Derartige Studien liefern den deutlichen Beweis, dass das frühe Umfeld eines Kindes im wahrsten Sinne des Wortes dessen Gehirn auf eine Art und Weise formt, die die Natur der erhaltenen Fürsorge widerspiegelt. Auch wenn zugegebenermaßen Kinder, die achtzehn Monate oder länger in solchen warenlagerartigen Waisenhäusern verbracht haben, einen Extremfall des Mangels an antwortbereiter Fürsorge darstellen, so sollte das Muster der daraus entstehenden Gehirnentwicklung eine Botschaft für uns alle über die Wichtigkeit einer einfühlsamen Elternschaft sein, ganz besonders in der Phase, in der das Gehirn eines Kindes auf diesen zwischenmenschlichen Prozess von Gehirn zu Gehirn bestens vorbereitet ist, ja, diesen geradezu anstrebt.

Die Wichtigkeit der Unterschiede zwischen der linksseitigen und der rechtsseitigen Funktionsweise des Gehirns für die Elternrolle ist, dass Eltern, die rechtshirndominant sind, deren Gefahrenvermeidungssysteme stärker als deren Annäherungssysteme sind, es wahrscheinlich als schwieriger empfinden, ihren Kindern nahe zu sein, ohne in die Defensive zu gehen, als Eltern, die aufgrund genetischer Faktoren oder frühkindlicher Fürsorge linkshirndominant sind oder bei denen zumindest eine Ausgewogenheit beider Gehirnsysteme besteht. Wenn Sie rechtshirndominant sind, ist nicht alles verloren, aber Sie werden möglicherweise daran arbeiten müssen, Ihre natürliche Neigung außer Kraft zu setzen, sich während bestimmter Interaktionsformen von Ihrem Kind wegzubewegen. Sie werden wahrscheinlich üben müssen, „auszuharren" und gegen diesen reflexartigen Drang anzugehen, sich zurückzuziehen oder eine Mauer aus Selbstschutz zwischen sich und Ihrem Kind aufzubauen, wenn keine wirklich benötigt wird. Wir werden uns in späteren Kapiteln damit beschäftigen, wie man mit einem überaktiven rechtsseitigen Gefahrenvermeidungssystem umgehen kann.

Das elterliche Belohnungssystem

Wenn das elterliche Annäherungssystem aktiviert wird, wird, wie oben beschrieben, Oxytocin ausgeschüttet. Ein Teil davon gelangt in einen Bereich des Hirnstamms, in das *ventrale tegmentale Areal* (VTA), das die Freisetzung von Dopamin reguliert. Wenn die Oxytocin-Rezeptoren auf den Dopaminzellen im ventralen tegmentalen Areal Oxytocin erhalten, geben diese Zellen Dopamin in verschiedene Hirnregionen ab wie zum Beispiel den präfrontalen Cortex und das Belohnungszentrum beziehungsweise den Nucleus accumbens. Diese Region, die wir im Kapitel 1 beschrieben haben, spielt eine bedeutende Rolle bei der Vermittlung elterlicher Freude. Sie erinnern sich vielleicht noch daran, dass sie zum motorischen System oder Handlungssystem des Gehirns gehört und dass wir, wenn sie aktiviert wird, hoch motiviert sind, uns Dingen anzunähern, die uns in der Vergangenheit Belohnungen gebracht haben. Und dieselbe Region ist an allen Formen des „Mögens", des Verlangens und sogar der Substanzabhängigkeit beteiligt. Es fällt nicht schwer, zu sehen, auf welche Weise das Belohnungssystem zu Verbindungen sämtlicher Ausprägungen, einschließlich der Bindungen zwischen Eltern und Kind, beiträgt.

Im elterlichen Gehirn aktiviert das von der medialen präoptischen Region freigesetzte Oxytocin die Dopamin-Neuronen, die Dopamin in das Belohnungssystem einspeisen, was die Aktivierung des elterlichen Belohnungssystems zur Folge hat (Fleming et al., 2008; Numan & Stolzenberg, 2008). Die Kette von Ereignissen, von der Östrogenaktivierung der medialen präoptischen Region bis zur Aktivierung des von Dopamin gesteuerten Belohnungssystems, verbindet auf wirksame Weise das elterliche Annäherungssystem mit dem elterlichen Belohnungssystem. Dieses ineinandergreifende System stellt sicher, dass Eltern auch weiterhin Eltern bleiben. Neueste Studien zum väterlichen Gehirn weisen darauf hin, dass sich Prolactin und Vasopressin möglicherweise mit Oxytocin zusammenschließen, um ähnliche Veränderungen im Gehirn zu begünstigen, die Väter auf das Vater-Sein vorbereiten. Väter haben natürlich das gleiche Belohnungssystem in ihrem Gehirn wie Mütter. Und das macht das elterliche

Belohnungssystem zu einem sehr wichtigen Bestandteil des väterlichen Gehirns. Die Forschung legt nahe, dass Mütter und Väter nicht dieselben Arten der Interaktion mit ihren Kindern als befriedigend empfinden. Väter neigen eher dazu, körperlich aktiven Formen der Stimulation den Vorzug zu geben, während Mütter im Durchschnitt eher ruhigere, passivere Formen der Verbindung vorziehen (Gordon, Zagoory-Sharon, Leckman & Feldman, 2010; Leuner, Glasper & Gould, 2010).

Oxytocin und Dopamin werden nicht nur in den Nucleus accumbens ausgeschüttet, sondern auch in den tiefer gelegenen Bereichen des präfrontalen Cortex freigesetzt. Dadurch werden diese höheren Hirnregionen online geschaltet und können die Annäherungs- und Belohnungssysteme von oben nach unten steuern. Dieser Ablauf der Gehirnaktivität bringt das Emotionsregulationssystem mit ins Spiel, das dabei hilft, die elterlichen Annäherungs- und Belohnungssysteme während der Interaktionen mit dem Kind eingeschaltet zu lassen. Wichtig ist auch, dass, wenn diese Systeme eingeschaltet sind, das elterliche Gehirn auf Emotionen beruhende assoziative und instrumentelle Erinnerungen an angenehme Interaktionen erzeugt, durch die die Eltern motiviert werden, sich ihren Kindern auch weiterhin freudig und einfühlsam zuzuwenden. Und an solche Erinnerungen denken Eltern am Ende des Tages oder Jahre später gerne, denn sie machen den Prozess der Reflexion warm und „freundlich", statt ihn in etwas zu verwandeln, das es zu meiden gilt. Auf diese Weise fördern die elterlichen Annäherungs- und Belohnungssysteme die elterliche Reflexion.

Der untere Bereich des präfrontalen Cortex, der orbitale Bereich, spielt eine Schlüsselrolle bei der Verarbeitung dieser angenehmen Erfahrungen und bei der Schaffung positiver elterlicher Erinnerungen. Währenddessen hilft eine Region, die wir auf den vorangegangenen Seiten dargestellt haben, nämlich der anteriore cinguläre Cortex, beim Umgang mit konkurrierenden Emotionen, die während solcher innigen Begegnungen mit dem Kind entstehen können, indem er die elterlichen Systeme der Selbstregulation und der Konfliktlösung aktiviert.

Neueste Studien, die mittels bildgebender Verfahren Gehirne von menschlichen Eltern untersucht haben, zeigen, dass der Kernschaltkreis in Säugetieren, der die Annäherungs- und Belohnungssysteme miteinander verbindet, in unserem Gehirn sehr gut funktioniert und sehr aktiv ist. Kurz gesagt setzen wir dieses elterliche Kernsystem ein, um auf automatische Weise unsere Annäherungs- und Belohnungssysteme miteinander zu verbinden, damit wir, so wie unsere niederen Säugetier-Verwandten, dazu bewegt werden, uns um unseren Nachwuchs zu kümmern, diesen Fürsorgeprozess als befriedigend zu erleben und konkurrierende schwierige Gefühle zu regulieren, damit der Fürsorgeprozess aufrechterhalten bleibt.

Der Schlüssel zum Funktionieren der elterlichen Annäherungs- und Belohnungssysteme ist das Funktionieren der ineinandergreifenden Oxytocin- und Dopamin-Systeme. Während Oxytocin Abwehrreaktionen unterdrückt und innere Sicherheit und Vertrauen verstärkt, ist Dopamin der Schlüssel zu allen Arten von motiviertem Verhalten – von der Suche nach Nahrung bis hin zum Finden eines Partners, der Betreuung anderer, der Freude an Musik und Kunst und sogar bis hin zur Freude an harter, produktiver Arbeit, zu der auch die schwierigeren Aspekte des Eltern-Seins zählen. Die Hemmung von Oxytocin oder Dopamin kann den Fürsorge-Faktor in Tieren ausschalten. Dopamin unterstützt ein System, das Jaak Panksepp (1998), ein wegweisender Pionier auf dem Gebiet der affektiven Neurowissenschaft, „Suchsystem" nennt. Dopamin-Neuronen lernen, Dinge und Handlungen im Leben mit Belohnungen zu assoziieren, und fungieren dann als eine Art Belohnungserwartungssystem. Dieses Belohnungserwartungssystem feuert dann beim Vorhandensein von Reizen, die aufgrund vergangener Erfahrungen eine Belohnung in Aussicht stellen (Iversen, Iversen, Dunnett & Bjorklund, 2010). Auf diese Weise erfüllt das Dopamin-System eine äußerst wichtige Aufgabe bei der Aufrechterhaltung von auf Belohnungen beruhenden Verhaltensweisen, einschließlich aller Formen von Suchtverhalten sowie elterlichen Verhaltensweisen, die von einigen Menschen als wunderschöne Liebesabhängigkeit angesehen werden (Marrazziti, 2009).

Verschiedene Arten von Belohnungen wetteifern im Leben um die Kontrolle des Dopamin-Systems und deswegen kann ein elterlicher Drogenkonsum die angenehmen Eigenschaften der Fürsorge am Zugang zum Belohnungssystem hindern. Obwohl die Überaktivierung bestimmter Dopamin-Rezeptoren zu Hyperaktivität und sogar Manie führen kann, ist die Hemmung des Dopamin-Systems ein entscheidender Faktor bei Depressionen, die heute als eine stressbedingte Erkrankung angesehen werden. Generell können hohe Mengen an Stresshormonen sowohl das Oxytocin-System als auch das Dopamin-System im elterlichen Gehirn unterdrücken – mit dem Resultat, dass wichtige Voraussetzungen für die Entstehung von blockierter Fürsorge geschaffen werden.

Das elterliche Belohnungssystem ist ein Erwartungssystem der Eltern: Eltern haben bestimmte Erwartungen, was die Interaktionen mit ihren Kindern betrifft. Das belohnungsorientierte Dopamin-System kann „abstürzen", wenn Erwartungen von Belohnungen nicht erfüllt werden. Anders ausgedrückt können Eltern sehr wohl ein plötzliches Umschalten im Gehirn vom Annäherungs- und Belohnungssystem auf eine Abwehrreaktion wie Wut oder Scham oder in einigen Fällen sogar Angst erleben, wenn Eltern sich ihrem Kind nähern und in ihrem Gehirn Dopaminzellen feuern in Erwartung einer angenehmen Interaktion, die sich dann als das genaue Gegenteil herausstellt. Genau das passiert im Grunde oft, wenn Kinder eine „Belohnung" erwarten und dann plötzlich wütend und frustriert sind, wenn die Belohnung nicht oder später geliefert wird. Für uns ist dieser Dopamin-Absturz-Effekt ein bedeutender Mechanismus für die Entstehung von blockierter elterlicher Fürsorge, besonders dann, wenn Eltern hohe Erwartungen haben, dass ihre Elternrolle auf unmittelbare und sehr eindrucksvolle Weise befriedigend und angenehm sein wird.

Glücklicherweise besitzen menschliche Eltern mit verhältnismäßig gesunden Gehirnen die Fähigkeit, das Belohnungssystem nicht nur über sofortige Belohnungen zu aktivieren, sondern auch über aufgeschobene Belohnungen und den Prozess, eine wichtige Aufgabe gut zu erledigen. Das bedeutet, dass Eltern, die ihre Erwartungen regulieren und Freude an der Ausübung ihrer Rolle als Eltern eines „schwierigen" Kindes empfinden können, die negativen Auswirkungen von schwierigen Eltern-Kind-Interaktionen und das Entstehen von blockierter Fürsorge vermeiden können. Allerdings wird das selbst für die fähigsten und zuversichtlichsten Eltern eine Herausforderung sein, die wahrscheinlich einen andauernden persönlichen Einsatz erfordert oder es nötig macht, dass die Eltern andere Erwachsene um Hilfe bitten, wenn die Eltern ihrem Kind gegenüber offen bleiben und die Verbindung zu ihm aufrechterhalten möchten und sie nur wenig unmittelbares positives Feedback von ihrem Kind erhalten.

Sowohl das Annäherungssystem als auch das Belohnungssystem entwickeln sich früh im Leben und beide Systeme sind für die negativen Folgen eines unkontrollierten Stressniveaus anfällig. In Kindern, die in der Gebärmutter elterlichen Stresshormonen und nach der Geburt gestressten Eltern ausgesetzt waren, kann der anfängliche Aufbau dieser beiden wesentlichen Systeme gehemmt sein. Eine solche Hemmung scheint das Ergebnis der Auswirkungen von Stresshormonen wie Cortisol auf die sich entwickelnden Oxytocin- und Dopamin-Rezeptoren zu sein. Auf der elementarsten Ebene beeinflussen Stresshormone die Genexpression für die Oxytocin- und Dopaminrezeptoren und diese Genexpression bestimmt die Dichte oder Anzahl solcher Rezeptoren im kindlichen Gehirn (Cushing & Kramer, 2005). Die Unterdrückung dieser Gene durch frühkindliche schwierige Umstände kann demzufolge zu einer Unterentwicklung und Unterfunktion des Oxytocin-Systems und des Dopamin-Systems führen und in Wirklichkeit die Fähigkeit unterdrücken, sich seinen Mitmenschen anzunähern und Beziehungen als befriedigend zu erleben. Man weiß jetzt, dass frühkindlicher Stress ein Risikofaktor für Substanzmissbrauch und -abhängigkeit ist, und nimmt an, dass die neurobiologischen Grundlagen dieses Risikofaktors eng mit der frühkindlichen Unterdrückung der Oxytocin- und Dopamin-Systeme verknüpft sind.

Neben den Folgen von chronischem Stress auf die Annäherungs- und Belohnungssysteme kann akuter, unkontrollierter Stress zu jedem Zeitpunkt im Leben die Funktionsweise dieser Systeme außer Kraft setzen. Derartige stressbedingte Beeinträchtigungen des elterlichen Annäherungssystems und des elterlichen Belohnungssystems können dann ein Auslösemechanismus für das Entstehen von blockierter Fürsorge sein. Abbildung 2.1 stellt diese zwei Schlüsselsysteme zur Verstärkung der elterlichen Fürsorge bildlich dar.

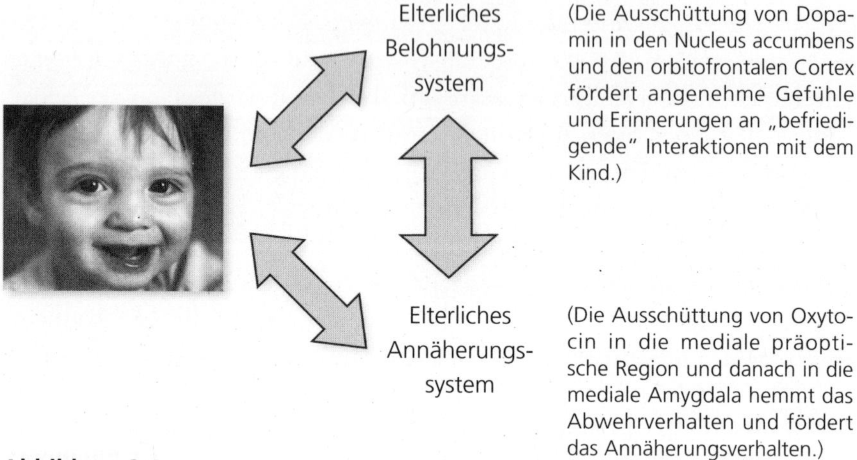

Abbildung 2.1

Das elterliche Kinddeutungssystem

Eltern müssen nicht nur in der Lage sein, eine enge Verbindung zum Kind zu haben und die Elternrolle als befriedigend zu empfinden, sie müssen auch in der Lage sein, die Gesichtsausdrücke und nonverbalen Signale des Kindes zu „deuten". An diesem Prozess ist ein System im menschlichen Gehirn beteiligt, das sich mit der Deutung – oder Entzifferung der Bedeutung – von Gesichtsausdrücken, Tonfall, Gestik und Berührungsqualität befasst, so dass sich Eltern auf das, was ihr Kind gerade erlebt, beabsichtigt oder denkt, einstimmen können. Dieses elterliche Kinddeutungssystem ist mit einem ineinandergreifenden System von Hirnregionen verbunden, das die Prozesse der Wahrnehmung nonverbaler Signale, der Erzeugung emotionaler und viszeraler Reaktionen auf diese Wahrnehmungen und dann diese wahrgenommenen und affektiven Prozesse mit entweder Abwehrreaktionen oder den Annäherungs- und Belohnungssystemen verbindet, anhand derer die Eltern eine Verbindung zu ihrem Kind aufrechterhalten. Probleme mit dem elterlichen Kinddeutungssystem können daher die Annäherungs- und Belohnungssysteme aus der Bahn werfen.

Im Hinblick auf die Anatomie des Gehirns beruht der Kinddeutungsprozess in hohem Maße auf der Aktivität des Schläfenlappenbereichs (Temporallappenbereich), welcher Gesichtsausdrücke und das Erkennen „biologischer Bewegungen“ verarbeitet, insbesondere Gesichts- und Augenbewegungen sowie Veränderungen der Stimme und Körpersprache. Diese Bereiche zur Deutung der Signale anderer Menschen schleusen ihre Ausgangsinformationen in das limbische System zur affektiven Bewertung, das heißt zur Neurozeption, ein. Das limbische System, im Besonderen die Amygdala, filtert diese Informationen und leitet sie dann entweder in untere Gehirnbereiche zu den grundlegenden Abwehrsystemen des Hirnstamms (Kampf, Flucht und Erstarren) oder nach oben zu den Belohnungssystemen. Wenn dieser Kinddeutungsprozess das elterliche Belohnungssystem aktiviert, können die Eltern dem Kind gegenüber offen bleiben und sich auch weiterhin auf die Kommunikation des Kindes einstimmen. Wenn der neurozeptive Prozess eine Abwehrreaktion auslöst, kann der Kinddeutungsprozess ausgeschaltet oder umgangen werden.

So wie bei den Annäherungs- und Belohnungssystemen spielt die Amygdala auch im Kinddeutungssystem eine Schlüsselrolle, denn sie filtert die elterlichen Wahrnehmungen der kindlichen nonverbalen Kommunikation und bewertet schnell, ob diese Signale positiv oder negativ sind. Entdeckt die Amygdala eine „Gefahr“, schaltet sie das Abwehrsystem ein und greift dadurch möglicherweise einer Weiterverarbeitung der Absichten oder Erfahrungen des Kindes vor. Auf diese Weise kann ein überempfindliches Kinddeutungssystem, das darauf ausgerichtet ist, Gefahren in der nonverbalen Kommunikation des Kindes wahrzunehmen, die elterliche Neugier und Reflexion unterdrücken und gleichzeitig Abwehrreaktionen einschalten, auf die das Kind dann antworten muss – wahrscheinlich mit seinem eigenen Abwehrsystem.

Das elterliche Kinddeutungssystem ist von grundlegender Bedeutung für den Abstimmungsprozess auf die inneren Geisteszustände des

Kindes, für jene intersubjektive Eltern-Kind-Kommunikation, die wir im Kapitel 1 dargestellt haben. Das Wechselspiel dieses Kinddeutungssystems mit den Annäherungs- und Belohnungssystemen ist erkennbar, weil eine genaue Deutung der kindlichen Signale eindeutig notwendig ist, um eine aufgeschlossene Annäherung an das Kind zu bewahren und die Elternrolle als befriedigend zu empfinden. Das elterliche Kinddeutungssystem schickt dann seine Auswertung der kindlichen Kommunikation an die anderen elterlichen Gehirnsysteme weiter, und zwar so, dass im Anschluss Eltern-Kind-Verbindungen entweder gefördert oder behindert werden. Eltern, die mit dem Kinddeutungsprozess Schwierigkeiten haben, werden unweigerlich Stress erleben, wenn sie versuchen, zu verstehen, was ihr Kind ihnen neben der wörtlichen Bedeutung des Gesagten auf nonverbale Weise mitteilt.

Weil nonverbale Kommunikation weitaus schneller im Gehirn verarbeitet wird als die Bedeutung von Sprache, sind Eltern, die beide Arten der Kommunikationen nicht gut deuten können, zu sehr vom expliziten/wörtlichen Inhalt dessen, was das Kind sagt, abhängig. Weil wir nonverbale Kommunikation dazu benutzen, um das Gesagte auszumalen und ihm eine eigene Wendung zu geben, werden Eltern, die entweder den Kinddeutungsprozess umgehen, indem sie überempfindliche Abwehrreaktionen aktivieren, oder Eltern, die strukturelle Schwächen in dem mit der Kinddeutung befassten Hirnregionen haben, Probleme mit dem Eltern-Sein haben und Gefahr laufen, blockierte Fürsorge zu entwickeln.

Wie oben angemerkt, können Probleme mit dem Kinddeutungssystem entweder aus einem fehlerhaften Wahrnehmungssystem oder aber aus einem überempfindlichen limbischen Filtersystem hervorgehen. Chronisch gestresste Eltern mit einem ansonsten funktionierenden Kinddeutungssystem reagieren zu negativ auf die nonverbale Kommunikation ihrer Kinder, weil ihre Amygdala und andere Bereiche des limbischen Systems überreagieren. Eltern, die entweder Probleme mit der Verarbeitung nonverbaler Kommunikation haben (zum Beispiel Schwierigkeiten, nonverbale Aspekte der Kommunikation wie Gesichtsausdrücke und Tonfall zu erkennen und zu benutzen) oder eine Autismus-Spektrum-Störung haben (zum Beispiel Schwierigkeiten, das, was im Kopf ihrer Mitmenschen abläuft, zu verstehen), haben strukturelle Probleme mit dem Kinddeutungssystem. Und solche strukturellen Probleme können zu Stress und blockierter Fürsorge führen.

Eltern weisen, abgesehen von stressbedingten Auswirkungen auf ihre Elternrolle, große Unterschiede auf, was ihre Kinddeutungsfähigkeiten als Eltern anbelangt. Interessanterweise ist dieser Prozess, der sich auf die von Neurowissenschaftlern als *Mentalisierung* und *„Theory of Mind"* bezeichnete Vorgänge bezieht, eng mit der Fähigkeit verknüpft, Emotionen in den Gesichtern seiner Mitmenschen, insbesondere im Augenbereich, zu erkennen (Frith & Frith, 2003). Die Forschungsarbeiten von Simon Baron-Cohen (2003) legen die Vermutung nahe, dass Männer und Frauen im Durchschnitt hinsichtlich dieser Fähigkeit Unterschiede aufweisen, wobei Frauen auf diesem Gebiet besser sind. Baron-Cohen stellt einen Zusammenhang zwischen dieser Fähigkeit und dem von ihm benannten „E"-Gehirn („E" steht für Empathie) her. Diesem stellt er das stereotypische männliche „systematisierende" Gehirn, das „S"-Gehirn, gegenüber. Auch wenn Männer E-Gehirne und Frauen S-Gehirne haben können, ist es wahrscheinlicher, dass mehr Frauen angeborene gute Fähigkeiten zur Empathie oder „Menschendeutung" haben. Die Studien von Baron-Cohen zeigen eine Verbindung zwischen den Fähigkeiten, die Signale seiner Mitmenschen deuten zu können, und der Menge an Testosteron, der Föten während ihrer Entwicklung ausgesetzt sind. Mehr Testosteron wird mit weniger Empathie beziehungsweise größeren Fähigkeiten der Systematisierung in Zusammenhang gebracht. Obwohl dieses Ergebnis unter Neurowissenschaftlern immer noch als kontrovers gilt (das heißt noch nicht ausreichend reproduziert worden ist, um als generell anerkannt zu gelten), gibt es deutliche geschlechtsspezifische Unterschiede bei diesem Prozess der Deutung seiner Mitmenschen und diese haben Auswirkungen auf die Elternrolle.

Eltern, die in einem sehr stressigen Umfeld aufgewachsen sind, entwickeln häufig eine frühe Neigung zur Wahrnehmung von nonverbalen Signalen der Wut und Angst in anderen (Pollak, 2003). In Bezug auf Eltern-Kind-Interaktionen kann diese „negative Neigung" als überhöhte Wachsamkeit bei der Verarbeitung der kindlichen Gesichtsausdrücke und stimmlichen Kommunikation zum Ausdruck kommen, was dazu führt, dass das Kind als bedrohlich oder respektlos wahrgenommen wird, dass, anders ausgedrückt, das Verhalten des Kindes persönlich genommen wird. Bei Eltern mit einem sehr empfindlichen System der Gefahrenerkennung besteht das Risiko, mit Abwehr auf die nonverbale Kommunikation ihrer Kinder zu reagieren. Eine solche frühzeitige Abwehrreaktion kann die Fähigkeit der Eltern, herauszufinden, was mit ihren Kindern los ist, ausschalten und zu vermehrter Frustration und gegenseitigem defensivem Verhalten führen. Ein weiterer wichtiger Kennwert bei der Feststellung, ob Eltern zu einer offenen, neugierigen und reflexiven Einstellung bezüglich einer gesunden Kindeserziehung imstande sind, ist die Reaktion des Kindes. So wie schon bei den elterlichen Annäherungs- und Belohnungssystemen wird das Kinddeutungssystem am besten in einem aktiven Zustand gehalten, wenn das Kind auf wechselseitige Weise reagiert, das heißt, wenn die Annäherungs- und Belohnungssysteme des Kindes ebenfalls aktiviert sind. Kinder haben ein „Elterndeutungssystem" in ihrem Gehirn, und wenn sich das Kind sicher fühlt und dieses System „eingeschaltet" hat, ist es leichter für die Eltern, sich auf den Kinddeutungsprozess zu konzentrieren. Wenn sich das Kind nicht für das Innenleben seiner Eltern interessiert und sich nicht damit beschäftigt, das Verhalten und die nonverbale Kommunikation seiner Eltern zu verstehen, werden die Eltern möglicherweise Schwierigkeiten haben, sich ein offenes und dauerhaftes Interesse an ihrem Kind zu bewahren. Die Eltern werden sich in einem solchen Fall weniger dafür interessieren, warum ihr Kind sich auf eine bestimmte Weise verhalten hat, und die nonverbalen Ausdrücke ihrer Kinder eher als negativ deuten.

Es gibt umfangreiche Forschungsergebnisse, die auf eine Verbindung zwischen den Menschendeutungsfähigkeiten und Oxytocin hinweisen (Ross & Young, 2009; Guastella, Mitchell & Dadds, 2008). Wissenschaftler untersuchen zurzeit die Möglichkeit, Oxytocin zur Förderung der Vertrauensbildung und des Menschendeutungsprozesses zu benutzen, mit bisher vielversprechenden Ergebnissen (Heinrichs, van Dawans & Domes, 2009). In diesem Forschungsansatz hat sich gezeigt, dass das Einatmen von Oxytocin in einem Testrahmen das Deuten von Emotionen in Gesichtern verbessert (Guastella, Mitchell & Matthews, 2008). Die Gabe von Oxytocin an Paare vor einer Therapiesitzung verbessert, zumindest im Rahmen von Studien, das Vertrauen und begünstigt eine konstruktivere, weniger defensive Kommunikation (Kosfeld, Heinrichs, Fischbacher & Fehr, 2005). Patienten mit einer Autismus-Spektrum-Störung haben einen niedrigeren Oxytocin-Spiegel, und es gibt Hinweise, dass die Einnahme von Oxytocin die nonverbalen Menschendeutungsfähigkeiten in einigen Patienten mit solchen Störungen verbessert (Andari, Duhamel, Zalla, Herbrecht, Leboyer & Sirigu, 2010).

Dieser Forschungsansatz hat sehr interessante Auswirkungen auf die Arbeit mit Eltern, die Kinddeutungsprobleme haben, sowie auf die Arbeit mit der ganzen Bandbreite an Pflegepersonen mit Symptomen einer blockierten Fürsorge. Die Möglichkeit, dass die Erhöhung des Oxytocin-Spiegels in Eltern mit blockierter Fürsorge ihre Abwehrreaktionen verringern, ihr Annäherungssystem aktivieren und ihr Kinddeutungssystem verbessern könnte, ist sehr faszinierend. Und weil gute Beziehungen die natürlichste Art sind, die Funktionsweise des Oxytocin-Systems anzukurbeln (Gouin et al., 2010), ist die Beziehung zwischen Therapeut und Patient als sehr wichtige Möglichkeit anzusehen, dieses chemische Schlüsselsystem im elterlichen Gehirn vorzubereiten.

Das elterliche Bedeutungsfindungssystem

Wie Eltern Bedeutungen aus ihren Erfahrungen mit ihren Kindern konstruieren, ist ein weiterer Schlüsselbereich des elterlichen Gehirns. Die Qualität unserer Erzählung – der Geschichten, die wir uns selber über unser Eltern-Sein, über das Wesen unserer Kinder und über unsere Beziehungen erzählen – wird durch die Funktionsweise unseres Gehirns bestimmt. In einem gesunden, gut verbundenen und vernetzten Gehirn sind konstruierte Bedeutungen nuanciert, komplex und kohärent, wie von Daniel Siegel (1999) und anderen Autoren beschrieben. Im Gegensatz dazu erzeugen gestresste Gehirne Geschichten, die polarisiert und schwarz-weiß sind, Geschichten, die eher ein *„Entweder-oder“* als ein *„Sowohl-als auch“* wiedergeben. Diese eher simplen Geschichten werden von den limbischen Bereichen angetrieben, deren Aufgabe Abwehrhandlungen sind – jene Reaktionssysteme, die schnelle Handlungen, aufgeheizte Emotionen und unüberlegtes Denken hervorrufen. Hirnforschungen (Baynes & Gazzaniga, 2000) zeigen, dass wir, mit Beitrag von unserer rechten Hemisphäre, mit unserer linken Hemisphäre Geschichten schaffen. Und wenn unser rechtsseitiges Abwehrsystem sehr reaktiv ist, spiegeln unsere linksseitigen Geschichten diese erhöhte Wachsamkeit beim Erleben der Welt wider. Bis Sie Ihr Abwehrsystem, das heißt Ihre Amygdala, beruhigt haben, ist es schwierig, komplexere, positivere und hoffnungsvollere Geschichten zu konstruieren. Unser Bedeutungsfindungssystem ist auf komplexe Weise mit unseren Emotionen und mit unserer Fähigkeit verbunden, unsere emotionale Erfahrung mit unserem Denken zu verknüpfen.

Stressbedingte Geschichten haben eher simple Handlungsstränge, in denen es häufig um Opfer- und Märtyrertum, um ein Ich in Opposition zu einem Du geht. Trotzdem besitzt das menschliche Gehirn die einzigartige Fähigkeit, zwei scheinbar entgegengesetzte Gedanken festzuhalten und ein zusammengefügtes „Meta“-Konzept zu erzeugen, das auf der Synthese dieser scheinbaren Gegenteile beruht. Ein solcher Prozess wird als *dialektisch* bezeichnet und ist die Basis einer bestimmten Therapie für emotional reaktive Menschen. Diese Therapieform heißt *Dialektisch-Behaviorale Therapie* (DBT). In diesem von Marsha Linehan (1993) entwickelten therapeutischen Ansatz lernen Patienten Übungen zur Selbstberuhigung sowie Achtsamkeitspraktiken, damit sie die Fähigkeit entwickeln können, ihr limbisches System zu beruhigen und dann die höheren Hirnregionen zu aktivieren, um neue Bedeutungs- und Verständnisstufen aufzubauen. Und genau dieser Prozess wird durch die bindungsorientierte Therapie (Hughes, 2011) vorangebracht, denn diese Therapieform fördert Sicherheit und Vertrauen, damit Selbstreflexion und vielschichtige Bedeutungsfindungsprozesse aktiviert werden können.

Um als Eltern vielschichtigere, kohärentere Geschichten zu schaffen, müssen wir auf die höchsten Bereiche des präfrontalen Cortex, den dorsolateralen präfrontalen Cortex, zurückgreifen. Der dorsolaterale präfrontale

Cortex reift als letzter Teil des Frontallappens aus. Seine Struktur ist komplexer als die der tiefer gelegenen Bereiche des präfrontalen Cortex. Und aufgrund dieser größeren strukturellen Komplexität kann dieser Bereich komplexere Denkweisen unterstützen, wie alte Denkweisen neu zu bewerten und die Dinge in einem anderen Licht zu sehen. Weil der dorsolaterale präfrontale Cortex als letzter Teil des frontalen Cortex ausreift und Verbindungen zu anderen Hirnregionen bildet, wird die Fähigkeit des höheren integrativen Denkens erst mit der Reifung des Gehirns online geschaltet.

Weil chronischer Stress die Entwicklung dieser höheren Region des Gehirns unterdrückt, können Erwachsene, die sehr zahlreichen schwierigen Umständen ausgesetzt waren, unterentwickelte Bereiche des dorsolateralen präfrontalen Cortex und/oder unterentwickelte Verbindungen zwischen diesem Bereich und den restlichen Regionen des Gehirns aufweisen. Eine solche Unterentwicklung macht es sehr schwierig, „über" das polarisierte Erleben und Denken „aufzusteigen", die „heiße Kognitionen" in einem gestressten Gehirn charakterisieren.

Das elterliche Bedeutungsfindungssystem wird demnach in hohem Maße von den eigenen Geschichten der Eltern beeinflusst, sowohl ihrer Geschichten der Gehirnentwicklung als auch ihrer Bindungsgeschichten. Wenn zum Beispiel die Eltern einer Mutter wenig Freude in ihrer Gegenwart empfunden haben, wenn sie sich nur wenig für ihre nonverbalen Ausdrucksweisen interessiert oder sie mit einer negativen Neigung wahrgenommen haben oder wenn sie nur wenig Sinn oder Wert darin gesehen haben, mit ihr zu spielen, Zeit mit ihr zu verbringen oder mit ihr zu kommunizieren, dann wird diese Mutter sehr wahrscheinlich Probleme damit haben, Bedeutung in ihren Aktivitäten mit ihrem eigenen Kind zu finden. Wenn die Gedanken, Emotionen und Wünsche dieser Mutter als Kind nicht wirklich gesehen, gefühlt und angenommen wurden, sondern eher Gehorsam den Anweisungen der Eltern gegenüber erwartet wurde, dann wird es ihr schwerfallen, positive Bedeutung in der Akzeptanz und im Verständnis des Innenlebens ihres eigenen Kindes zu finden, besonders dann, wenn ihr Kind mit ihrem eigenen Innenleben im Widerspruch steht.

Etwas ganz Ähnliches passiert, wenn es in der Kindheit der Mutter Erlebnisse mit ihren Eltern gab, die zu schmerzhaft waren, um in ihre eigene sich entwickelnde Erzählung eingefügt zu werden. In einem solchen Fall wird diese Mutter möglicherweise Schwierigkeiten haben, wenn ihre Interaktionen mit ihrem Kind diese schlecht eingefügten Erinnerungen aktivieren. Beispiele solcher Erlebnisse sind Eltern, die oft oder unvorhersehbar mit Wut oder Drohungen reagiert oder die ihr Kind ignoriert und sich von ihm abgewendet haben oder die kein Interesse für seine Vorschläge gezeigt oder seine Vorschläge und Abweichungen vom Lebensplan der Eltern abgelehnt haben.

In solchen Fällen werden Eltern mehr von ihren starren, nicht eingefügten Erinnerungen an ihre vergangene Beziehung zu ihren eigenen Eltern als von der Einzigartigkeit ihres eigenen Kindes und ihrer Wechselbeziehung beeinflusst. Im Gegensatz dazu haben Eltern eher die gleiche aufgeschlossene, neugierige und akzeptierende Beziehung zu ihrem Kind, wenn sie Bindungsgeschichten haben, die sowohl durch emotionale Intimität mit ihren eigenen Eltern als auch durch die Freiheit, ihre Eigenständigkeit zu entwickeln, gekennzeichnet sind. Eltern mit positiven Bindungsgeschichten finden normalerweise eine reiche Bedeutung in ihrer Elternrolle und in der Unterstützung der Entwicklung ihres Kindes in allen Bereichen seines Lebens.

Es ist wichtig, festzustellen, dass Schwierigkeiten in unserer Bindungsgeschichte uns dem Risiko aussetzen, ähnliche Schwierigkeiten in der Beziehung zu unseren eigenen Kindern zu haben. Dennoch bedeutet Risiko nicht Gewissheit, und wenn wir diese Schwierigkeiten in unserer eigenen Geschichte gelöst haben, ist das Risiko, dass wir auf unsere Kinder so reagieren werden wie unsere Eltern, noch kleiner (Wesselman, 1998).

Weil unsere Geschichten unsere Emotionen und unsere Emotionen unsere Geschichten beeinflussen, findet eine Interaktion von oben nach unten und von unten nach oben immer zwischen dem, was wir fühlen, und dem, was wir glauben, statt. Die Von-oben-nach-Unten-Auswirkungen unserer Geschichten auf unsere Emotionen können Stress verursachen und zur Entwicklung von blockierter Fürsorge beitragen. Narrative und kognitive Therapeuten kennen sich gut mit der Macht negativer Kernvorstellungen aus. Derartige negative Kernvorstellungen schränken die kognitive Flexibilität und die aus einer solchen Flexibilität entstehenden

Veränderungen ein. In unserem auf dem Gehirn basierenden Modell betonen wir das ständige Wechselspiel zwischen Bedeutungsfindung und Affektregulierung und die Möglichkeit eines zweiteiligen Verhältnisses zwischen Therapeut und Patient, beide Prozesse zu beeinflussen. Die Fähigkeit des Therapeuten oder der Therapeutin, den Affekt von Eltern zu ko-regulieren, kann Eltern bei der Neubewertung und Neufassung alter elterlicher Skripte helfen, während sie lernen, ihre höheren Hirnregionen zu benutzen und beide Gehirnhälften zu aktivieren.

Das elterliche Exekutivsystem

Die menschliche Elternrolle verlangt den exekutiven Prozessen wie Emotionsregulation, zielgerichteter Aufmerksamkeit und Impulskontrolle viel ab. Man weiß, dass diese exekutiven Prozesse von der Funktionsweise des präfrontalen Cortex abhängen, also dem Teil des Gehirns, der sich zuletzt entwickelt. Wie im Kapitel 1 beschrieben, verknüpft das Exekutivsystem die Emotionsregulation mit den Prozessen der Selbstreflexion, Empathie und Konfliktlösung. Das Exekutivsystem unterstützt außerdem unsere Fähigkeit, unsere Denkweise und unser Verhalten in Anbetracht neuer Informationen zu ändern. Unsere Fähigkeit, aufgrund unserer Erfahrung als Eltern Veränderungen vorzunehmen, ist einer der wichtigsten Aspekte einer guten Elternschaft – und diese Fähigkeit ruht allein auf der Funktionsweise des präfrontalen Cortex.

Die Fähigkeit, aus unseren Erfahrungen zu lernen und uns anzupassen, hängt mit *kognitiver Flexibilität* zusammen, mit der Fähigkeit, sein Denken aufgrund von neuen Informationen oder sich ändernden Umständen anzupassen. Eltern benötigen beispielsweise die kognitive Flexibilität, mit etwas aufzuhören, das früher anwendbar war, nun aber für ihr Kind beunruhigend ist. Das kann ein besonderer Tonfall oder Herumalbern sein, die, als das Kind noch klein war, „funktioniert" haben, aber es jetzt einfach nur verärgern. In der Forschung wird diese Umschalt-Fähigkeit

Umkehrlernen genannt. Sie ist stark abhängig von der Funktionsweise der tieferen Bereiche des präfrontalen Cortex, des orbitofrontalen Cortex. Wenn der orbitofrontale Cortex aus irgendeinem Grund nicht gut arbeitet, können Betroffene nur schwer ihr Verhalten ändern, selbst wenn sie intellektuell wissen, dass das, was sie immer wieder tun, ihnen nicht die gewünschten Ergebnisse bringen wird. Ein solches wiederholendes Verhalten findet man in Menschen mit einem geschädigten orbitofrontalen Cortex sowie in gestressten Menschen, deren orbitofrontaler Cortex durch Stresshormone blockiert wird.

Zusätzlich zum Umkehrlernen müssen Eltern auch imstande sein, auf einen Prozess zurückzugreifen, den Wissenschaftler als *Verschiebung des Aufmerksamkeitsfokus* bezeichnen. Eine Verschiebung des Aufmerksamkeitsfokus findet immer dann statt, wenn wir unsere Betrachtungsweise oder unser Verständnis von Dingen ändern müssen. Wir benutzen diesen Prozess, wenn wir unsere Vorstellungen oder unseren „Bezugsrahmen" eines Problems ändern müssen. Ein Beispiel für eine Verschiebung des Aufmerksamkeitsfokus wäre ein Vater, der darüber nachdenkt, dass er sein Kind bisher auf eine bestimmte Weise, vielleicht als „faul", gesehen hat. Er erkennt dann aber, dass sein Kind eine Lernschwäche hat, die für diese scheinbare „Faulheit" verantwortlich ist. Diese Änderung der Sichtweise oder Vorstellung bezüglich des Kindes basiert auf der Fähigkeit der Eltern, das System der Neubewertung und Aufmerksamkeitsverschiebung des Gehirns einzuschalten, und dieser Prozess ist stark von der Funktionsweise des höchsten Bereiches des präfrontalen Cortex, des dorsolateralen präfrontalen Cortex, abhängig. Wir sind näher auf diesen Bereich eingegangen, als wir uns mit dem Bedeutungsfindungsprozess befasst haben.

Wenn Eltern nicht über die kognitive Flexibilität verfügen, die aus der Reifung des Gehirns und einer relativ stressfreien Existenz hervorgeht, ist das Risiko größer, dass sie blockierte Fürsorge entwickeln. Dieses Risiko entsteht, weil eine derartige Inflexibilität unweigerlich die Beziehung zu ihren Kindern beeinträchtigt und für unnötige Spannungen und Konflikte sorgt. Solche Eltern werden wiederholt mit den negativen Rückmeldungen ihrer Kinder zu ihrer starren Elternrolle konfrontiert. Eltern, die zahlreichen schwierigen Umständen in ihrer frühen Kindheit ausgesetzt waren oder sehr viel Trauma erlebt haben, neigen aufgrund der beeinträchtigten Funktionsweise ihres Exekutivsystems eher zu einer inflexiblen Ausübung der Elternrolle. Jedes Mal, wenn wir gestresst sind, zeigen wir mehr Inflexibilität im Umgang mit unseren Kindern, weil wir genau die Bereiche in unserem großen Gehirn ausschalten, die uns dabei helfen könnten, eben diese Starrheit zu vermeiden.

Das elterliche Exekutivsystem ermöglicht es Eltern auch, die Folgen von Problemen bei der Funktionsweise anderer elterlicher Systeme zu modulieren. Wenn Eltern zum Beispiel anfangen, Enttäuschung zu empfinden, wenn das Eltern-Sein nicht so befriedigend wie erwartet ist, können Eltern über ihr Exekutivsystem den negativen Affekt blockieren und über ihre Erfahrung nachdenken. Diese „Zwei-Schritt-Handlung" des Abbremsens einer potentiell störenden emotionalen Reaktion und des Nachdenkens über die Situation basiert auf der gesunden Fähigkeit, zuerst die Hirnregionen zu aktivieren, die das limbische System hemmen, und danach die Regionen, die die Selbstreflexion und Neubewertung fördern. Wenn die anderen vier Systeme anfangen, sich auszuschalten, und Schwierigkeiten mit der elterlichen Motivation, Empathie und Sinnhaftigkeit herbeiführen, können Eltern mit Hilfe des elterlichen Exekutivsystems auch weiterhin ihren Kindern gegenüber ihren Verpflichtungen als Eltern nachkommen. Das reife elterliche Exekutivsystem hilft ihnen, in einem ausbalancierten Geisteszustand zu bleiben und die anderen elterlichen Systeme eingeschaltet zu lassen, auch dann, wenn die Elternrolle stressig ist und Unbehagen bereitet. Dadurch, dass das elterliche Exekutivsystem den Eltern kognitive Flexibilität verleiht und die potentiell negativen Folgen von Problemen in den anderen elterlichen Systemen moduliert, gilt es als der zentrale Koordinierungsprozess der Fürsorge.

Zusätzlich zu den verschiedenen Bereichen des präfrontalen Cortex ist das elterliche Exekutivsystem sehr von der Funktionsweise der Gehirnbrücke des anterioren cingulären Cortex abhängig. Wir haben sie im Kapitel 1 vorgestellt. Wenn dieses System gut entwickelt ist, werden die Eltern durch ein inneres Fehlererkennungssignal des anterioren cingulären Cortex gewarnt, wenn die Rückmeldungen vom Kind darauf hindeuten, dass etwas nicht stimmt oder dass das, was die Eltern tun, nicht effektiv ist. Wenn dieses System aktiviert ist, sind die Eltern in der Lage, auf die Bremse zu treten und in einen aufmerksameren Geisteszustand überzuwechseln. Mit einem solchen Geisteszustand tragen die Eltern zu einer tieferen Abstimmung auf das Kind bei und können im Anschluss bei ihren Interaktionen mit dem Kind Änderungen vornehmen. Abbildung 2.2 veranschaulicht die interaktiven Prozesse der fünf elterlichen Systeme, mit denen wir uns in diesem Kapitel beschäftigt haben.

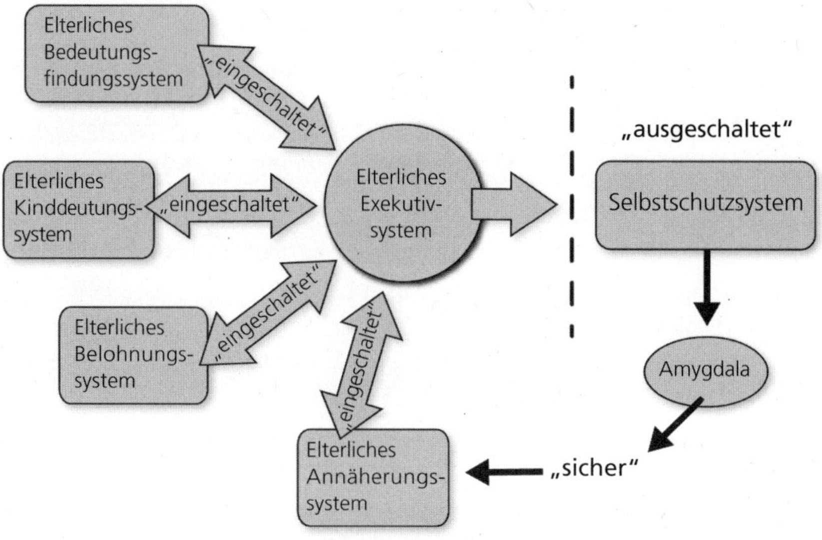

Abbildung 2.2 Die fünf elterlichen Systeme

Im nächsten Kapitel werden wir uns mit der Dynamik von blockierter Fürsorge befassen. Blockierte Fürsorge kann die Funktionsweise des elterlichen Exekutivsystems störend beeinflussen und die Fähigkeit der Eltern beeinträchtigen, von destruktiven Reaktionen zurückzutreten, nachzudenken und sich neu auf ihr Kind einzustimmen.

3 Blockierte Fürsorge und wie es dazu kommt

Am Anfang war sie eine tolle Mutter, die ihre ganze Zeit ihren Babys widmete. Sie fütterte sie, hielt sie warm, machte das Haus sauber, schützte ihre Babys vor Gefahren und berührte sie so, dass sie sich ruhig und sicher fühlten. Wenn sich ihnen etwas Bedrohliches näherte, war sie bereit, anzugreifen, ihre Babys mit allen ihr zur Verfügung stehenden Mitteln zu beschützen und dabei auch ihren eigenen Tod in Kauf zu nehmen. Interessanterweise hatte sie vor der Geburt ihrer Babys kein Interesse an der Elternrolle. Im Grunde fand sie Babys ziemlich lästig. Sie waren für sie ganz sicher keine Quelle der Freude. Nach der Schwangerschaft und Geburt ihrer Babys änderte sich jedoch alles und sie bemühte sich, in ihrer Nähe zu sein und sich um sie zu kümmern.

Genau genommen empfand sie ihr Mutter-Sein als sehr befriedigend und zog ihre Aufgabe als Mutter allen anderen befriedigenden Dingen im Leben vor. Sie richtete ihre Aufmerksamkeit jetzt auf ihre Babys und konnte ihre Signale sofort deuten. Sie wusste, was sie brauchten. Und wenn sie von ihnen getrennt wurde und ihre Schreie hörte, suchte sie unaufhörlich nach ihnen, bis sie sie gefunden und wieder nach Hause gebracht hatte, wo sie sich besonders liebevoll um sie kümmerte.

Aber dann geschah etwas in ihrem Inneren, etwas, das sie nicht verstand, und bald darauf kümmerte sie sich nicht mehr um ihren Nachwuchs. Sie vernachlässigte ihr Zuhause und widersetzte sich den Versuchen ihrer Babys, ihre Aufmerksamkeit zu gewinnen und sie wissen zu lassen, was sie brauchten. Die Babys nahmen an Gewicht ab, sie hatten Angst und wichen nicht mehr von ihrer Seite. Sie wussten nicht, wie sie die Mutter, die sie kannten, wieder zurückbekommen konnten. Da sie vollkommen von der Fürsorge ihrer Mutter abhängig waren, waren sie jetzt in großen Schwierigkeiten. Und dann, gerade rechtzeitig, um ihre Babys wieder ins Leben zurückzubringen, fand sie ihre Motivation als Mutter wieder und übernahm wieder alle fürsorglichen Aufgaben, die sie vorher gezeigt hatte. Sie fand ihren Weg aus diesem mysteriösen Zustand der „blockierten Fürsorge" heraus und konnte, weil ihre fürsorglichen Fähigkeiten wiederhergestellt waren, ihren Nachwuchs vor dem sicheren Tod bewahren.

Diese ergreifende wahre Geschichte von elterlicher Liebe, die verloren und dann wiedergefunden wurde, erfasst das Wesen von blockierter Fürsorge. Wie Sie wahrscheinlich vermutet haben, ist die Mutter in dieser Geschichte kein Mensch, sondern eine reizende, kleine, weiße Laborratte, eine der tausend Tiere, die uns so viel über uns selbst beigebracht und uns geholfen haben, unser Leben auf so vielfältige Weise zu verbessern. Ja, diese kleinen Nagetiere sind großartige Eltern, die sich ganz der Fürsorge ihrer Jungen widmen, bis ihre „Kinder" nach einer langen Nagetierzeit von circa 20 Tagen erwachsen sind. Wenn der Nachwuchs dann erwachsen ist, ziehen die müden Mütter andere angenehme Dinge im Leben dem Zusammensein mit ihren jetzt unabhängigen jungen erwachsenen Kindern vor. Kommt Ihnen das bekannt vor?

Die Mutter in unserer Geschichte hatte ihre Elternrolle eine Zeit lang aufgegeben, weil clevere Hirnforscher die Bereiche des Gehirns, die für die Aspekte der Fürsorge absolut notwendig sind, vorübergehend „außer Gefecht gesetzt hatten". Und als sie dann diese Blockierung wieder beseitigt und die Funktionsweise dieser Schlüsselbereiche im Gehirn wiederhergestellt hatten, war sie wieder imstande, ihre Aufgaben als Mutter zu übernehmen und die notwendige Kernmotivation wiederzugewinnen, um die ansonsten natürliche Aversion gegenüber ihrem Nachwuchs zu überwinden. Nachdem diese für die Elternrolle wichtigen Kernbereiche im Gehirn wieder eingeschaltet wurden, fand die Mutter ihre wunderschöne Besessenheit mit der Pflege ihrer Babys wieder und entdeckte die Freuden des Mutter-Seins neu. Ihr Fürsorgesystem war wiederhergestellt, sie beschäftigte sich wieder mit ihrem Nachwuchs auf eine Art und Weise, die es ihr möglich machten, den ganzen, mit der Aufzucht ihrer Jungen verbundenen Stress und die harte Arbeit zu erdulden.

In dieser Geschichte wurde das Fürsorgesystem durch Wissenschaftler außer Gefecht gesetzt. In Menschen kann das Kernsystem der Elternschaft auf vielfältige Weise unterdrückt werden. Ein extremes Beispiel einer solchen Unterdrückung des Fürsorgeprozesses ist die postpartale Depression. Eltern, die eine postpartale Depression entwickeln, sind nicht in der Lage, trotz ihres großen Wunsches, sich um ihre Kinder zu kümmern, Liebe und Empathie für diese zu empfinden. Eine postpartale Depression wird anders als blockierte Fürsorge nicht durch Eltern-Kind-Interaktionen ausgelöst. Es handelt sich um einen inneren Prozess, der etwas mit dem chemischen Gleichgewicht im Gehirn zu tun hat, durch das das mütterliche Gehirn normalerweise auf die Elternrolle vorbereitet wird.

Depressionen und Angststörungen sind generell Fürsorge unterdrückende Zustände. Sie beeinträchtigen Teile des elterlichen Gehirns, die für das Erleben von fürsorglichen Gefühlen und Mitgefühl für andere Menschen eine äußerst wichtige Rolle spielen. Eltern mit geschlossenen Hirnverletzungen der Frontallappen haben eher Probleme, gute Verbindungen zu ihren Kindern aufrechtzuerhalten. Darüber hinaus haben Eltern mit einer Autismus-Spektrum-Störung, einschließlich Eltern mit Asperger-Syndrom, häufig Schwierigkeiten, sich auf ihre Kinder abzustimmen und Empathie für sie zu empfinden. Dies liegt an der atypischen Funktionsweise der Teile des Gehirns, die für die „Deutung der Signale anderer Menschen“ und nonverbale Kommunikation zuständig sind. In unserem Modell der blockierten Fürsorge hingegen sind mit den Erfahrungen des Eltern-Seins assoziierter unkontrollierter Stress und, in den meisten Fällen, bestimmte Aspekte der Bindungsgeschichte der Eltern die Hauptquelle für Störungen des Fürsorgeprozesses.

Arten der blockierten Fürsorge

Blockierte Fürsorge kann unterschiedliche Formen annehmen, je nach der Quelle und Dauer der Erfahrung der gestressten Eltern. Im Nachfolgenden beschreiben wir vier Arten der blockierten Fürsorge:

1. Chronisch
2. Akut
3. Kindspezifisch
4. Phasenspezifisch

Chronische blockierte Fürsorge

Rebecca verbrachte die ersten zwei Jahre ihres Lebens in der Obhut ihrer Mutter und ihres Vaters. Ihre Eltern stritten sich häufig und manchmal endeten ihre Auseinandersetzungen gewaltsam. Ihr Vater schlug ihre Mutter und verließ dann mehrere Tage lang das Haus. Vor ihrem ersten Geburtstag hatte Rebecca gelernt, die schrecklichen, von den wütenden Stimmen und Gesichtern ihrer Eltern ausgelösten Gefühle zu unterdrücken. Dazu musste sie nur erstarren und ihren Geist ausschalten, keine Gefühle an sich heranlassen und sich tot stellen. Sie lernte, sich zu distanzieren, ohne überhaupt zu wissen, dass sie sich distanzierte.

Ihre Mutter trennte sich schließlich von ihrem Vater und zog Rebecca alleine auf. Dabei halfen ihr über die Jahre hinweg sporadisch verschiedene Partner. Im Alter von 17 Jahren traf Rebecca Billy und fing eine sexuelle Beziehung mit ihm an. Zum ersten Mal fühlte sie sich, zumindest eine kurze Zeit lang, in der Gegenwart eines anderen Menschen sicher. Kurz darauf wurde sie schwanger und die hormonellen Veränderungen der Schwangerschaft riefen auch Gefühle der Liebe und Wärme in ihr hervor, die sie sehr lange unterdrückt hatte. Als ihr wunderschöner Sohn Eric geboren wurde, war Billy nicht mehr Teil ihres Lebens. Rebecca zog aus der Wohnung, die sie mit drei Freundinnen geteilt hatte, aus und wieder bei ihrer Mutter ein.

Zuerst, kurz nach Erics Geburt, empfand Rebecca eine tiefe und allumfassende Liebe für ihn und eine Ruhe, die sie noch nie zuvor erlebt hatte. Aber schon kurze Zeit später, wenn er weinte und mit seinen Armen und Beinen ruderte und sich ihren Bemühungen, ihn zu trösten, widersetzte, fühlte sie sich überwältigt und war wütend und gestresst. Ihre anfänglichen liebevollen Gefühle ließen nach und wurden durch Wut und das Gefühl, in ihrer Mutterrolle gefangen zu sein, unterdrückt. Sie fing an, Eric zu ignorieren, wenn er versuchte, ihre Aufmerksamkeit zu erwecken, indem sie auf ihre alte Strategie aus ihrer frühen Kindheit zurückgriff: Sie schottete sich gegen die Welt um sie herum ab und betäubte ihre Gefühle. Eric hörte nach und nach auf, sich um ihre Aufmerksamkeit zu bemühen, und wandte sich stattdessen an ihre Mutter (seine Großmutter), die zu seiner „Hauptpflegeperson" wurde. Trotz Rebeccas anfänglichen Erwartungen, Eric nach seiner Geburt bedingungslose Liebe zu schenken und sie von ihm zu erhalten, schien sich ihre Fähigkeit, sich um ihren Sohn einfühlsam zu kümmern, traurigerweise in Luft aufgelöst zu haben. Rebecca hatte „blockierte Fürsorge" entwickelt.

Sie benötigte Hilfe von jemandem, der wusste, dass wohlmeinende Eltern ihre Motivation, sich um ihre Kinder zu kümmern, verlieren können. Sie brauchte die Hilfe eines Therapeuten, der ihr dabei helfen konnte, sich sicher zu fühlen, wenn sie ihre negativen Gedanken und Gefühle Eric gegenüber preisgab, jemanden, der die Dynamik von blockierter Fürsorge verstand und wusste, wie sie ihre Fähigkeit, sich einfühlsam um Eric zu kümmern, wiedererlangen konnte. Rebecca wusste, dass ihre negativen Gefühle, die sie angesichts Eric und ihrer Rolle als Mutter empfand, nicht „normal" waren, aber sie wusste nicht, wie sie mit solchen Gefühlen und der Scham, die unterhalb ihrer Wut und Verbitterung lagen, umzugehen hatte. Niemand hatte ihr je richtig zugehört und sie urteilsfrei akzeptiert. Sie hatte daher keine Grundlage, Jane, der ihr zugeteilten, mobilen Therapeutin, zu vertrauen, als das Sozialamt auf Erics auffälliges Verhalten in der Vorschule aufmerksam wurde.

Wenn eine Mutter oder ein Vater sehr früh im Leben unkontrolliertem Stress ausgesetzt war, ist blockierte Fürsorge das Ergebnis einer Kombination von einem schlecht entwickelten Fürsorgesystem und einem unterentwickelten Selbstregulationssystem. In dem oben beschriebenen Szenario sind die Fürsorgebereiche der *Annäherung, Belohnung, Kinddeutung* und *Bedeutungsfindung* unterentwickelt, wodurch der grundlegende Fürsorgeprozess nur schwer aktiviert werden kann. Darüber hinaus ist das elterliche Exekutivsystem, das von oben nach unten arbeitet, ebenfalls unterentwickelt und schafft dadurch ein Problem, das zwei Schaltkreise im Gehirn betrifft. Und das macht chronische blockierte Fürsorge so komplex.

Rebeccas Gehirn

Schauen wir uns jetzt an, wie jedes dieser fünf elterlichen Systeme durch chronische blockierte Fürsorge beeinträchtigt wird. Wir werden dazu zwei Aspekte näher beleuchten: die Auswirkungen der widrigen Umstände in Rebeccas Kindheit auf ihr Gehirn und ihre Versuche, Eric eine gute Mutter zu sein, bevor ihr Gehirn das dazu nötige Potential entwickeln konnte.

Das elterliche Annäherungssystem

Die Erlebnisse in ihrer frühen Kindheit zwangen Rebecca dazu, in der Nähe ihrer Eltern eine Abwehrhaltung einzunehmen. Dadurch benutzte sie ihr rechtsseitiges Schadensvermeidungssystem zu sehr, während sie wenig Gelegenheit hatte, ihr soziales Annäherungssystem auszubilden. Ihr Oxytocin-System funktionierte aufgrund der Unterentwicklung in ihrer Kindheit und ihres jetzigen Stresses nicht gut. Anstatt diese beruhigende chemische Substanz freizusetzen, wenn sie mit Eric interagierte oder an ihn dachte, setzte Rebeccas Körper Stresshormone frei und aktivierte ihr Abwehrsystem. Dadurch fühlte sie sich weiterhin unsicher und unwohl in Erics Nähe und in ihrer Rolle als Mutter.

Das elterliche Belohnungssystem

So wie Stress eine unterdrückende Wirkung auf Rebeccas Annäherungssystem hatte, war ihr Belohnungssystem aufgrund der Folgen der widrigen Umstände in ihrer frühen Kindheit auf die Entwicklung ihres Dopamin-Systems ebenfalls beeinträchtigt. Ihr Belohnungssystem war auf sofortige Befriedigung ausgerichtet, weil sie ihre Kindheit in einem Überlebensmodus verbracht hatte. Ihr Bedürfnis, „schnelle Lösungen" als befriedigend zu empfinden, schuf die Grundlagen für ihre Hypersexualität und ihren Drogenmissbrauch. Sie fand sich in einer Situation wieder, die durch flüchtige sexuelle Begegnungen, Trinken, Haschischrauchen und die Unfähigkeit gekennzeichnet war, ihre Belohnungen lange genug aufzuschieben, um Freude am Mutter-Sein zu empfinden. So wie bei vielen Menschen, die in ihrem Leben früh widrigen Umständen ausgesetzt waren, war das Risiko einer Suchterkrankung bei Rebecca erhöht. Das lag zum Teil (1) an der Unterentwicklung der präfrontalen Bereiche im Gehirn, die ihr bei der Impulskontrolle hätten helfen können, und (2) an der chronisch hohen Menge an Stresshormonen, die die Sensibilität der Dopamin-Rezeptoren im Nucleus accumbens und orbitalen Cortex verändern. Diese Bereiche sind für die Verarbeitung von befriedigenden Dingen im Leben besonders wichtig (Winstanley, 2007). Die mehr oder weniger sofortige Aktivierung dieser Hirnregionen durch Drogen und Sex blockierte die natürlich auftretenden befriedigenden Aspekte der Elternrolle. Außerdem waren aufgrund der Spannungen zwischen Rebecca und Eric viele seiner Reaktionen auf sie jetzt negativ, defensiv und sogar aggressiv, wodurch ihre negativen und defensiven Gefühle ihm gegenüber noch verstärkt wurden.

Das elterliche Kinddeutungssystem

Im Hinblick auf das Kinddeutungssystem hatte Rebecca schon früh in ihrer Kindheit gelernt, verstärkt auf Gesichtsausdrücke und Stimmlagen zu achten, die auf bevorstehende Aggressionen hindeuteten. Und dieser Zustand der erhöhten Wachsamkeit ließ sie extrem schnell auf jede Art von „Negativität" in Erics nonverbaler Kommunikation reagieren. Sie fühlte sich durch die geringsten Anzeichen von Wut in Erics Augen oder Stimme bedroht und wechselte dann selber als Vorsorgemaßnahme in einen Zustand der Abwehr und Wut über. Und damit schaltete sie jegliche Weiterverarbeitung von Erics Erfahrungen in dem jeweiligen Moment aus und konnte dadurch weder die einzigartigen nonverbalen Signale ihres Sohnes gut deuten noch ihn kennenlernen. Stattdessen schloss ihre von der Amygdala angetriebene Überempfindlichkeit gegenüber den geringsten Anzeichen der Zurückweisung seitens Eric die Möglichkeit, ihren Sohn zu verstehen, von vornherein aus.

Das elterliche Bedeutungsfindungssystem

Rebeccas Bemühungen, in ihrer auf dem Überleben beruhenden Geschichte über ihre Mutterrolle Bedeutung zu finden, waren verständlicherweise ausgesprochen negativ. Sie war der festen Überzeugung, dass sie eine schlechte Mutter und Eric ein undankbares Kind war. Ihre Geschichte war die eines Opfers, in der sie Eric und sich selbst die Schuld gab. Weil ihre Gefühle, eine schlechte Mutter zu sein, für sie unerträglich waren und tief sitzende Schamgefühle auslösten, ließ sie es nur sehr selten zu, über ihre Beziehung zu Eric nachzudenken, und blockierte dadurch die Möglichkeit, ihre festgefahrenen, negativen Vorstellungen neu zu bewerten. Obwohl ihre Wut und ihre Verbitterung sie vor Schamgefühlen und einer tief sitzenden Traurigkeit bewahrten, schalteten diese die Fürsorge unterdrückenden Gefühle ebenfalls Rebeccas Möglichkeiten aus, ihre Vorstellung über Eric zu ändern und ihn in einem anderen Licht zu sehen.

Das elterliche Exekutivsystem

Letzten Endes befand sich im Mittelpunkt von Rebeccas Problemen als Mutter ein schlecht entwickeltes Exekutivsystem, das auf den Stress zurückging, den sie in ihrer frühen Kindheit erlebt hatte, in der sensiblen Phase, in der die äußerst wichtigen Verbindungen zwischen dem präfrontalen Cortex und dem limbischen System gebildet werden. Ein schlecht entwickeltes Exekutivsystem bedeutete, dass sich Rebecca nur sehr schwer von ihren anfänglichen Abwehrreaktionen gegenüber Eric zurückziehen und die Situation neu bewerten konnte. Sie verlor stattdessen schnell die Kontrolle und hatte keine Möglichkeiten, ihre Reaktion auf wirksame Weise abzubremsen und sich von derartigen Entgleisungen ihrer Selbstregulation zu erholen. Dazu trug ebenfalls die Tatsache bei, dass Rebecca Mutter wurde, bevor ihr Gehirn sich voll entwickelt hatte. Sie musste sich den Herausforderungen stellen, Eric großzuziehen, ohne auf die Vorteile des Potentials des präfrontalen Cortex, die mit der neurobiologischen Reifung einhergehen, zurückgreifen zu können.

Akute blockierte Fürsorge

> Die Beziehung zwischen Alicia und ihrer zwölfjährigen Tochter Tammy war gut, bis Alicias Mutter plötzlich einen schweren Herzinfarkt hatte und starb. Alicias Mutter war ihr „Fels in der Brandung" gewesen. Sie auf diese Weise zu verlieren war ein großer Schock für sie. Ihre Trauer war so allumfassend, dass sie keine Energie für andere Dinge mehr hatte. Ihre Trauerreaktion fing sehr schnell an, ihre Aufgaben als Mutter und ihre Verbindung zu Tammy negativ zu beeinflussen. Tammy war jetzt eine Teenagerin und hatte bereits angefangen, sich von Alicia abzunabeln. Alicias Phasen extremer Traurigkeit vergrößerten die Distanz zwischen Tammy und ihr und das zu einer Zeit, in der Tammy sie brauchte und gleichzeitig den Wunsch, sie zu brauchen, nicht haben wollte. Alicia erlebte eine akute Unterdrückung ihrer Motivation, ihrer Mutterrolle nachzukommen.

Verglichen mit Rebeccas Fall von chronischer blockierter Fürsorge hatte Alicia recht gut ausgebildete Systeme, ihre Mutterrolle auszuüben und Freude an dieser Rolle zu empfinden. Vor dem Tod ihrer Mutter konnte sie Tammys Kommunikation sehr gut deuten. Mutter und Tochter teilten ihre Gedanken und Gefühle miteinander und fühlten sich gehört und verstanden.

Alicias Geschichte über sie selbst als Mutter war, bevor sie akute blockierte Fürsorge entwickelte, generell positiv. Sie hielt sich für eine gute und liebevolle Mutter und Tammy für ein liebes Kind. Sie verband mit ihrer Rolle als Mutter die Art und Weise, wie ihre Mutter sich um sie gekümmert hatte, und sah sich als Teil einer generationsübergreifenden Tradition, in der Mütter ihre Aufgabe gut erfüllten. Nach dem Tod ihrer Mutter fiel es Alicia schwer, ihre intensiven Gefühle zu regulieren, und sie fand sich die meiste Zeit über nicht imstande, ihre Aufgaben zu meistern. Eine solche akute Reaktion auf extremen Stress unterdrückte vorübergehend die Funktionsweise ihres präfrontalen Cortex und aktivierte gleichzeitig ihr limbisches System zu stark. Alicias Form der blockierten Fürsorge unterschied sich zwar von der chronischen Form, die Rebecca erlebte, trotzdem benötigte sie Hilfe, um sich von den Folgen des erlebten Stresses zu erholen, der ihre Fürsorgefunktion unterdrückte. Denn dadurch bestand die Gefahr, eine länger anhaltende Form der blockierten Fürsorge zu entwickeln.

Kindspezifische blockierte Fürsorge

Nachdem Janet und Jim jahrelang vergeblich versuchten hatten, ein Kind zu bekommen, beschlossen sie, Kim, ein bezauberndes kleines Mädchen aus Korea, zu adoptieren. Kim hatte die ersten zwei Lebensjahre in einer Pflegefamilie verbracht, nachdem ihre leibliche Mutter sie direkt nach der Geburt abgegeben hatte. Janet und Jim waren überglücklich, als sie Kim nach Hause brachten, und freuten sich sehr darauf, liebevolle Eltern zu sein, und auf die befriedigenden Aspekte ihres Eltern-Seins. Es dauerte jedoch nicht lange, bis beide extrem beunruhigende Gefühle bemerkten: Sie waren tief enttäuscht und fühlten sich getäuscht und geradezu betrogen. Kim lächelte sie nur selten an und hatte häufig Wutanfälle über Kleinigkeiten. Sie wollte nicht von ihnen umarmt werden, sprang dann aber an ihnen hoch, wenn sie nicht hinsahen, und ließ nicht mehr von ihnen ab. Ihre Erwartungen hinsichtlich der Elternrolle wurden jeden Tag auf vielfältige Weise zunichtegemacht. Nach einem Jahr hatte sich Unmut breitgemacht und beide hatten große Schwierigkeiten, Empathie für ihre Tochter zu empfinden.

Janet und Jim waren dabei, einen Zustand zu entwickeln, den wir als *kindspezifische blockierte Fürsorge* bezeichnen. Obwohl beide fürsorgliche Menschen und fähige Eltern waren, waren sie durch den Mangel an sicheren Bindungsverhaltensweisen ihrer adoptierten Tochter und den andauernden wechselseitigen Interaktionen mit ihr gefährdet, nach und nach auf defensive Weise auf ihre Tochter zu reagieren, was zu blockierter Fürsorge ihr gegenüber führte. Das Risiko wäre wahrscheinlich geringer gewesen, wenn man sie vor der Adoption über die Schwierigkeiten informiert hätte, die ihr Kind bei der Bildung von Bindungen haben könnte. Es wäre auch geringer gewesen, wenn sie sich mehr ihrer eigenen Bindungsprobleme bewusst gewesen wären und die Möglichkeit gehabt hätten, an potentiellen ungelösten „heißen Eisen" in ihrer eigenen Geschichte zu arbeiten. Da das elterliche Belohnungssystem jedoch ein so wichtiger Aspekt des natürlichen Eltern-Kind-Bindungsprozesses ist, hätte die Reaktion ihrer Tochter auf ihre Fürsorge sie trotzdem der Gefahr ausgesetzt, kindspezifische blockierte Fürsorge zu entwickeln. Ihre Erwartungen, wie es sein würde, Eltern eines Kindes zu sein, das schon früh in seinem Leben dazu gezwungen wurde, „in die Defensive" zu gehen, waren verständlicherweise unrealistisch. Ihre fürsorglichen Gefühle wurden letztendlich durch ihre eigenen defensiven Gefühle der Zurückweisung und Wut unterdrückt, die sie bei ihren Versuchen erlebten, ein Kind großzuziehen, das sich in ihrer Nähe noch nicht sicher fühlen konnte.

Unter bestimmten Umständen sind Eltern durchaus in der Lage, sich angemessen um ein Kind zu kümmern, während sie einem anderen Kind nicht dasselbe Niveau an Fürsorge vermitteln können. Das kann passieren, wenn ein Kind in hohem Maße mit einem akuten Stressfaktor aus der Vergangenheit der Eltern assoziiert wird. In dem Fall aktiviert die Anwesenheit des Kindes das durch diesen Stressfaktor in Gang gesetzte Abwehrsystem. Das kann der Fall sein, wenn das Aussehen, das Temperament, das Verhalten oder die Eigenarten des Kindes die Eltern an jemand anderen erinnern (z. B. ihre eigenen Eltern oder einen ehemaligen Partner oder eine ehemalige Partnerin). Oder wenn ein Kind ständig auf negative, einseitige Art und Weise auf die Fürsorge der Eltern reagiert. Und wenn diese Fürsorgemaßnahmen nicht wirksam sind, wird ihr Scheitern als sehr stressig wahrgenommen, werden Abwehrsysteme aktiviert und der Fürsorgeprozess beginnt, sich auszuschalten. Das Risiko einer solchen Art der blockierten Fürsorge besteht, wenn das Kind autistische Züge aufweist oder sein Bindungsverhalten aufgrund von Trauma oder Verlust beeinträchtigt oder desorganisiert ist. Das kann zum Beispiel der Fall sein, wenn Eltern sich um ein Pflegekind oder ein adoptiertes Kind kümmern.

Kindspezifische blockierte Fürsorge kann sich zu einer Quelle extremen und akuten Stresses herausbilden, was wiederum zu einer dauerhaften, gewohnheitsmäßigen Form der blockierten Fürsorge führen kann, wenn dieser Zustand über einen längeren Zeitraum hinweg anhält. Obwohl die Eltern sich am Anfang wahrscheinlich angemessen um ihre anderen Kinder kümmern können, auch dann, wenn ihre Fürsorgebemühungen um ein anderes Kind gescheitert sind, sind die Eltern durch den Stress der kindspezifischen blockierten Fürsorge schließlich einem erhöhten Risiko ausgesetzt, akute blockierte Fürsorge auch für ihre anderen Kinder zu entwickeln.

Phasenspezifische blockierte Fürsorge: Trotzalter und Teenagerjahre

> Charlie genoss seine Beziehung zu seinem Sohn Josh, als Josh noch kein Teenager, sondern ein überschwänglicher und zu Späßen aufgelegter Junge war. Sie rangelten auf dem Sofa, kitzelten sich gegenseitig und verhielten sich in vielerlei Hinsicht wie „Kumpel". Sie

interessierten sich für die Natur und die gleichen Sportarten und verbrachten oft den ganzen Tag miteinander oder unterhielten sich bis tief in die Nacht hinein. Dann änderte sich plötzlich alles: Josh kam in die Pubertät und wollte nicht mehr rangeln. Er verbrachte mehr Zeit damit, seinen Freunden zu simsen, und weniger Zeit mit seinem Vater. Charlie fühlte sich abgelehnt und unbeachtet – Gefühle, die er auch als Kind gehabt hatte, wenn es ihm nicht gelang, die Aufmerksamkeit seines eigenen Vaters zu wecken. Diese Gefühle wurden jetzt stärker und machten es sehr schwer für Charlie, Josh zu mögen. Sie fingen an, sich häufig zu streiten, und Charlie verlor die Beherrschung, was er, als Josh noch klein und immer für einen Spaß zu haben war, so nicht getan hatte. Charlie hatte große Probleme damit, während dieses Übergangs in Josh' Entwicklung vom kleinen Jungen zum Kind und Fast-Teenager gelassen und zugewendet zu bleiben. Charlie befand sich mitten in einem Zustand der phasenspezifischen blockierten Fürsorge.

Viele Eltern sind in der Lage, sich ausgiebig um ihre Kinder zu kümmern, wenn diese aktiv beteiligt, empfänglich und liebenswürdig sind. Diese Eltern haben wahrscheinlich keine Probleme damit, für ihre Kinder zu sorgen, wenn diese ein heiteres und freundliches Temperament zeigen und sich nur selten ihren Anleitungen und Vorgaben widersetzen. Allerdings durchlaufen die meisten Kinder Phasen, in denen sie eine Zeit lang streitlustig sind, um ihre Souveränität kämpfen und nicht auf die Fürsorge ihrer Eltern reagieren. Während solcher Phasen ist das Kind nicht an einer wechselseitigen Beziehung zu seinen Eltern interessiert, sondern konzentriert sich eher auf seine eigenständigen Aktivitäten und Beziehungen zu Gleichaltrigen.

Das so genannte „Trotzalter" ist eine solche Phase. Eine andere ist die Jugendzeit oder hoffentlich eher die *frühe* Phase der Jugendzeit, bevor das Gehirn des Teenagers ein größeres präfrontales Potential entwickelt, was dem Teenager dann dabei hilft, aus der sehr egozentrischen, aber während der frühen Teenagerjahre normalen Phase der Gehirnentwicklung herauszutreten. In der frühen Jugendzeit ist das limbische System aktiver und verstärkt die Emotionalität. Zu der Zeit ist der präfrontale Cortex jedoch noch nicht vollständig ausgebildet. Hirnforscher vergleichen diese Zeit gerne damit, mit einem Bleifuß zu fahren, während die Bremse nicht sehr gut funktioniert.

Wenn es zur Gewohnheit wird, dass sich das Kind den Eltern widersetzt oder von ihnen zurückzieht, besteht die Gefahr, dass die Eltern phasenspezifische blockierte Fürsorge entwickeln. Der Mangel an Wechselseitigkeit in ihren Interaktionen mit dem Kind ist ein Faktor. Ein anderer Faktor ist das intensive Erleben der Zurückweisung seitens der Eltern, wodurch sehr wahrscheinlich eine Abwehrhaltung in den Eltern ausgelöst wird. Für viele Eltern besteht das Risiko, eine solche Haltung einzunehmen, wenn sie ihr Kind disziplinieren. Wir disziplinieren unsere eigenen Kinder oft so, wie unsere Eltern uns diszipliniert haben. Viele Eltern verbinden mit ihren frühen Erfahrungen, diszipliniert zu werden, wahrscheinlich Wut, Drohungen oder eine sehr enge Konzentration auf das Verhalten, in der es nur wenig Raum für Offenheit ihrer eigenen Erfahrung des Diszipliniertwerdens gegenüber gab. Auf ganz ähnliche Weise haben manche Eltern Schwierigkeiten damit, nach einer Auseinandersetzung mit ihrem Kind Beziehungskorrekturen in die Wege zu leiten. Und wenn eine Beziehung nicht korrigiert wird, ist es für Eltern schwierig, alle fünf Bereiche der Fürsorge aktiv anzuwenden.

Das Gehirn und blockierte Fürsorge: wenn das Eltern-Sein unter Stress steht

Das neurozeptive Gefahrenerkennungssystem (aus Kapitel 1) von Eltern, die die meiste Zeit ihres Lebens in der Defensive waren, entdeckt *zu viele* Gefahren, die von anderen Menschen ausgehen. In Fällen von chronischer blockierter Fürsorge ist die Amygdala der Eltern, besonders auf der rechten Seite des Gehirns, wahrscheinlich vergrößert und reagiert sehr empfindlich auf potentielle Gefahren. Diese Empfindlichkeit veranlasst das Abwehrsystem, Überstunden zu machen in seinen Bemühungen, auf dieselbe Weise für Sicherheit zu sorgen, wie es das schon im Kindesalter getan hat.

Während die Amygdala eher wächst und durch schwierige Umstände, denen man ausgesetzt ist, reaktiver wird, schrumpfen andere Hirnregionen durch chronischen oder akuten, übermäßigen Stress wie Bereiche, die für den Realitätssinn zuständig sind und dafür, die Dinge in die richtige Perspektive zu rücken (Admon et al., 2009). Zu diesen Hirnregionen gehören auch der präfrontale Cortex und der anteriore cinguläre Cortex, die so wichtig dafür sind, dass wir die Ruhe bewahren und über unsere defensiven Reaktionen hinaussehen können. Dieser stressbedingte Unterdrückungsprozess im Gehirn beeinträchtigt auch den Hippocampus, jene Hirnregion, die für unser Gedächtnis, das Lernern neuer Dinge, die Bildung neuer Gehirnzellen und die Stressregulierung so bedeutend ist (Fuchs & Flugge, 2003; Heim & Nemeroff, 2002).

Wie wir wissen, löst die Amygdala nicht nur unser Alarmsystem aus. Sie ist auch an der Erzeugung von sehr dauerhaften Erinnerungen an Dinge im Leben beteiligt, die uns durch ihre positive oder negative Intensität überraschen. Dieser Prozess läuft sehr schnell ab: Die Amygdala verbindet oder verknüpft schnell frühere emotional neutrale Aspekte des Umfeldes mit den physiologischen Reaktionen der Freude und des Glücks oder mit den physiologischen Zuständen des Selbstschutzes, des Kampfes, der Flucht oder des Erstarrens. Wenn man später im Leben diesen durch Belohnungen oder Gefahren konditionierten Signalen ausgesetzt ist, kann das die angenehmen und defensiven Reaktionen, die wir früher im Leben hatten, wieder in Kraft setzten, bevor wir uns überhaupt bewusst werden, dass diese durch bestimmte Signale ausgelöst worden sind. Wenn das rechtsseitige Abwehrsystem sich auf ein unsicheres Umfeld eingestellt hat, neigt es dazu, das Alarmsystem später im Leben zu aktivieren, wenn sich andere Menschen uns nähern. Dadurch wird häufig ein falscher Alarm ausgelöst, der es für uns schwierig macht, die Verbindung zu unseren Mitmenschen aufrechtzuerhalten und auf sie einzugehen, selbst dann, wenn wir uns sehr bemühen (Pollak, 2003).

Es ist sehr wahrscheinlich, dass durch diesen schnellen, vorbewussten Prozess ein falscher Alarm ausgelöst wird, denn die Qualität der Informationen, auf die die Amygdala reagiert, ist sehr grob, detailarm und ohne

Kontext. Die Amygdala erhält zwar kurz darauf von höheren Hirnregionen verarbeitete Informationen von den sensorischen Bereichen und von den Bereichen des präfrontalen Cortex, die eng mit ihr kommunizieren, trotzdem kann dieses erste Bewertungssystem eine Weiterverarbeitung umgehen und uns in einem auf unser Überleben ausgerichteten Zustand des Geistes und Körpers festhalten.

Kleine Kinder sind, per definitionem, weitaus „amygdaloidere" Wesen als ältere Menschen. Dennoch behalten wir dieses schnelle Bewertungs- und Reaktionssystem unser ganzes Leben lang und können in jedem Lebensalter einen amygdaloiden, „limbischen", Moment haben, wenn wir auf etwas Neues und sehr Stimulierendes – ob positiv oder negativ – stoßen. Wir können solche Reaktionen auch dann haben, wenn eine starke Erinnerung an ein Erlebnis in unserem Leben aktiviert wird. Das trifft besonders auf ungelöste traumatische Erinnerungen zu. Wenn solche Erinnerungen aktiviert werden, wird die Amygdala in der rechten Gehirnhälfte sehr aktiv und kann dann das Erregungsmuster im Gehirn und Körper, das zur Zeit des traumatischen Erlebnisses stattfand, wiederherstellen. Weil die Amygdala sogenannte *Rückprojektionen* zu den Bereichen hat, von denen sie Informationen erhält, kann sie eine Erinnerung „neu anregen" und die sensorische Erfahrung dieser Erinnerung wieder auf dasselbe Intensitätsniveau des ursprünglichen Erlebnisses anheben (Vuilleumier, 2009).

Und dieser neurobiologische Prozess ist verantwortlich für Flashbacks und die sensorische Erfahrung, sich nicht nur an etwas zu erinnern, sondern das Geschehene auch wieder zu erleben. Eltern, die ungelöste Erinnerungen an schmerzliche, beängstigende oder beschämende Erlebnisse haben, sind empfänglich dafür, durch die Interaktionen mit ihren Kindern in einen unelterlichen Geisteszustand versetzt zu werden, in einen Zustand, in dem sie in dem Moment nicht mehr wissen, was wirklich in ihrer Eltern-Kind-Beziehung abläuft. Ein solch elterliches „Verschwinden" oder emotionale Reaktionen, die „aus heiterem Himmel kommen", sind für Kinder extrem beunruhigend und sogar traumatisch.

Ungerechterweise haben Eltern, die in einem stressigen Umfeld aufgewachsen sind, das starke Angstgefühle hervorgerufen hat, eher ein empfindlicheres limbisches Alarmsystem als Eltern, deren Umfeld sicher war. In der frühen Kindheit lernt das limbische System, was interpersonelle Beziehungen sind. Während dieses Prozesses wird es auch auf ein bestimmtes Reaktivitäts- beziehungsweise Empfindlichkeitsniveau bezüglich verschiedener sozialer Situationen eingestellt – hier im Besonderen bezüglich nonverbaler Kommunikation, die anzeigt, ob man sich anderen Menschen annähern kann oder von ihnen eine Bedrohung ausgeht. Eltern mit einer unsicheren Kindheit erleben eher limbische Reaktionen auf ihre Kinder, die nicht im Einklang mit ihren Absichten als Eltern stehen. Durch einen limbischen „falschen Alarm" ausgelöste implizite defensive Reaktionen können es sehr schwer für Eltern machen, offen, gegenwärtig und im jeweiligen Moment auf ihr Kind eingestimmt zu bleiben. Und dies ist einer der Hauptgründe, warum wir sagen, dass die elterliche Entwicklung bereits in der frühen Kindheit der zukünftigen Eltern beginnt, und zwar mit der Art des Fürsorgeumfelds, das den zukünftigen Eltern selber zur Verfügung stand.

Stress und der präfrontale Cortex

Wenn Eltern gestresst sind, benutzen sie nicht ihren gesamten präfrontalen Cortex. Vor allem die mittleren und höchsten Bereiche des präfrontalen Cortex schalten sich wahrscheinlich aus und sind außer Betrieb, während der unterste Bereich, der orbitale Cortex, teilweise arbeitet, insbesondere der Bereich des rechten orbitofrontalen Cortex, der auf bedrohliche Dinge oder Bestrafungen reagiert. Die mittleren und oberen Bereiche des präfrontalen Cortex schalten sich nur dann ein, wenn Eltern über eine ausreichende Emotionsregulation verfügen, um einen Schritt zurückzutreten und einen längeren, tieferen und aufmerksameren Blick auf das Geschehen zu werfen, sowohl in ihnen selbst als auch in ihren Kindern (Banfield et al., 2004). Wenn sich das Gehirn in einem auf das Überleben ausgerichteten Betriebsmodus befindet – also in einem Zustand der *blockierten Fürsorge,* in dem die höheren präfrontalen Regionen unterdrückt sind –, sind die entscheidenden Funktionen des Selbstbewusstseins und der Selbstregulation offline, zusammen mit der Funktion der Abstimmung auf die Gedanken und Gefühle des Kindes und den Prozessen der Konflikt- und Problemlösung.

Schwierige Umstände in der frühen Kindheit in Form von Missbrauch und Misshandlung und Vernachlässigung können gerade die Hirnregionen negativ beeinträchtigen, die so wichtig für ein gesundes soziales und emotionales Funktionieren sind (DeBellis, 2001). Studien mit bildgebenden Verfahren an Gehirnen erwachsener Patienten, die als Kinder Missbrauch, Misshandlungen und Vernachlässigung erlebt haben, haben gezeigt, dass zu den betroffenen Regionen, wie in Abbildung 3.1 gezeigt, folgende Bereiche gehören (Teicher et al., 2003): der präfrontale Cortex, der Hippocampus, der anteriore cinguläre Cortex und das Corpus callosum (welches die beiden Seiten des Gehirns miteinander verbindet und dafür sorgt, dass diese miteinander „sprechen").

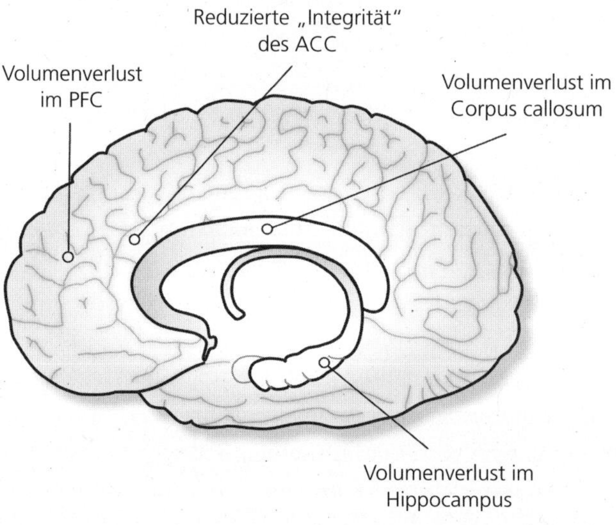

Abbildung 3.1

Folgen von schwierigen Umständen in der frühen Kindheit auf das Gehirn aus einer Studie zu Erwachsenen, die als Kinder missbraucht, misshandelt oder vernachlässigt wurden. ACC = anteriorer cingulärer Cortex; PFC = präfrontaler Cortex. Forschungsergebnisse von Teicher et al. (2003).

Eltern-Sein mit einem gestressten Gehirn: Auswirkungen auf die Eltern-Kind-Beziehung

Unkontrollierter beziehungsweise chronischer Stress begünstigt einen reaktiven Erziehungsstil, der sich nur auf das unmittelbare Verhalten und die negativsten Aspekte des Kindes konzentriert. Kinder auf diese unflexible, überkonzentrierte Art und Weise großzuziehen unterdrückt unvermeidlich Aspekte der Offenheit und positiven Gefühle zwischen Eltern und Kindern, also genau die Eigenschaften in einer Eltern-Kind-Beziehung, die für die Aufrechterhaltung von emotionalen Bindungen und die Bildung starker Verbindungen verantwortlich sind. Durch gestresste Eltern wird das Kind gestresst und möglicherweise das Entstehen einer unkontrollierten Feedbackschleife gefördert, die ein gegenseitiges defensives Verhalten zwischen Eltern und Kind hochschraubt.

Eines der Kennzeichen einer gestressten Elternschaft ist die Tendenz, auf die nonverbale Kommunikation des Kindes überzureagieren. Da unser Gehirn nonverbale Kommunikation in Form von Gesichtsausdrücken, Tonfall und Gesten viel schneller verarbeitet, als wir bewusst den Inhalt verbaler Kommunikation verarbeiten, setzen unsere Reaktionen auf die nonverbalen Signale des anderen ein, bevor wir überhaupt die Wörter, die wir hören, wirklich verstanden haben. Und wenn wir unter Stress stehen, ist dieser implizite schnelle Bewertungsprozess eher auf die negativen Aspekte der nonverbalen Signale des Gegenübers ausgerichtet und ruft dadurch schnell Abwehrmechanismen in uns hervor. Gestresste Eltern, die darauf vorbereitet sind, Negativität im Kind zu erkennen, reagieren sofort auf die Augenbewegungen oder auf kleinste Veränderungen im Tonfall des Kindes.

Wenn gestresste Eltern immer wieder auf die nonverbale Äußerung negativer Gefühle des Kindes reagieren, kann die Eltern-Kind-Beziehung von gegenseitiger Abwehr eingenommen werden. Auf die „nonverbalen Zeichen“ des anderen zu reagieren hindert die Interaktion daran, offener zu werden und die inneren Erfahrungen auf einer tieferen Ebene miteinander zu teilen. Und weil nonverbale Kommunikation größtenteils automatisch abläuft, legen Eltern die wahre Absicht ihres Kindes falsch aus, wenn sie die nonverbale Kommunikation ihres Kindes „persönlich“ nehmen, und werden dadurch gleichzeitig „auf die Palme“ gebracht. Schnell in die Defensive gedrängt, versuchen Eltern nicht mehr, ihr Kind zu verstehen, woraufhin das Kind seine Bemühungen, die Eltern zum Zuhören oder Verstehen zu bringen, aufgibt. Und das ist ein Rezept für blockierte Fürsorge.

Ein weiteres Merkmal einer gestressten Elternschaft ist die starke Neigung, sich dem Kind und sich selbst gegenüber aburteilend zu verhalten. Unter Stress nimmt das Gehirn schnelle Bewertungen und Beurteilungen über das, was zwischen Eltern und Kind vonstattengeht, vor. Und solche schnellen Bewertungen erzeugen wiederum simple Kognitionen, schwarz-weiß Gedanken über das Kind und die eigene Person. Diese eindimensionale Art der Erfahrungsaufteilung eignet sich für ein auf das Überleben ausgerichtetes Leben. Eltern, die unter zu großem Stress stehen, fühlen sich so, als ob sie um ihr Überleben kämpfen, und nehmen traurigerweise ihre Kinder als Bedrohung ihres Wohlbefindens wahr.

Das gestresste Gehirn, für das Dinge einfach sein müssen, hat keine Zeit für Doppeldeutigkeit, Komplexität oder Ungewissheit. Beim Überleben geht es einzig und allein um eine schnelle Bewertung der Lage und um schnelles Handeln. Und dazu müssen Komplexität reduziert und Möglichkeiten eingeschränkt werden. Das ist Sache der Amygdala und des tiefer gelegenen limbischen Systems, nicht des Hippocampus, der vergleichen und gegenüberstellen muss, oder jener höheren, einzigartig menschlichen Bereiche des präfrontalen Cortex, die die Abläufe nur durch Feinheiten und Komplexität behindern würden.

Das Gehirn und Zurückweisung: Was auf neurobiologischer Ebene passiert, wenn man Dinge zu persönlich nimmt

Weil das Eltern-Sein ein so emotionaler und viszeraler Prozess ist, neigen Eltern sehr dazu, die positiven und negativen Reaktionen ihrer Kinder auf sie persönlich zu nehmen. Dinge persönlich zu nehmen bedeutet in Bezug auf das Gehirn, dass der tiefer gelegene Strom im Gehirn aktiviert wird, jenes limbische System, das so eng mit dem Herz und dem Rest des Körpers verbunden ist. Wenn wir auf etwas in unserem Leben reagieren, das uns sehr bewegt, wird dieses System eingeschaltet, und wenn dieses System eingeschaltet ist, erleben wir das, was geschieht, als etwas sehr Persönliches, als etwas, das *uns* passiert, das sich *um uns* dreht. Aus diesem Grund ist es oft auch so schwierig für uns, mit Zurückweisung oder Entwertung umzugehen, wenn wir mit unseren Mitmenschen interagieren. Unsere erste Bewertung in solchen Situationen stammt von unserem limbischen System und nicht von unseren höheren, objektiveren und reflexiven Hirnregionen. Wir können sehr leicht Gefangene dieses „egozentrischen", personalisierenden Teils der Reaktion unseres Gehirns werden, besonders wenn wir mit jemandem kommunizieren, dessen Reaktionen uns wirklich sehr viel bedeuten. Und uns als Eltern bedeuten die Reaktionen unserer Kinder sehr viel und sie stimulieren wahrscheinlich unser limbisches System – im guten wie im schlechten Sinne.

Jüngste Studien haben mittels bildgebender Verfahren gezeigt, dass das Erleben von Zurückweisung dasselbe Muster im Gehirn aktiviert, das für die Schmerzempfindung verantwortlich ist. Anders ausgedrückt werden emotionale Schmerzen und körperliche Schmerzen auf ähnliche Weise im Gehirn verarbeitet (Ochsner et al., 2008). Eine der Schlüsselregionen im Gehirn, in der soziale Zurückweisung registriert wird, ist der anteriore cinguläre Cortex, hier besonders dessen obere und dorsale Bereiche. Diese Schlüsselregion spielt ebenfalls eine wesentliche Rolle bei der Unterdrückung schmerzlicher (körperlicher und emotionaler) Gefühle und umfasst den dissoziativen Prozess, in dem sich der dorsale anteriore cinguläre Cortex ausschaltet, um ein Szenario zu erzeugen, in dem wir keine Schmerzen spüren, auch wenn wir ansonsten etwas „Schmerzliches" erleben. Auf diese Weise kann ein kleines Kind seinen emotionalen Schmerz ausschalten, der durch das schmerzliche, nicht einfühlsame Verhalten seiner Eltern verursacht worden ist. So kann ein Kind – und später eine Mutter oder ein Vater wahrheitsgemäß sagen, dass „es ihm egal ist".

Blockierte Fürsorge beeinflusst wahrscheinlich das elterliche Gehirn durch die Mobilisierung jenes sozialen Zurückweisungssystems. Bei diesem System geht es um die Aktivierung des dorsalen anterioren cingulären Cortex. Dieser Teil des Gehirns entdeckt Konflikte oder Fehler zwischen einem beabsichtigten oder erwarteten Ergebnis der Versuche der Eltern, sich um ihre Kinder zu kümmern, und der Reaktion der Kinder auf ihre Eltern. Anders ausgedrückt können die Gehirne der Eltern dieses soziale Zurückweisungssystem aktivieren, wenn Eltern auf ihre Kinder eingehen und positive Reaktionen erwarten, dann aber stattdessen nonverbale (und vielleicht verbale) Reaktionen ihrer Kinder erhalten, die von den Eltern als negativ wahrgenommen werden. Eltern werden in einem solchen Fall wahrscheinlich auf diese emotional schmerzliche Erfahrung genauso reagieren, wie sie auf körperliche Schmerzen reagieren: Sie ziehen sich zurück und versuchen, sich zu schützen. Von seinem eigenen Kind zurückgewiesen zu werden, auch dann, wenn diese Wahrnehmung der Zurückweisung ein falscher Alarm ist, tut im wahrsten Sinne des Wortes weh.

Die Aktivierung des sozialen Zurückweisungssystems erzeugt zwangsläufig das viszerale Gefühl, dass die Reaktionen des Kindes normal sind, so als hätten sie ihre Eltern buchstäblich geschlagen oder etwas anderes getan, um ihnen körperliche Schmerzen zuzufügen. Diese „Bauchreaktion" wird in der Inselrinde registriert, also in dem Teil des Gehirns, der Eingangsdaten von den viszeralen Regionen des Körpers erhält wie dem Herz, der Lunge und dem Magen. Wir haben in Bezug auf elterliche Empathie auf den vorangegangenen Seiten beschrieben, dass die Inselrinde und der anteriore cinguläre Cortex eng miteinander verbunden sind. Das bedeutet, dass, wenn die Inselrinde durch unsere viszeralen Systeme positiv oder negativ aktiviert wird, die Auswirkungen im anterioren cingulären Cortex registriert werden, wodurch Bauchgefühle entstehen. Wenn Eltern in dieser anfänglichen Bauchreaktion auf die Äußerungen ihrer Kinder feststecken, werden die Gefühle der Zurückweisung möglicherweise stärker und beeinträchtigen die Gefühle und Gedanken, die Eltern über ihre Kinder haben.

Die Aktivierung des sozialen Zurückweisungsschaltkreises im Gehirn hat vermutlich sogar einen Einfluss auf alle grundlegenden elterlichen Systeme – auf das Annäherungs-, das Belohnungs-, das Kinddeutungs- und das Bedeutungsfindungssystem. Wenn Eltern sich zurückgewiesen fühlen, werden, zumindest vorübergehend, alle diese Systeme unterdrückt. Sie sind im Grunde genommen in diesem Zustand offline, während das Selbstschutzsystem der Eltern online ist. Im Besonderen werden das elterliche Annäherungssystem und das elterliche Belohnungssystem blockiert, das heißt die beiden Gehirnsysteme, durch die Eltern die Nähe ihrer Kinder suchen und sich mit ihren Kindern beschäftigen. Gleichzeitig wird das elterliche Kinddeutungssystem, mit dem sich Eltern auf die inneren Zustände ihrer Kinder abstimmen, durch die eigene Abwehrhaltung der Eltern gehemmt. Und durch eine solche Abwehrhaltung nehmen Eltern ihre Kinder als zurückweisend oder undankbar wahr, auch dann, wenn eine solche Abweisung ungenau oder nur eine oberflächliche Deutung dessen ist, was die Kinder in Wirklichkeit erleben. Die Bedeutung, die Eltern als Gefangene einer derartigen Abwehrreaktion konstruieren, wird wahrscheinlich negativ sein und die unmittelbaren schmerzlichen Gefühle der Zurückweisung verstärken. Eine solche Bedeutungskonstruktion kann zum Beispiel so aussehen: „Ich bin eine schlechte Mutter (ein schlechter Vater)", „Du bist kein braves Kind", „Es ist sinnlos, ich gebe auf" usw. Das Risiko, dass Eltern soziale Zurückweisung erleben, wenn ihr Kind nicht auf ihre Fürsorge reagiert, unterstreicht die Wichtigkeit der Wechselseitigkeit von Eltern-Kind-Beziehungen. Kurz gesagt, und das sagt uns auch der gesunde Menschenverstand, ist es viel leichter für Eltern, sich konstant fürsorglich zu verhalten, wenn ihr Kind mit einem warmherzigen, freudigen Verhalten auf sie eingeht.

Der Schlüssel zu dieser Problematik liegt darin, was mit dem elterlichen Exekutivsystem passiert. Sind die Eltern imstande, dieses System zu mobilisieren und die „gefühlte Zurückweisung" auf eine produktivere Art und Weise zu regulieren, damit sie ihr Gleichgewicht wiedererlangen und die Verbindung zu ihren Kindern reparieren können? Wenn Eltern in der Lage sind, das elterliche Exekutivsystem zu aktivieren und diese starke negative Reaktion zu regulieren, dann werden sie in der Lage sein, einen Schritt davon zurückzutreten, die Reaktionen des Kindes persönlich zu nehmen, und die Situation neu zu bewerten – einen „zweiten Blick" auf die Situation zu werfen und über das Verhalten des Kindes und ihre eigene Reaktion darauf nachzudenken. Und das ist im Wesentlichen eine achtsame Antwort im Vergleich zu einer automatischeren, reflexartigen und personalisierten Reaktion.

Am elterlichen Exekutivsystem ist der von oben nach unten verlaufende fronto-limbische Schaltkreis beteiligt, den wir im Kapitel 1 dargestellt haben. Der fronto-limbische Schaltkreis umfasst jene „vertikalen"

Verbindungen, die es den Eltern ermöglichen, das System der Selbstregulation genau dann einzuschalten, wenn sich ein Gefühl der Zurückweisung bemerkbar macht. Wird das elterliche Exekutivsystem in dem Moment nicht aktiviert, dann übernehmen die anfänglichen Gefühle der Zurückweisung der Eltern, zusammen mit der automatischen mitgelieferten Bedeutung („Du liebst mich nicht", „Du bist undankbar" usw.) die Kontrolle über das Gehirn und sorgen dafür, dass die Eltern auf nicht regulierte, defensive Weise reagieren. Blockierte Fürsorge entsteht, wenn das elterliche Abwehrsystem wiederholt aktiviert wird, ohne dass auf die selbst regulierenden Funktionen des elterlichen Exekutivsystems zurückgegriffen werden kann. Abbildung 3.2 veranschaulicht diesen unerwünschten Prozess.

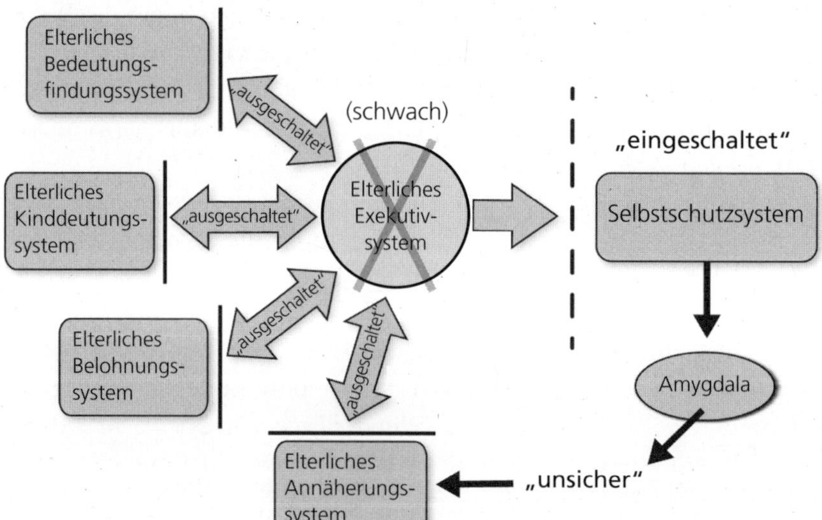

Abbildung 3.2 Blockierte Fürsorge
Wenn das elterliche Exekutivsystem nicht die automatischen, defensiven Reaktionen reguliert, werden als Folge alle elterlichen Systeme unterdrückt.

Da blockierte Fürsorge die Unterdrückung fürsorglicher Gefühle, nicht aber die dauerhafte Beeinträchtigung des elterlichen Fürsorgepotentials, nach sich zieht, sehen wir blockierte Fürsorge als behandelbare Störung an. Und darin liegt für uns der Wert – zu verstehen, wie das elterliche Gehirn funktioniert und wie Stress den Fürsorgeprozess unterdrücken kann. Wenn Stress den Fürsorgeprozess unterdrückt, scheint es so, für Eltern selber und auch für Therapeuten, als wären Eltern schlicht gefühllos und ohne Empathie, während ihr Fürsorgepotential in Wirklichkeit mit Hilfe einer einfühlsamen, auf den Abläufen des Gehirns beruhenden Intervention sehr wohl wieder „erweckt" beziehungsweise „wiederhergestellt" werden kann. Wir werden daher als Nächstes diskutieren, wie man Eltern, die von dieser Art der blockierten Fürsorge betroffen sind, Verständnis entgegenbringen und ihnen helfen kann.

4 Eine Fürsorgeformel

Spielerischer Umgang, Akzeptanz, Neugier, Empathie (SANE)

Wir haben das ganze Buch hindurch betont, dass das elterliche Gehirn für eine dauerhafte, offene, beiderseitig angenehme Beziehung zwischen Eltern und Kind, für eine Verbindung von Herz zu Herz konzipiert ist, die weit über die Kontrolle des kindlichen Verhaltens hinausgeht. Die fünf Bereiche der Elternschaft (Annäherungs-, Belohnungs-, Kinddeutungs-, Bedeutungsfindungs- und Exekutivsystem) arbeiten im Verbund und fördern soziale Kontakte, um die Entwicklung des Kindes durch die Bildung der äußerst wichtigen Eltern-Kind-Beziehung zu unterstützen. Das ist alles schön und gut, aber wie sieht es mit diesen wissenschaftlichen Fakten im realen Leben aus? Welche Eigenschaften können Eltern bewusst und achtsam zu einer solchen offenen, aktiven Beziehung beisteuern? Wir werden uns diese besonderen Eigenschaften in diesem Kapitel genauer ansehen.

Intersubjektivität ist ein Begriff, der von vielen Theoretikern und Forschern benutzt wird, um die wechselseitige Beziehung zwischen Eltern und Kindern zu beschreiben. Innerhalb einer intersubjektiven Eltern-Kind-Beziehung sind sowohl die Eltern als auch die Kinder offen zueinander, sie nehmen die Erfahrungen des anderen über die eigene Person, den anderen und die Welt auf und teilen sie miteinander. Jeder akzeptiert den Einfluss des anderen im Hier und Jetzt. Wenn ein Vater zum Beispiel den Mut seines Sohnes im Umgang mit einem Mobber erlebt, wird sich der Sohn wahrscheinlich seines eigenen Mutes eher dadurch bewusst werden, dass er diesen Aspekt der eigenen Person durch den Geist und das Herz seines Vaters erlebt. Wenn der Sohn dann auf das Erleben seiner eigenen Person durch den Vater mit mehr Selbstbewusstsein und Stolz reagiert, wird der Vater wiederum selber vermutlich ein neues Gefühl der Zufriedenheit und Kompetenz erleben. Wenn eine Mutter und ihr Neugeborenes gegenseitige Freude in der Gegenwart des anderen empfinden, wird das Neugeborene sich selber als jemanden wahrnehmen, der seiner Mutter Freude bereitet, und die Mutter wird sich als jemanden wahrnehmen, die ihrem Neugeborenen Freude bereitet. Durch derartige wechselseitige Momente fühlt sich jeder sicher und eng mit dem anderen verbunden. Die Eltern sind besser in der Lage, einen positiven Einfluss auf die Entwicklung ihres Kindes auszuüben, und werden dadurch positiv durch die Antwort des Kindes beeinflusst (Hughes, 2006).

Wodurch können solche Momente der gesunden Wechselseitigkeit geschwächt werden? Durch das Bedürfnis, sich selbst zu schützen, und eine defensive Haltung. Wenn die Eltern oder das Kind von einer offenen in eine defensive Haltung übergehen – häufig um ein Gefühl der psychologischen Sicherheit angesichts einer wahrgenommenen Bewertung durch den anderen zu bewahren –, besteht das Risiko, dass der andere sich genauso verhält, wodurch die gesunde wechselseitige Beziehung gefährdet wird. Wenn beide Seiten eine defensive Haltung einnehmen, bewegen sich Eltern und Kind von einer intersubjektiven Erfahrung und gegenseitigem Einfluss weg und in das Bedürfnis hinein, die Kontrolle über die Situation zu gewinnen. Um Dan Siegel zu paraphrasieren: Es findet ein Wechsel von der „Wir"-Interaktion zu einer „Ich"- gegen „Dich"-Interaktion statt (Siegel, 2010). Aber wenn Eltern auf ihr exekutives Potential zurückgreifen können, um sich selbst zu regulieren und „elterlich" zu bleiben, wenn sie ihre natürliche Neigung unterdrücken können, auf die defensive Haltung des Kindes mit ihrer eigenen defensiven Haltung zu reagieren, dann ist die Wahrscheinlichkeit, dass das Kind in einem defensiven Geisteszustand verweilen wird, weitaus geringer. Die Fähigkeit der Eltern, weiterhin auf das Kind einzugehen und ihm gegenüber offen zu bleiben, hilft dem Kind, sich schneller von Zuständen extremer Emotionen, ablenkenden Gedanken und impulsiven Verhaltensweisen zu erholen. Und dieser Erholungsprozess hilft dem Kind dabei, Belastbarkeit und eine emotionale Kompetenz aufzubauen und dabei gleichzeitig sein Vertrauen in die Fähigkeit seiner Eltern zu stärken, dass sie die emotionale Sicherheit der Beziehung gewährleisten können.

Eltern, selbst solche mit blockierter Fürsorge, können ihre Fähigkeit, elterlich zu bleiben, verbessern, ihre inneren Geisteszustände regulieren und Intersubjektivität in ihrer Beziehung zu ihrem Kind fördern. In diesem Kapitel stellen wir Ihnen vier Schlüsselkomponenten dazu vor – ein spielerischer Umgang, Akzeptanz, Neugier und Empathie – und werden die Abkürzung *SANE* benutzen, wenn wir uns auf alle Komponenten als Einheit beziehen. Diese vier Kernkomponenten der Intersubjektivität haben eine Verbindung zu einem oder mehreren der Fürsorgebereiche im Gehirn. Der dahinterstehende Gedanke ist, dass Sie durch das Erleben und Üben der SANE-Prozesse Ihr Gehirnpotential als Eltern verbessern können.

Der *spielerische Umgang* zielt auf die Komponenten der Intersubjektivität ab, an denen hauptsächlich die elterlichen Annäherungs- und Belohnungssysteme beteiligt sind. *Akzeptanz*, eine nicht wertende Haltung, unterstützt ebenfalls das Annäherungssystem. Durch Akzeptanz wird die interpersonelle Sicherheit gefördert und das gegenseitige Gefühl des Vertrauens und der Verbindung von Eltern und Kind aufrechterhalten. Die nicht wertende Haltung wird durch das intelligente Vagus System möglich gemacht, durch den Schaltkreis im Gehirn, der das Fundament einer offenen Elternschaft ist. *Neugier* ist direkt mit den Kinddeutungs- und Bedeutungsfindungssystemen verknüpft und *Empathie* fördert die Vernetzung aller Systeme, indem elterliche Gefühle mit elterlicher Reflexion und Achtsamkeit verbunden werden. Die vier SANE-Komponenten arbeiten als Einheit, mit beträchtlichen Überschneidungen, so dass Beispiele einer Komponente häufig auch Eigenschaften der anderen drei Komponenten umfassen.

SANE betrifft die Eltern-Kind-Beziehung und die Eltern-Therapeut-Beziehung gleichermaßen. Die offene und einschließende Haltung, die für eine effektive Elternrolle absolut notwendig ist, ist für ein gutes Verhältnis zwischen Therapeut(in) und Patient(in) genauso wichtig. Ohne diese Offenheit gibt es kein Vertrauen und keine Verbindung. Zuhause, wenn ein Kind seinen Eltern mit einer defensiven Haltung gegenübertritt und die Mutter oder der Vater mit Offenheit, Empathie und Akzeptanz, mit anderen Worten mit SANE, antworten, wird sich das Kind sicherer fühlen und eher seine Anspannung ablegen können. Im Therapieraum, wenn Eltern dem Therapeuten mit einer defensiven Haltung gegenübertreten und der Therapeut aus einer Position der offenen Akzeptanz auf die Anspannung der Eltern antwortet, werden die Eltern eher von ihrer Abwehrhaltung zurücktreten können und eher dazu bereit sein, den Schwierigkeiten, die sie mit ihrem Kind haben, auf den Grund zu gehen. Schauen wir uns jetzt die SANE-Komponenten im Einzelnen an - zunächst wie sie innerhalb der Eltern-Kind-Beziehung funktionieren, und dann werfen wir einen Blick auf einige Beispiele, wie diese Komponenten im Therapieraum umgesetzt werden können.

Spielerischer Umgang

Mit einem spielerischen Umgang ist ein häufig stattfindendes, wechselseitiges Miteinander zwischen Eltern und Kind gemeint. Er stellt die vollkommen aufmerksamen Moment-zu-Moment-Interaktionen dar, zu denen Gesichtsausdrücke, Blickkontakt, Prosodie und Rhythmus der Stimme, Gestik, Körperhaltung und Berührungen zählen. Innerhalb dieses vollkommen gegenwärtigen intersubjektiven Raums erleben sowohl die Eltern als auch das Kind wahre Freude, Glück und eine Faszination für den anderen und für die gemeinsamen Aktivitäten.

Es fällt nicht schwer, zu sehen, auf welche Weise ein spielerischer Umgang die Annäherungs- und Belohnungssysteme des elterlichen Gehirns aktiviert. Man weiß, dass spielerische Interaktionen die Produktion von Opioiden und Dopamin anregen. Beide Stoffe sind starke chemische Substanzen, die Schmerzen und Anspannung unterdrücken und Gefühle der Freude und des Glücks erzeugen (Panksepp, 1998, 2004). Was für ein ausgezeichnetes Rezept für Eltern mit einem blockierten Fürsorgesystem, um aus ihrem defensiven Zustand herauszutreten und ein klein wenig Hoffnung zu erleben, dass sich die Dinge bessern können! Blockierte Fürsorge ist eine stressbedingte Störung und Stress unterdrückt einen spielerischen Umgang sowohl in Tieren als auch in Menschen. Stresshormone blockieren im wahrsten Sinne des Wortes die Bildung von Oxytocin und Dopamin, die chemischen Schlüsselsubstanzen im Gehirn, die für die Aktivierung der elterlichen Annäherungs- und Belohnungssysteme verantwortlich sind. Ein spielerischer Umgang kann ein „Stresskiller" sein, der die wesentlichen elterlichen Prozesse wieder zum Leben erweckt. In einem spielerischen Zustand werden, mit Hilfe von Oxytocin, Abwehrhaltungen unschädlich gemacht, damit der Wunsch, sich von der Interaktion zurückzuziehen, nicht die Oberhand gewinnt. Die Freude, die aus dem spielerischen Umgang miteinander entsteht, erschließt das Potential des Belohnungssystems sowohl der Eltern als auch des Kindes und erzeugt in beiden den Wunsch, mehr Zeit miteinander zu verbringen. Wenn Sie Ihre Elternrolle in einem derartig angenehmen, wechselseitigen Zustand ausüben, dann ist das Eltern-Sein keine lästige Pflicht, sondern eine wahre Freude.

Ein spielerischer Umgang aktiviert ebenfalls die höheren Hirnregionen, was wiederum die kognitive Funktionsfähigkeit erhöht (Panksepp, 2004; Pellis & Pellis, 2006). Weil das durch einen spielerischen Umgang aktivierte Dopamin in die präfrontalen Regionen gelangt, werden dadurch die exekutive Funktionsweise und die Kernsysteme der Annäherung und Belohnung sowohl in Eltern als auch im Kind gefördert. Spielerische Interaktionen „lebendig" und voller Freude zu gestalten erfordert in Wirklichkeit sehr viel Aufmerksamkeit gegenüber der nonverbalen Kommunikation des Spielpartners sowie die Fähigkeit, schnelle Änderungen als Antwort auf solche Signale vorzunehmen und gleichzeitig die emotionale

Intensität zu regulieren, um in der „richtigen Frequenz" zu bleiben, die für das Aufrechterhalten dieser angenehmen Verbindung notwendig ist. Panksepp und Burgdorf (2000) haben zum Beispiel gezeigt, dass Ratten eine bestimmte Vokalisierungsfrequenz benutzen, um ihr Spiel untereinander nicht abreißen zu lassen. Veränderungen dieser Frequenz können, so wie Veränderungen in der Prosodie menschlicher Stimmen, das Spiel sofort zum Stillstand bringen und die Beteiligten in einen Modus des Erstarrens und der mobilisierten Abwehr überwechseln lassen.

Kurz gesagt ist das freie Spiel in Wirklichkeit ein sehr kreativer Prozess, für den ein hohes Maß an Menschendeutung und Emotionsregulation, an „emotionaler Intelligenz", nötig ist. Wenn der spielerische Umgang in einer Eltern-Kind-Beziehung unterdrückt wird, werden Eltern und Kind eines der wichtigsten Prozesse zur Stärkung ihrer Verbindungen zueinander und ihrer Gehirne beraubt. Die Fähigkeit, mit einem Kind zu spielen, fördert die Fähigkeit der Eltern, die nicht spielerischen Aspekte ihrer Beziehung handzuhaben – jene Interaktionen, die sehr viel elterlicher Toleranz, Geduld und Selbstregulation bedürfen. Eliana Gils kreativer Einsatz von Spielen (2006) zur Heilung von Trauma ist ein Zeugnis für das enorme Potential eines spielerischen Umgangs. Spiele haben demnach das Potential, die elterlichen Annäherungs-, Belohnungs-, Kinddeutungs-, Bedeutungsfindung- und Exekutivsysteme zu verbessern und die Vernetzung der elterlichen Gehirnsysteme zu fördern.

Ein spielerischer Umgang ist durch folgende Aspekte gekennzeichnet:

1. Ein Gefühl der Leichtigkeit und der entspannten, gegenseitigen Freude.
2. Ein Gefühl der Hoffnung und mehr Zuversicht, was die Zukunft anbelangt.
3. Ein Gefühl der bedingungslosen Akzeptanz des anderen, ungeachtet aller Unterschiede.
4. Ein Erwachen der positiven Seite des Lebens, als Ausgleich zur negativen Seite, die durch Probleme zwischen Eltern und Kindern charakterisiert ist.

5. Eine Verringerung der Schamgefühle in Eltern und Kindern.
6. Ein verstärktes Gefühl des Vertrauens und der Sicherheit.
7. Das Wissen, das der eine den anderen mag.
8. Mehr Fürsorge (und weniger blockierte Fürsorge) in Eltern und mehr Bindungsverhalten in Kindern.

Ein Hauptkennzeichen des spielerischen Umgangs ist, dass er ein Gefühl der Offenheit Möglichkeiten gegenüber erzeugt: Spiele erzeugen Hoffnung. Die gegenwärtige Situation, egal, wie stressig sie auch sein mag, wird nur als ein Aspekt der gesamten Beziehung und der sich ändernden Eigenschaften der kindlichen Entwicklung wahrgenommen. Die Leichtigkeit eines spielerischen Umgangs ermöglicht es Eltern und Kindern, die gegenwärtige Situation sachlich zu betrachten, und sie begünstigt das Nachdenken über die Situation. Auf diese Weise fördert ein spielerischer Umgang genau das Gefühl der Leichtigkeit, das in Texten über Achtsamkeit vermittelt wird.

Eine solche spielerische Einstellung ist am deutlichsten in der Eltern-Säugling-Beziehung sichtbar. Aber sie ist genauso wichtig – und zweifellos erreichbar – in der Beziehung der Eltern zum älteren Kind. Wenn ein spielerischer Umgang in die Eltern-Kind-Beziehung eingebaut wird, haben sowohl die Eltern als auch das Kind mehr Vertrauen in die Tiefe und den Sinn ihrer Beziehung. Ein spielerischer Umgang stellt implizit – ohne Worte – sicher, dass jegliche Konflikte lösbar sind, wenn sie im Kontext einer robusten, verständnisvollen Beziehung erlebt werden.

Beispiel: Molly (Mutter) hat ihrem vierjährigen Sohn Ben gerade gesagt, dass er nicht länger draußen spielen kann, weil es Zeit fürs Mittagessen ist. Ben ist wütend und schreit: „Ich habe dich nicht lieb!" Der folgende Dialog hat danach stattgefunden:

Molly: Oh, Ben, Du bist aber sehr böse auf mich!

Ben: Und ich habe dich nicht lieb!

Molly: Bist Du Dir da sicher, Ben? Lass mich mal schauen. *(Molly bückt sich und berührt Ben hinter den Ohren, unter dem Kinn, an den Knien und*

Ellbogen) Doch, Ben, Deine Liebe zu mir ist immer noch an all diesen Stellen in Deinem Körper. Und dort bleibt sie auch dann, wenn Du böse auf mich bist. Schau Dir meine Ohren an. Meine Liebe zu Dir ist auch dann dort, wenn Du wütend bist. Und Deine Liebe zu mir ist hinter Deinen Ohren!

Ben: Ich kann Deine Liebe nicht sehen.

Molly: Oh, Ben, Du kannst sie nicht sehen, weil Du keine Mama-Augen hast. Aber Du kannst sie hören, hier *(sie zieht Ben näher an sich heran)* – leg Dein Ohr auf meine Brust. Du kannst mein Herz schlagen hören. Mein Herz ist glücklich und schlägt, weil ich dich so lieb habe.

Ben: Es hört sich aber nicht glücklich an.

Molly: Du kannst nicht hören, wie glücklich es ist? Das muss am Lärm draußen liegen. Nach dem Mittagessen kuscheln wir auf dem Sofa. Dann ist es ruhig und Du kannst hören, wie glücklich mein Herz aus Liebe zu Dir ist. Dann wirst Du es hören.

In diesem Beispiel lässt Molly auf ihre spielerische Einstellung sofort Empathie für den Stress ihres Sohnes folgen, um ihm sanft und mit Leichtigkeit dabei zu helfen, mit seiner Wut umzugehen. Es ist wichtig, einen spielerischen Umgang nicht mit Sarkasmus zu verwechseln oder auf die Wut eines Kindes mit Lachen oder Witzen zu reagieren, denn ein solches Verhalten würde die Erfahrung als unwichtig abtun oder sie nicht ernst nehmen. Molly erkennt in diesem Beispiel zuerst Bens Wut an und wechselt dann in einen leichteren Austausch über das Abstreiten seiner Liebe zu ihr über. Im nächsten Beispiel antwortet der Vater (Stan) auf die Unzufriedenheit seiner zwölfjährigen Tochter (Jenny) zuerst mit Akzeptanz, Neugier und Empathie. Und erst als er sich die ganze Geschichte von ihr hat erzählen lassen, führt er die Beziehung sanft und mit Hilfe einer spielerischen Einstellung zu ihren Grundlagen zurück.

Stan: Ich bin wirklich froh, dass Du Dir die Zeit genommen hast, mir zu erklären, was dich so gestört hat, Jenny. Ich hatte mir schon gedacht, dass etwas nicht in Ordnung ist, und bin mir jetzt sicher, dass wir eine Lösung finden werden.

Jenny: Ich wollte, dass Du weißt, wie wichtig es für mich war, Sue am Wochenende zu treffen. Und jetzt weißt Du es.

Stan: Ja, ich weiß. Und ich denke, Du weißt, warum ich gerne möchte, dass Du am Wochenende mit uns zu Oma fährst.

Jenny: Ich denke schon

Stan: Ich hätte dich fragen sollen, habe dich aber stattdessen einfach vor vollendete Tatsachen gestellt. Danke, dass Du mich darauf hingewiesen hast.

Jenny: Ich habe schon vor Jahren gelernt, dass Du nicht perfekt bist, Paps.

Stan: Nicht perfekt, aber dafür habe ich ein tolles Kind großgezogen.

Jenny: Und das liegt hauptsächlich daran, dass Dein tolles Kind nicht viel Hilfe braucht.

Stan: Das tolle Kind braucht jetzt nicht viel Hilfe, hauptsächlich weil ich zwölf Jahre lang so gute Arbeit geleistet habe.

Jenny: Und jetzt machst Du es Dir leicht?

Stan: Jetzt befinden wir uns in einer Übergangsphase. Als Nächstes wirst Du mir beim Sockenanziehen helfen.

Jenny: Einverstanden. Ich werde das die nächsten zwölf Jahre tun, aber dann sind wir quitt. Das ist nur fair.

Wenn sich ein spielerischer Umgang in der Eltern-Kind-Beziehung zeigt, gibt eine solche Form der Interaktion sowohl den Eltern als auch dem Kind ein Gefühl der Sicherheit. Die damit verbundene Leichtigkeit und das Lachen vermitteln das Vertrauen, dass die Beziehung viel stärker als irgendwelche Konflikte ist.

Wie ein spielerischer Umgang im Therapieraum eingesetzt werden kann

Wenn Eltern sich zum ersten Mal mit ihren Problemen mit ihrem Kind an einen Therapeuten wenden, fällt es ihnen oft schwer, sich sicher genug zu fühlen, um mit ihm über ihre Sorgen zu reden. Gefühle der Entmutigung,

Angst, Wut und Scham können an die Oberfläche treten. Alle diese emotionalen Verfassungen können eine Abwehrhaltung in den Eltern hervorrufen. Und in einer derartigen Abwehrhaltung können Eltern Routinefragen und Vorschläge vom Therapeuten als Kritik am eigenen Fürsorgeverhalten wahrnehmen. Die offene, gegenseitige Freude und Faszination, die wir oben in der Eltern-Kind-Beziehung beschrieben haben, wird nicht sofort Bestandteil der Eltern-Therapeut-Beziehung sein. Der Therapeut sollte nicht versuchen, einen spielerischen Umgang zu erzwingen, indem er den negativen emotionalen Zustand der Eltern bagatellisiert, Witze macht oder auf den „Silberstreifen am Horizont" hinweist. Schon früh in der Beziehung ist der Therapeut gut beraten, sich auf die anderen drei SANE-Komponenten zu konzentrieren und den spielerischen Aspekt erst nach und nach zum Leben zu erwecken, nachdem er zuerst auf das Bedürfnis der Eltern nach voller Akzeptanz, nach Verständnis und nach Empathie eingegangen ist. Ein spielerischer Umgang muss organisch innerhalb der Beziehung entstehen, während sich die Eltern nach und nach sicherer fühlen. In manchen Sitzungen wird der spielerische Aspekt nie an die Oberfläche treten. Aus diesem Grund sprechen wir manchmal von (S)ANE (das „S" für „spielerischen Umgang" steht in Klammern), um so die stärkere Bedeutung der anderen drei Komponenten hervorzuheben, die alle in einem gewissen Grad immer vorhanden sind, während der spielerische Aspekt fehlen kann. Tritt der spielerische Aspekt jedoch an die Oberfläche, dann werden die Eltern sehr wahrscheinlich offen und empfänglich für die Sichtweise und Vorschläge des Therapeuten bezüglich ihrer Beziehung zum Kind sein.

Der folgende Dialog fand während der vierten Therapiesitzung statt. Während der ersten drei Sitzungen zeigte der Vater Robert sehr viel Wut und Enttäuschung angesichts der zahlreichen Probleme, die er in seiner Beziehung zu seinem dreizehnjährigen Sohn Luke hatte. Robert hatte mehrfach kritisiert, dass Cindy, seine Therapeutin, ihm scheinbar die Schuld für die Probleme mit Luke gab. Er glaubte, dass Cindy nicht wirklich verstand, wie hart er daran arbeitete, seinem Sohn ein guter Vater zu sein. Als Robert sich allmählich sicherer fühlte, sich während seiner Sitzungen offen mit seiner Therapeutin auszutauschen, kam die nützliche und integrative Rolle des spielerischen Umgangs nach und nach zum Vorschein.

Vater: Wissen Sie, was mein Herr Sohn gesagt hat, nachdem ich alles Mögliche unternommen habe, nur damit er zum Konzert gehen kann? Er hat gesagt, dass er eigentlich nicht zum Konzert wollte, und nur hinginge, weil ich so viel Arbeit in das Ganze gesteckt hatte.

Therapeutin: Er geht also nur für Sie und nicht für sich selber hin! Warum, glauben Sie, hat er das gesagt?

Vater: Ich weiß es nicht. Vielleicht „bedanken“ sich Teenager heute so?

Therapeutin: Teenager männlichen Geschlechts?

Vater: Sie wollen damit doch sicher nichts über Männer und ihren Mangel an Gefühlen und Dankbarkeit sagen, oder?

Therapeutin: Damit beziehe ich mich ganz sicher nicht auf Männer, die älter als Teenager sind!

Vater: Ja, genau, als ob meine Generation so viel besser mit ihren Gefühlen umgegangen wäre als die heutigen Männer.

Therapeutin: Doch, ich glaube schon, dass Männer sehr viel erreicht haben in Bezug auf den Umgang mit und das Reden über emotionale Dinge in ihrem Leben. Ich kann mir nicht vorstellen, dass Ihr Vater einen Therapeuten aufgesucht hätte, wenn Sie und er, so wie Sie und Luke, Beziehungsprobleme gehabt hätten.

Vater: Sie können mir glauben, dass ich sehr viele Probleme gehabt hätte, wenn ich meinen Vater so herausgefordert hätte, wie es Luke mit mir tut. Ich hätte die Probleme gehabt, nicht mein Vater.

(Die Therapeutin und der Vater sprechen jetzt sehr lange über die Schwierigkeiten, die der Vater mit seinem eigenen Vater gehabt hat, und dass er sich mehr für seine Beziehung zu seinem Sohn wünscht. Der Dialog endet mit dem nachfolgenden spielerischen Austausch.)

Vater: Sagen Sie mir jetzt bitte nicht, dass ich mehr gefühlsduseligen Kram mit Luke machen soll.

Therapeutin: Nein, aber lassen Sie es einfach nur zu, dass Ihre feminine Seite ganz natürlich zum Ausdruck kommt.

Vater: Na, super! Jetzt habe ich also eine feminine Seite.

Therapeutin: OK, ich war jetzt vielleicht etwas ungerecht. Wie wäre es, wenn wir dieser Seite einen anderen Namen gäben? Was ist mit liebevoller Seite? Oder mit fürsorglicher Seite? Sie-lieben-Ihren-Sohn-Seite?

Vater: Ja, das klingt schon besser. Bitten Sie mich nur nicht, ihn in Ihrem Beisein zu umarmen.

Therapeutin: Ich werde mich umdrehen.

Vater: Sie werden wahrscheinlich lange warten müssen.

Therapeutin: Vielleicht auch nicht.

Vater: Übertreiben Sie es nicht.

Therapeutin: Nein, ganz bestimmt nicht. Aber vielleicht gebe ich Ihnen einen ganz kleinen Schubs, wenn ich mir sicher bin, dass Ihnen beiden danach ist. Aber wirklich nur dann, wenn ich mir auch ganz sicher bin, dass ich richtig liege.

Vater: Damit wäre ich einverstanden.

Ein spielerischer Umgang vermittelt in der Eltern-Therapeut-Beziehung, so wie auch schon in der Eltern-Kind-Beziehung, ein Gefühl der Leichtigkeit, des Optimismus und der Zuversicht, dass man alle Probleme, die man gemeinsam erkundet, in den Griff bekommen und die Beziehung nicht darunter leiden wird.

Akzeptanz

Wenn Eltern Zeit mit ihrem Baby verbringen, lieben sie es normalerweise bedingungslos. Sie akzeptieren ihr Baby, so wie es ist. Ihre Liebe ist an keine Bedingungen geknüpft. Eltern bewerten das Verhalten ihres Babys weder als richtig oder falsch noch verurteilen sie ihr Baby als „lieb" oder „böse". Eine Bewertung findet nur statt, insofern sie als Eltern bestimmen müssen, welche unmittelbaren Bedürfnisse ihr Baby nach Schlaf, einem

Windelwechsel usw. hat. Die Haupteinstellung von Eltern ihrem Baby gegenüber ist Akzeptanz, nicht Bewertung.

Wenn Babys – und später Kinder – von ihren Eltern Akzeptanz erfahren, ist es ihnen eher möglich, ihren Gefühlen und Wünschen, Gedanken und Wahrnehmungen, Absichten und Erinnerungen Ausdruck zu verleihen und zu wissen, dass sie nicht wegen bestimmter Aspekte ihres Innenlebens bewertet werden. Wenn Kinder größer werden, fangen die Eltern an, ihr Verhalten zu bewerten und sie auf Verhaltensweisen hinzuführen, die sicher und in ihrem eigenen besten Interesse (als Kinder und Jugendliche) und im Interesse ihrer Mitmenschen sind. Innerhalb eines solchen Rahmens der Akzeptanz ist das Bewerten des Kindes nur auf sein Verhalten ausgerichtet und stellt kein psychologisches Risiko für die Beziehung oder das Kind dar. Durch Akzeptanz erhält die verhaltensbedingte Disziplin eine wichtige, jedoch begrenzte, Rolle in der Entwicklung des Kindes. Die Beziehung zu den Eltern – die Quelle der Sicherheit und des intersubjektiven Lernens über die eigene Person, seine Mitmenschen und die Welt für das Kind – bleibt auch weiterhin der wichtigste Einfluss, den Eltern auf die Entwicklung ihres Kindes ausüben können.

In diesem Kontext der Beziehung ist *Korrektur* (d. h. Disziplin) mit *Verbindung* verknüpft. Das verdeutlicht den Eltern und dem Kind, dass ihre Beziehung gefestigt ist, auch dann, wenn die Eltern hin und wieder Grenzen setzen müssen. Eine Beziehung, die durch wirkliche Akzeptanz gekennzeichnet ist, zerbricht nicht, sondern gibt nach, wenn unvermeidliche Spannungen zwischen Eltern und Kind entstehen. Auch wenn es zwangsläufig Fehlabstimmungen geben wird (Tronick, 2007), lösen derartige Fehlabstimmungen in einer gesunden Eltern-Kind-Beziehung keine starken Gefühle des Verlassenwerdens und der Zurückweisung aus. Die Beziehung wird sogar enger, wenn Eltern und Kind den natürlichen Zyklus der Abstimmung, Fehlabstimmung und Korrektur durchlaufen (Siegel, 2005).

Die bedeutende Rolle, die Akzeptanz in der Entwicklung des Kindes und in der Eltern-Kind-Beziehung spielt, wird durch Porges' (2011) *Polyvagal-Theorie der neurologischen Entwicklung* bestätigt. Wir haben sie im Kapitel 1 näher erläutert. Akzeptanz – ein zentraler Aspekt der Achtsamkeit – wird durch die Aktivierung des intelligenten Vagus-Systems begünstigt, jener Gehirn-Herz-Verbindungen, die Offenheit, empathisches Zuhören und Abstimmung fördern. Wie im Kapitel 1 dargestellt, sind an diesem Schaltkreis die folgenden Verbindungen beteiligt. Verbindungen zwischen:

- dem Herz und
- der anterioren Inselrinde (dem „viszeralen Gehirn“)
- dem anterioren cingulären Cortex (jener für den Fürsorgeprozess so äußerst wichtigen Gehirnbrücke, die Reptilien nicht haben)
- dem orbitofrontalen Cortex (jenem Bereich des präfrontalen Cortex, der für das bindungsorientierte Lernen so entscheidend ist)
- dem medialen präfrontalen Cortex (jenem vorderen Gehirnbereich, den wir für unser „Bewusstsein des Selbst und des anderen“ benutzen; dieser Bereich ist im Menschen, verglichen mit Primaten, sehr groß)

Wir benutzen diesen Gehirn-Herz-Schaltkreis, wenn wir uns intensiv bemühen, die Erfahrung unseres Gegenübers wirklich zu verstehen, statt ihn zu verurteilen, während wir unser Gegenargument vorbereiten. Die Forscher um Michael Posner haben vor Kurzem gezeigt, dass dieser Schaltkreis im Gehirn durch bestimmte Übungen mit dem Schwerpunkt auf nicht wertender Aufmerksamkeit und Empathie gestärkt wird (Tang et al., 2010). Damit ermöglicht Akzeptanz die Art nicht wertenden Bewusstseins, die ausschlaggebend ist für ein gutes Funktionieren der Kinddeutungs- und Bedeutungsfindungssysteme sowie für die Förderung einer achtsamen Elternschaft.

Wenn Babys sich in einem offenen und wachsamen Bewusstseinszustand, das heißt im intelligenten Vagus-Zustand, befinden, sind sie offen und empfänglich für ihr Erleben der Welt und besonders für Interaktionen mit ihren Eltern. Babys heißen ihr Erleben der Welt willkommen, wenn sie sich sicher fühlen und einen guten „Vagus-Tonus“ haben. Sie interessieren sich sehr dafür, Teil der sozialen Welt zu sein, so wie sie sie in den Interaktionen mit ihren Eltern erleben.

Während das intelligente Vagus-System Gehirn und Herz der Eltern miteinander verbindet und dadurch einen Zustand der Ruhe und des Wohlbefindens begünstigt, wird durch die Akzeptanz des Kindes durch die Eltern eine Verbindung zwischen dessen Vagus-System und dem seiner Eltern hergestellt. Und dadurch wird die Entwicklung des kindlichen auf soziale Kontakte ausgerichteten Systems, ihrer Herz-Gehirn-Verbindungen, gefördert. Dieser interpersonelle, „intervagale" Prozess wird durch die Fähigkeit der Eltern unterstützt, auf ihr Kind einzugehen und es zu akzeptieren, und ermöglicht es den Eltern, ihr Kind im Geist, Herzen und Körper mit Zärtlichkeit, Bewusstsein und einem tiefen Gefühl der Verbundenheit zu halten.

Wenn das tiefere Vagus-System des Kindes – im Gegensatz zum oberen intelligenten Vagus-System – aktiviert wird, verliert das Kind die Verbindung zu seinen Eltern und geht in einen Zustand des Abschaltens über. Diese defensive Haltung werde, so Porges (2011), häufig aktiviert, wenn sich das Kind schäme und wenn es sich verurteilt und entwertet fühle. Ein solcher Prozess des Abschaltens aus Scham ist wachstumshemmend und kann einen dissoziativen Stil des Selbstschutzes begünstigen, wodurch das Risiko entsteht, dass das Kind später Probleme mit Nähe und der Elternrolle haben wird (Schore, 1994).

Wenn Eltern einen akuten oder chronischen Konflikt mit ihrem Kind haben, wird sich ihre Gesamterfahrung der Eltern-Kind-Beziehung unweigerlich auf das Verhalten ihres Kindes richten und Akzeptanz und ein spielerischer Umgang treten dann in den Hintergrund. Eltern neigen in einer solchen Situation dazu, sich verstärkt auf die kindlichen Verhaltensprobleme zu konzentrieren, ihr Kind zu bewerten und ihr Missfallen angesichts des kindlichen Verhaltens sowie ihrer Ansicht nach notwendige Konsequenzen zum Ausdruck zu bringen. Gleichzeitig glauben Eltern, dass ihr Kind sie bewertet, wütend auf sie ist oder von ihnen als Eltern enttäuscht ist. Sowohl Eltern als auch Kind haben unbeabsichtigt eine defensive Haltung dem jeweils anderen gegenüber eingenommen, in der die Fähigkeit, sich miteinander zu verbinden, unterdrückt – blockiert – ist. Beide Seiten sind nicht mehr offen für die Erfahrung des anderen. Das Kind wird sich wahrscheinlich auf Wut, Trotz oder vermeidendes Verhalten stützen, um seine Eltern zu beeinflussen oder deren Einfluss auf sein Leben zu verringern. Eltern werden sich wahrscheinlich auch auf Wut stützen, die fälschlicherweise von den Eltern als Waffe immer dann benutzt werden kann, wenn sie sich machtlos fühlen. Wenn Macht und Kontrolle wichtiger als Verbindung in der Eltern-Kind-Beziehung werden, verliert Disziplin ihre Bedeutung und Wirksamkeit und wird zu einem Schlachtfeld, zu einem Selbstzweck, der nichts mehr mit der Qualität der Beziehung zu tun hat. Eine derartige Disziplin wird mit der Zeit unwirksam und erzeugt unerwünschte Nebenwirkungen wie Unterwürfigkeit, Rückzug, Verschlossenheit oder Wut und Trotz. Eine der größten Herausforderungen der Elternrolle besteht darin, das Setzen von Grenzen mit Empathie zu kombinieren und dabei Disziplin in der Bedeutung von „Lehren“ anzuwenden, während Eltern dafür sorgen, dass die Beziehung zu ihrem Kind sicher und unversehrt bleibt. Wenn Eltern imstande sind, „in Verbindung zu ihrem Kind zu korrigieren“, geben sie ihrem Kind wunderbare Möglichkeiten, seine Emotionsregulation und, falls erforderlich, seine Dialogfähigkeiten zu üben.

Beispiel: Nancy (Mutter) hat ihre elfjährige Tochter Tracy gebeten, die Wäsche wegzuräumen, bevor sie ihre Freundin anruft. Tracy hat ihre Mutter daraufhin angeschrien und ist aus dem Zimmer gerannt. Nancy ist ihr bis ins Kinderzimmer gefolgt, um mit ihr über den Vorfall zu reden.

Mutter: Du warst gerade sehr wütend auf mich, Tracy. Was ist los?

Tochter: Du lässt mich nie machen, was ich will. Immer muss ich das tun, was Du sagst. Was Du willst, ist wichtiger, als was ich will!

Mutter: Es sieht so aus, als ob ich mir immer etwas überlege, was Du für mich erledigen kannst, anstatt dich einfach mal das machen zu lassen, wozu Du Lust hast.

Tochter: Genau! Wenn es nicht die Wäsche ist, dann ist's der Abwasch oder Staubsaugen oder auf meinen kleinen Bruder aufpassen oder … sonst was. Immer gibt es etwas anderes …

Mutter: Als ob ich vergessen hätte, dass Du noch ein Kind bist. Dass ich mich nicht dafür interessiere, was Dir wichtig ist, sondern nur dafür, was Du für mich tun kannst.

Tochter: So sieht's für mich aus, Mama!

Mutter: Dann kann ich auch verstehen, warum Du eben wütend auf mich warst – wenn Du glaubst, dass ich nur an dich denke, wenn ich Deine Hilfe brauche, und dass ich mich nur für Deine Hilfe interessiere und nicht für das, was dich glücklich macht.

Tochter: Ja, so sieht's für mich aus, Mama, zumindest manchmal. Heute hatte ich wirklich einen schweren Tag in der Schule.

Mutter: Erzähl mir, was passiert ist. *(Tracy erzählt ihrer Mutter ausführlich von den Schwierigkeiten, die sie in der Schule hatte.)* Du hattest wirklich einen schweren Tag.

Tochter: Ja, Mama, hatte ich … aber ich hätte das nicht an Dir auslassen sollen. Es tut mir leid.

Mutter: Danke

Tochter: Klar, Mama, aber jetzt muss ich wirklich mit meiner Freundin darüber sprechen. Wie wär's also, wenn wir jetzt mit dem Reden aufhören? Und die Wäsche räume ich danach weg, okay?

Mutter: Okay.

In diesem Beispiel schaut die Mutter über den Wutausbruch der Tochter hinweg, um herauszufinden, welche zugrunde liegenden Gefühle oder Emotionen der Auslöser dafür waren, und entdeckt, was ihre Tochter bedrückt hat, und entwickelt mehr Akzeptanz während des ganzen Prozesses.

Wie Akzeptanz im Therapieraum eingesetzt werden kann

Wenn Eltern sich wegen ständiger Schwierigkeiten mit ihrem Kind an einen Therapeuten wenden, leiden sie wahrscheinlich an blockierter Fürsorge für ihr Kind. Durch Verhaltensprobleme ausgelöster Beziehungsstress vermindert die Aktivierung der fünf für eine dauerhafte Fürsorge entscheidenden Bereiche in hohem Maße. Obwohl Eltern immer noch in der Lage sein können, ihr Exekutivsystem während Interaktionen mit dem Kind zu aktivieren, wird ihre Fähigkeit, Zeit mit ihm zu verbringen und die Interaktion zu genießen und gleichzeitig an ihm und an der gemeinsamen Erfahrung interessiert zu sein, wahrscheinlich vermindert sein. Für diese Eltern verschiebt sich die Bedeutung ihrer Fürsorgerolle vom Positiven ins Negative. Die Bewertung ihres Kindes verschiebt sich ebenfalls in eine negative Sichtweise seiner Motive, Werte, Gedanken und Gefühle. Gleichzeitig haben sie möglicherweise auch eine negative Wahrnehmung der eigenen Person als Eltern entwickelt. Durch eine solche Wahrnehmung besteht das Risiko, dass sie auch weiterhin Schamgefühle haben und eine Abwehrhaltung einnehmen werden. Und das alles kann dazu führen, dass Eltern den Therapeuten als ihnen gegenüber kritisch eingestellt wahrnehmen. Die Eltern haben vielleicht eine oder mehrere der folgenden Gedanken:

„Er (der Therapeut) glaubt, dass alles meine Schuld ist!"

„Er denkt, dass ich eine schlechte Mutter (ein schlechter Vater) bin!"

„Sie (die Therapeutin) glaubt, dass ich meinen Sohn zu hart rannehme!"

„Sie glaubt, dass ich selbstsüchtig bin!"

„Er gibt mir die Schuld dafür, was passiert ist!"

„Er glaubt, dass ich es mir zu leicht mit meinem Sohn mache!"

„Sie denkt, dass ich meine Tochter nicht liebe!"

„Sie glaubt, dass ich mir nicht genug Mühe gebe, eine gute Mutter (ein guter Vater) zu sein!"

„Er glaubt, dass ich meine eigenen Bedürfnisse über die meiner Tochter stelle!"

„Sie denkt, dass ich mir selber leidtue!"

„Sie glaubt, dass ich nicht konsequent (einfühlsam, fürsorglich, aufmerksam) genug bin!"

Wenn Eltern annehmen, dass der Therapeut sie auf diese Weise negativ bewertet, werden sie sich zweifellos nicht sicher fühlen. Und dann können sie nicht von den Vorschlägen des Therapeuten profitieren. Sie können sich nicht offen ihrem Therapeuten und wie er sie als Eltern wahrnimmt stellen, denn sie vermuten, dass seine Meinung von ihnen negativ ist und eine solche Bewertung möchten sie auf jeden Fall vermeiden. Sie bewerten sich selbst und nehmen an, dass der Therapeut sie bewertet. Sie glauben nicht, dass der Therapeut sie für gute Eltern hält, für die ein neuer Vorschlag zur Kindererziehung von Nutzen sein könnte, eine neue Idee, die sie vorher noch nicht in Betracht gezogen hatten. Sie nehmen stattdessen an, dass jede Art von Vorschlag darauf abzielt, ihr Versagen als Eltern wiedergutzumachen.

Wenn ein Therapeut Eltern mit blockierter Fürsorge behandelt, besteht seine Hauptverantwortung darin, aktiv eine Haltung der Akzeptanz zu vermitteln und den Eltern und ihren Bemühungen, ihr Kind großzuziehen, mit einer solchen Akzeptanz zu begegnen. Die Akzeptanz des Therapeuten entsteht aus der Annahme heraus, dass die Eltern gute Menschen sind, die ihr Bestes geben, und dass sie ihr Kind nach besten Kräften lieben. Die Akzeptanz des Therapeuten entsteht auch aus der Annahme heraus, dass die derzeitige wütende, pessimistische und möglicherweise auf Bestrafung ausgerichtete Haltung der Eltern ihrem Kind gegenüber sehr wahrscheinlich nicht seit Langem besteht. Der Therapeut kann unmöglich wissen, wie sich die Eltern vor einem Monat, vor einem Jahr oder direkt nach der Geburt des Kindes verhalten haben. Ihr vergangenes Verhalten als Mutter oder Vater mag sehr wohl gefestigt, positiv und beständig gewesen sein. Wenn solche Eigenschaften jetzt nicht offensichtlich sind, weiß der Therapeut nicht, warum das so ist, und er wird die Eltern nicht dafür verurteilen, dass sie ihrem Kind zurzeit nicht die nötige Fürsorge zukommen lassen können. Wir werden auf den nachfolgenden Seiten beschreiben, wie diese Grundlage der Akzeptanz zu den genauso wichtigen Eigenschaften der Neugier und Empathie für die Eltern mit blockierter Fürsorge führt.

Ein Therapeut vermittelt aktiv Akzeptanz, indem er die innere Einstellung der Eltern ihrem Kind gegenüber niemals bewertet. Was auch immer die Eltern denken, fühlen, sich wünschen, welche Erinnerungen, Wahrnehmungen, Absichten und Werte sie haben mögen, wird anerkannt. Ein Therapeut hat die feste Absicht, das Innenleben seiner Patienten nicht zu bewerten, sondern es zu *verstehen*. Das Gleiche gilt auch, zumindest am Anfang, für die Akzeptanz des elterlichen Verhaltens. Selbst wenn der Therapeut glaubt, dass das Verhalten dem Kind schadet (ein Elternteil oder beide beschimpfen z. B.

ihr Kind), konzentriert sich der Therapeut zuerst darauf, die Bedeutung des kindlichen Verhaltens zu verstehen – und dazu zählt auch, wie die Eltern das Verhalten wahrnehmen –, bevor er sich für eine Vorgehensweise entscheidet.

Wenn Therapeuten bei allen Interaktionen mit Eltern einen Ansatz wählen, bei dem sie alles, was die Eltern ihnen mitteilen, urteilsfrei aufnehmen und sich nur darauf konzentrieren, zuerst die emotionalen Reaktionen der Eltern auf die behandelten Themen zu akzeptieren und danach zu versuchen, sie zu verstehen und ihnen mit Empathie zu begegnen, dann werden Eltern anfangen, sich sicher zu fühlen und sie werden sich eher der Erfahrung des Therapeuten und seinen eventuellen Empfehlungen gegenüber öffnen. Wenn sich Eltern vom Therapeuten akzeptiert fühlen, können sie sich wiederum selber öffnen und sich selber akzeptieren und ohne Angst und Schamgefühle eine besondere Erfahrung oder ein bestimmtes Erlebnis näher erkunden. Auf diese Weise helfen Therapeuten Eltern, Manifestationen ihrer blockierten Fürsorge zu reduzieren und sich wieder mit der nötigen Fürsorge um ihre Kinder zu kümmern.

Ein Beispiel von Akzeptanz (einschließlich Neugier und Empathie)

In diesem Beispiel hatte die Mutter (Debra) ständig Schwierigkeiten mit der Erziehung ihres zehnjährigen Sohnes Raymond. Ihre eigene Kindheit war durch zahlreiche familiäre Konflikte und einen Mangel an emotionaler Nähe geprägt. Die Trotzhaltung ihres Sohnes und sein als Zurückweisung wahrgenommenes Verhalten hatten ihr Vertrauen angegriffen und zu blockierter Fürsorge geführt. Das nachfolgende Gespräch fand während der ersten Sitzung mit ihrer Therapeutin Allison statt.

Therapeutin: Sie haben also Ihr Bestes gegeben und jetzt scheint es schwierig zu sein, die Situation zu verbessern.

Mutter: Sie glauben, dass ich nicht gut genug bin? Es ist also meine Schuld.

Therapeutin: Ich entschuldige mich, Debra, dafür, dass Sie das, was ich gesagt habe, als Schuldzuweisung verstanden haben. Es tut mir wirklich leid, dass ich nicht besser ausgedrückt habe, was ich sagen wollte.

Mutter: Was wollten Sie denn sagen?

Therapeutin: Ich wollte einfach nur sagen, dass Sie sich so sehr bemühen und jetzt, so scheint es, Ihre Grenze erreicht haben. Sie geben und geben und geben und Sie fühlen sich, als ob es immer noch nicht genug ist.

Mutter: Warum versteht er das nicht? Weiß er nicht, wie sehr ich ihn liebe?

Therapeutin: Wie weh das tun muss, wenn es so scheint, als ob er nicht auf Ihre Liebe reagiert.

Mutter: Er tut's nicht. Er meint, dass meine Liebe nicht gut genug ist!

Therapeutin: Ich verstehe. Und Sie geben Ihr Bestes!

Mutter: Und mein Bestes ist trotzdem nicht gut genug. Manchmal möchte ich aufgeben. Manchmal … liebe ich ihn nicht. Manchmal hasse ich ihn! So, sind Sie jetzt zufrieden? Manchmal hasse ich meinen eigenen Sohn! Wie furchtbar ist das?!

Therapeutin: Wie schmerzlich das für Sie sein muss … sich bewusst zu sein, dass Sie manchmal Hass für Ihren Sohn empfinden.

Mutter: Ich hasse mein Kind! Haben Sie mir nicht zugehört? Sagt Ihnen das nicht bereits etwas über mich? Vielleicht wollen Sie es nicht zugeben, aber ich weiß, dass Sie mir zustimmen! Ich habe als Mutter versagt! Ich hasse mein Kind und soll eine gute Mutter sein? Das nehme ich Ihnen nicht ab.

Therapeutin: Und Sie lieben Ihr Kind und haben es geliebt. Und Sie haben nicht aufgegeben und sind jetzt hier und versuchen, Hilfe für ihn, für sich selber und für Ihre Beziehung zu bekommen. Sie lieben ihn immer noch, selbst dann, wenn es so aussieht, als ob er alle Ihre Bemühungen ablehnt.

In diesem Gespräch hat die Therapeutin die Mutter vollkommen akzeptiert, ohne mit ihr zu streiten oder ihr zu sagen, dass sie andere Gedanken und Gefühle haben und sich anders verhalten sollte. Die Therapeutin hat Debras Wahrnehmung von ihr als jemand, der Debra verurteilt, akzeptiert. Sie hat Debras Äußerung akzeptiert, dass sie ihren Sohn hasst. Sie hat Debras Schamgefühle angesichts ihres Hasses akzeptiert.

Sie hat ihre Enttäuschung und ihre Zweifel akzeptiert, ohne ihr falsche Hoffnungen zu machen. Und die Therapeutin hat Debras Stärke unter ihren Schmerzen und ihren andauernden Bemühungen, „es richtig zu machen", gefunden – und akzeptiert.

Wenn ein Therapeut die Dynamik von blockierter Fürsorge versteht, wird es leichter, die Wut der Eltern, ihre Scham und den Mangel an liebevollen Gefühlen für ihr Kind zu verstehen und zu akzeptieren. Wenn Eltern verstehen, wie sich blockierte Fürsorge äußert, fällt es ihnen leichter, Empathie für die eigene Person angesichts ihres Hasses auf ihre Kinder und ihre automatischen Reaktionen zu verstehen und zu erleben. Gibt es nicht genug wechselseitige positive Erfahrungen in der Eltern-Kind-Beziehung innerhalb eines bestimmten Zeitraums, mangelt es also längere Zeit an einem spielerischen Umgang und an Freude in der Beziehung, ist es besonders schwer für Eltern, ihre Kernsysteme der Elternschaft (Annäherung, Belohnung und Kinddeutung) „eingeschaltet" zu lassen. Wenn diese Systeme „deaktiviert" sind, müssen sich Eltern auf das exekutive Potential an Selbstregulation verlassen, welches sie auch dann aufbringen können, um ihr Kind nicht zu misshandeln oder zu vernachlässigen.

Debra aus dem obigen Beispiel war irgendwie imstande, Raymond nicht zu misshandeln, indem sie auf ihr exekutives Potential zurückgriff, um ihre extrem negativen Gefühle und Impulse zu kontrollieren. Wenn sich Eltern mitten in einem Zustand der blockierten Fürsorge befinden, ist dies häufig das Beste, was sie tun können. Und da Stress, besonders chronischer Stress, die Funktionsweise des Exekutivsystems ausschalten kann, besteht ein hohes Risiko für Misshandlung und Vernachlässigung, wenn der Zustand der blockierten Fürsorge über einen längeren Zeitraum anhält. Wenn Eltern mit chronischer blockierter Fürsorge aus irgendeinem Grund auch ein schwaches Exekutivsystem haben, kann man Misshandlungen und Vernachlässigungen nur sehr schwer vorbeugen.

Neugier

Vom Moment der Geburt an sind Eltern und Babys normalerweise sehr voneinander fasziniert. Die Augen des Babys suchen die Augen und das Gesicht der Eltern, und wenn sie sich finden, schauen sie sich gegenseitig auf unverwechselbare Weise in die Augen. Sich in die Augen zu blicken zeugt von einem tiefen Interesse am anderen, von einer Leidenschaft, die Besonderheiten des anderen entdecken zu wollen. Erinnern Sie sich noch an Oscars strahlende Augen, als er in die Augen seiner Eltern geschaut hat? Babys wissen, was ihre Eltern einzigartig macht, was sie von allen anderen Eltern unterscheidet. Mit der Zeit wird aus dieser Präferenz für diesen besonderen Erwachsenen eine Bindung. Zur gleichen Zeit entdecken Eltern, was ihr Baby einzigartig macht, was es von allen anderen Babys unterscheidet. Und sie schätzen und lieben das, was sie entdecken, bedingungslos. Fachleute sind sicher versucht, diese Entdeckungen als positive Wahnvorstellungen zu beschreiben, weil sie glauben, dass die Eltern etwas sehen, das es nicht gibt. Oder sehen die Eltern vielleicht etwas, was da ist und was wir, die wir nicht so lange und mit Liebe dieses Baby angeschaut haben, nicht entdecken können? Sehr wahrscheinlich sehen Eltern das einzigartige Wesen dieses Babys, dessen Wurzeln sich zu Fähigkeiten entwickeln, die später von allen gemessen, von allen gesehen werden können. Und genau hierin liegt die Macht einer der schönsten Launen der Natur.

Wir beschreiben solche Entdeckungen in diesem Buch als Neugier. In diesem Zustand der Neugier sind Eltern vollkommen damit beschäftigt, ihr Baby ohne Vorbehalte kennenzulernen. Dabei handelt es sich nicht um eine rationelle Übung, sondern um einen Vorgang, der die Eltern auf mentaler, emotionaler, spiritueller und viszeraler Ebene ganz und gar einnimmt. Während sie ihr Baby kennenlernen, möglicherweise besser als irgendjemand anderen in ihrem Leben, übt dieses Wissen oft einen großen Einfluss auf sie aus. Man kann diesen Einfluss mit dem Wort *Liebe* beschreiben. Oder man kann ihn als *elterliche Bindung* bezeichnen. Im Kern erleben Eltern ihr Baby als Teil von sich. Ihre Identität ist mit der ihres Babys für den Rest ihres Lebens verflochten. Gleichzeitig hat die

Entdeckung der Eltern durch das Baby große Auswirkungen auf die Erfahrung der eigenen Person, seiner Mitmenschen und der Welt. Diese intersubjektive Erfahrung zwischen Eltern und Baby umfasst alle Aspekte des elterlichen Gehirns. Es handelt sich um eine durch einen spielerischen Umgang und Empathie gekennzeichnete emotionale Erfahrung und um eine durch Neugier gekennzeichnete mentale Erfahrung.

Der Aspekt der Neugier beruht auf der Funktionsweise der Hirnregionen, die für die Kinddeutungs- und Bedeutungsfindungssysteme zuständig sind. Im Schläfenlappenbereich der Eltern befinden sich Bereiche, die sich mit der Wahrnehmung der Gesichtsausdrücke des Kindes, seiner Stimme und seinen Bewegungen beschäftigen. Diese Bereiche nehmen mit der Zeit die kleinsten Veränderungen wahr. Darüber hinaus können Eltern mit Hilfe der Spiegelzellen auf subtile Weise erleben, was ihr Kind von Augenblick zu Augenblick erlebt. Diese Kombination aus Kinddeutungs- und Spiegelprozessen ermöglicht es den Eltern, sich auf das Innenleben ihres Kindes abzustimmen, die Gefühle, Gedanken, Wünsche, Wahrnehmungen, Interessen und Absichten ihres Kindes zu begreifen. Eltern erfassen aktiv die Gesichtsausdrücke ihres Kindes im Hier und Jetzt und im Rahmen von Vergangenheit und Zukunft. Ihre Fähigkeit, auf die Bedürfnisse ihres Babys einzugehen, wird durch die Neugier auf ihr Baby verstärkt. Eltern, die sich in einem solchen aufgeschlossenen, neugierigen Zustand befinden, tendieren dazu, das, was ihr Kind ausdrückt, mit einer positiven Bedeutung zu versehen. Trotzdem kann sich diese frühe positive Ausrichtung in eine negative Ausrichtung verwandeln, wenn Eltern dauerhaft unter Stress stehen. Unter Stress werden die Informationen vom Kinddeutungsprozess von der Amygdala der Eltern in dem schnellen, neurozeptiven Prozess aus Kapitel 1 gefiltert. Gelangen diese Informationen aus dem Kinddeutungssystem in eine Amygdala, die Gefahrensignale weiterleitet, dann besteht das Risiko, dass das, was einmal als wunderbar positiv empfunden wurde, jetzt als negativ gesehen wird. Wenn sich die Amygdala in höchster Alarmbereitschaft befindet, kann sie den schnellen, neurozeptiven Prozess eher auf die Gefahrenerkennung statt auf das Erkennen einer sicheren Situation ausrichten, wodurch es sehr schwierig für Eltern wird, zwischen einer echten Notwendigkeit, in die Defensive zu gehen, und einem falschen Alarm zu unterscheiden. Wenn Eltern auf diese Art eine erhöhte Wachsamkeit zeigen, ob durch chronische oder akute Stressfaktoren ausgelöst, sind ihre inneren Zustandsregulierungsprozesse beeinträchtigt und sie haben große Schwierigkeiten, sich sicher genug zu fühlen, um ihren Kindern offen und mit Akzeptanz und Neugier zu begegnen. Ihr Annäherungssystem, das mit dem intelligenten Vagus-System verbunden ist, wird zugunsten des Selbstschutzes unterdrückt. Sie verlieren ihren Vagus-Tonus und wechseln vom auf soziale Kontakte ausgerichteten System in eines der beiden Abwehrsysteme über – entweder ins mobilisierte Kampf-oder-Flucht-System oder in einen immobilisierten Angstzustand. In diesen Zuständen stehen Neugier und eine bewusste Reflexion nicht zur Verfügung. Die Eltern sind jetzt mit ihrer persönlichen Sicherheit beschäftigt und nehmen deshalb die negativen Gesichtsausdrücke, die Körpersprache und den Tonfall ihrer Kinder sehr persönlich.

Neugier zielt darauf ab, einen positiven Geisteszustand aufrechtzuerhalten, einen Zustand, in dem Eltern sich auch weiterhin von ihren Kindern faszinieren lassen und Energie aus ihren Bemühungen, sie zu verstehen, schöpfen. Sie sehen ihre Kinder mit Liebe an und dadurch können sie die positiven Eigenschaften und die sich entwickelnden Fähigkeiten ihrer Kinder sehen, während sie mit ihren problematischen Verhaltensweisen gut fertig werden, da diese ein natürlicher Teil des Kind-Seins sind. Neugier profitiert von der Freisetzung chemischer Substanzen wie Oxytocin und Dopamin, die die Verbindungen zwischen den höheren und tieferen Regionen des elterlichen Gehirns offen halten und die Vernetzung von Gefühlen und kognitiven Prozessen unterstützen.

Das Bedeutungsfindungssystem, das stark von den oberen Bereichen des präfrontalen Cortex (d. h. dem medialen präfrontalen Cortex und besonders dem dorsolateralen präfrontalen Cortex) abhängig ist, kann ebenfalls die Stärke der elterlichen Neugier sehr erhöhen. Die Aktivierung dieser Bereiche des Gehirns, zusammen mit der Unterstützung durch den anterioren cingulären Cortex (jener „Gehirnbrücke"), ermöglicht es den Eltern, die begrenzte und schnelle Bewertung durch die Amygdala außer Kraft zu setzen und ihren eigenen Gefühlen und Gedanken sowie Reflexionen gegenüber offen zu bleiben. Letztere beruhen auf ihrer eigenen Geschichte und den Traditionen der Eltern-Kind-Beziehung, die sie in ihrer eigenen

Kindheit kennengelernt haben. Bestimmte Aspekte ihrer Geschichte werden sie wahrscheinlich nicht darin bestärken, dass sie sicher sind, und durch solche Signale würde die Amygdala wieder eine Abwehrhaltung aktivieren und den potentiell konstruktiven Prozess der Reflexion deaktivieren. Aber wenn Eltern den durch diese Erinnerungen ausgelösten Gefühlen gegenüber offen bleiben können, können sie alte Wunden heilen und ihren Kopf für die Elternrolle frei machen. Dieser Prozess der Reflexion und der Neubewertung wird durch die Bereiche des präfrontalen und anterioren cingulären Cortex möglich gemacht, denn sie unterdrücken die Abwehrreaktionen der Amygdala und erhalten den Vagus-Tonus aufrecht. Dieser Prozess stärkt die Fähigkeit der Eltern, zu „fühlen und damit umzugehen" (Fosha, 2000), und vergrößert das Intervall der Eltern, den Bezug zur Realität nicht zu verlieren und ausreichend flexibel zu bleiben, um konstruktiv auf das Verhalten ihrer Kinder zu reagieren. Neugier, wenn sie stärker ist als die Abwehrreaktion, erzeugt Offenheit gegenüber einem breiten Spektrum an Erfahrungen und gegenüber dem Zusammenschluss der elterlichen Geschichten, so dass Vergangenheit, Gegenwart und Zukunft eine kohärente Geschichte bilden. Demnach werden Eltern ohne Neugier auf den Wutausbruch ihres Kindes mit Wut und Konsequenzen reagieren. Mit Neugier werden die Eltern innehalten, um das Verhalten ihres Kindes zu verstehen, unter Einbezug gegenwärtiger und vergangener Umstände sowie jüngster Ereignisse und Sorgen, die das Kind über die Zukunft haben mag. Nur dann können Eltern entscheiden, wie sie auf das Verhalten des Kindes eingehen können.

Neugier fördert intersubjektive Erfahrungen folgendermaßen:

1. Eltern, die neugierig sind, finden ihre Kinder faszinierend. Sie möchten so viel wie möglich über diese sich entwickelnden Menschen erfahren.
2. Eltern, die neugierig sind, möchten einfach ihre Kinder verstehen, lange bevor sie überhaupt daran denken, das Verhalten ihrer Kinder zu bewerten.
3. Solche Eltern verweilen in einem Geisteszustand des Nicht-Wissens. Sie sind aufgeschlossen, damit sie verstehen können, was das kindliche Verhalten bedeutet.

4. Neugierige Eltern unterdrücken ihre ersten Reaktionen auf das unerwünschte Verhalten ihrer Kinder (es sei denn, es handelt sich um einen Notfall) und warten mit einer Antwort, bis sie das Verhalten verstanden haben.
5. Neugierige Eltern lernen ihre Kinder von innen heraus besser kennen. Sie interessieren sich sehr für das Innenleben ihrer Kinder (welche Gefühle die Kinder über sich selbst haben). Das Verhalten, die Erfolge und die Misserfolge ihrer Kinder werden in diesem Kontext gesehen.

Beispiel: Ken ist der Vater der fünfzehnjährigen Kathleen, die gerade ihr zweites Jahr als Mitglied des Debattierklubs in ihrer Schule begonnen hat. Sie war im ersten Jahr gut gewesen und hatte sich darauf gefreut, wieder Teil des Teams zu sein. Dann erwähnte sie während des Abendessens aber, dass sie beschlossen hatte, dieses Jahr doch nicht Mitglied des Debattierklubs zu werden.

Vater: Ich dachte, Du hattest im letzten Jahr viel Spaß und wolltest dieses Jahr auch mitmachen. Warum hast Du Dich anders entschieden?

Tochter: Ich weiß nicht. Ich will einfach was anderes machen.

Vater: Du bist Dir also nicht ganz sicher?

Tochter: Ich will einfach nicht, Papa! Reicht das nicht als Grund? Warum muss ich, wenn ich nicht will?

Vater: Kathleen, es tut mir leid, dass ich Dir den Eindruck vermittelt habe, dass ich nicht einverstanden mit Deiner Entscheidung oder enttäuscht bin. Ich möchte, dass Du das tust, was Du tun willst. Ich bin nur etwas überrascht, weil Du letzte Woche noch gesagt hast, dass Du Dich auf den Klub freust.

Tochter: Ich habe eben meine Meinung geändert.

Vater: Und meine Fragen scheinen jetzt etwas zu viel zu sein. Es tut mir leid. Ich will dich wirklich nicht bedrängen.

Tochter: Warum fragst Du mich dann die ganze Zeit aus?

Vater: Weil ich überrascht bin und wenn Du Dir nicht wirklich sicher bist, dass Deine Entscheidung richtig ist, möchte ich Dir gerne die Gelegenheit geben, darüber zu sprechen.

Tochter: Ich mag den Klub, ehrlich. Es ist nur … Ich will nicht, dass mich alle für eine Besserwisserin halten.

Vater: Eine Besserwisserin?

Tochter: Ja. Einige meiner Freunde haben Witze darüber gemacht, dass ich so schlau bin, dass ich aufpassen muss, dass mein Kopf nicht explodiert. Sie haben sich darüber lustig gemacht, dass ich immer so viele Fragen stelle und meine Meinung sage. Und sie haben gesagt, dass der Debattierklub wie für mich gemacht ist. Und dann haben sie noch mehr gelacht.

Vater: Das war bestimmt nicht schön. Und das waren Deine Freunde, die da über dich gelacht haben.

Tochter: Genau! Würden sie mich mehr mögen, wenn ich immer einer Meinung mit ihnen wäre? Oder wenn ich dumm wäre? Es ist schließlich nicht meine Schuld, dass ich über Sachen nachdenke und eine Meinung dazu habe und gerne diskutiere.

Vater: Jetzt verstehe ich, warum Du Dir nicht sicher bist, mit dem Klub weiterzumachen. Es sieht fast so aus, als ob Du dich zwischen Deinen Freunden und dem Klub entscheiden müsstest.

Tochter: Ich weiß, dass ich das nicht muss, aber es fühlt sich manchmal für mich so an. Ich wünschte, meine Freunde könnten mich so akzeptieren, wie ich bin. Wenn ich eine Streberin bin, dann bin ich halt eine Streberin.

Vater: Glaubst Du das wirklich?

Tochter: Vielleicht, aber ich bin eine lustige Streberin, die eine gute Freundin hergibt.

Vater: Und eine tolle Streberin, die eine ganz besondere Tochter hergibt.

Tochter: Vielleicht überlege ich mir das mit dem Klub doch noch einmal.

In diesem Beispiel zeigt der Vater Neugier, als er hört, dass seine Tochter nicht mehr am Debattierklub teilnehmen will, aber nicht, um sie umzustimmen, sondern, um ihr dabei zu helfen, sich über die Gründe ihrer Entscheidung klar zu werden. Die Tochter nimmt an, dass er, da er über ihre Entscheidung überrascht ist, versuchen wird, sie umzustimmen, oder zwiespältige Gefühle bezüglich ihrer Entscheidung hat. Der Vater zeigt jedoch eine nicht wertende Haltung während des gesamten Gesprächs und macht es seiner Tochter dadurch leichter, sich über die Faktoren klar zu werden, die zu ihrer Entscheidung beigetragen haben, damit sie ihre Entscheidung jetzt von einer inneren und durchdachten Warte aus treffen kann.

Wie Neugier im Therapieraum eingesetzt werden kann

Wenn Eltern mit blockierter Fürsorge sich mit Problemen mit ihren Kindern in Therapie begeben, haben sie meistens Schwierigkeiten, ihr Urteil über das Verhalten ihrer Kinder von ihren Bemühungen, das Verhalten zu verstehen, zu trennen. Sie befinden sich nicht in einem Geisteszustand, in dem sie sich sicher fühlen, um die möglichen Bedeutungen des kindlichen Verhaltens zu untersuchen. Sie möchten das Verhalten einfach nur ändern. An diesem Punkt erleben die Eltern das Verhalten wahrscheinlich als falsch oder unangemessen oder sie halten die Gründe für das Verhalten für irrelevant oder aber sie glauben, dass die Gründe „schlechte" Motive, Wünsche, Gedanken oder Gefühle widerspiegeln.

Wenn der Therapeut versucht, sich darauf zu konzentrieren, warum sich das Kind so verhält, werden Eltern mit blockierter Fürsorge möglicherweise vermuten, dass er nach Entschuldigungen für das kindliche Verhalten sucht. Wenn der Therapeut versucht, die Gründe für das Verhalten der Eltern zu verstehen, werden die Eltern dies wahrscheinlich als Versuch deuten, die Fehler in ihrem Verhalten zu finden und sie dafür verantwortlich zu machen. Wenn Eltern in einem Zustand der blockierten Fürsorge feststecken, möchten sie oft sicherstellen, dass der Therapeut ihnen zustimmt, dass das Verhalten des Kindes nicht in Ordnung ist, und sie dann berät, was sie tun können (besondere Disziplinarmaßnahmen), um das Verhalten zu korrigieren. Alles andere wird sehr wahrscheinlich nicht als Unterstützung wahrgenommen.

Wenn es dem Therapeuten gelungen ist, den Eltern zu vermitteln, dass ihr Innenleben in seiner Gänze akzeptiert wird und dass es ihm sehr wichtig ist, einfach nur zu *verstehen* – nicht zu *bewerten* –, dann fangen viele Eltern vielleicht auch an zu verstehen. Die nachdenkliche Haltung des Therapeuten ruft ein Nachdenken der Eltern über ihr eigenes Innenleben, das ihrer Kinder und über die Bedeutung ihres Verhaltens hervor. Wenn Eltern einen Schritt zurücktreten, um sich selber und ihre Kinder mit Neugier zu betrachten, kann es durchaus sein, dass die Blockierung ihres Fürsorgeverhaltens aufgehoben wird.

Beispiel: Anns Beziehung zu ihrem sechzehnjährigen Sohn ist durch blockierte Fürsorge gekennzeichnet. Seit zwei Jahren spricht er immer weniger mit ihr. Und wenn er mit ihr spricht, dann nur, um sie um etwas zu bitten oder sie als Mutter zu kritisieren. Sie hat sich an einen Therapeuten (Bill) mit der Bitte um Hilfe gewandt.

Mutter: Ich will einfach nur etwas Höflichkeit! Ist das zu viel verlangt? Wenn ich ihm eine einfache Frage stelle, dann verdiene ich – und jeder andere auch – eine Antwort. Und ich bekomme außer einem Seufzen nichts. Oder er verlässt das Zimmer.

Therapeut: Das scheint mir eine kleine Bitte zu sein … und trotzdem gibt er Ihnen keine Antwort. Haben Sie eine Idee, warum er das tut?

Mutter: Welchen Unterschied macht das schon? Suchen Sie nach einem Grund, der sein Verhalten entschuldigen könnte?

Therapeut: Ann, das tut mir leid. Ich wollte damit nicht sagen, dass sein Verhalten in Ordnung ist, und es rechtfertigen.

Mutter: So hat es sich aber angehört.

Therapeut: Dann muss ich mich klarer ausdrücken. Ich suche nicht nach einer Entschuldigung für sein Nicht-Antworten auf Ihre Fragen, sondern frage mich einfach, was der Grund sein könnte.

Mutter: Was ist der Unterschied zwischen einem Grund und einer Entschuldigung?

Therapeut: Bei einem Grund ist er nach wie vor verantwortlich für sein Verhalten. Einen Grund für sein Verhalten zu finden bedeutet nicht, dass sie mit seinem Verhalten einverstanden sein müssen. Es bedeutet nur, dass sie es besser verstehen.

Mutter: Ich verstehe trotzdem immer noch nicht, wozu das gut sein soll.

Therapeut: Es hilft Ihnen, auf effektivere Art und Weise zu handeln. Wenn das, was Sie jetzt tun, nicht funktioniert, dann kann es vielleicht sein, dass Sie einen Grund hinter seinem Verhalten vermuten, der nicht richtig ist.

Mutter: Ich will nur, dass er meine Frage beantwortet. Ich bin nicht auf eine Umarmung aus. Ich bin noch nicht einmal auf ein Lächeln aus.

Therapeut: Hat er sie in den letzten Monaten angelächelt oder umarmt?

Mutter: Machen Sie Witze? Ich bin nur sein Dienstmädchen. Er sieht mich nur, wenn er etwas von mir will.

Therapeut: Wie ist das für Sie?

Mutter: Was glauben Sie, wie das für mich ist? Soll ich damit einverstanden sein?

Therapeut: Es tut mir leid, wenn ich den Eindruck vermittelt habe, dass Sie damit einverstanden sein sollten. Ich hatte den Eindruck, dass es Sie sehr stört, und würde gerne verstehen, wie sich das auf Sie auswirkt.

Mutter: Es macht mich wahnsinnig! Ich bin schließlich seine Mutter! Er sollte mich nicht so behandeln! Er sollte mich mit mehr Respekt behandeln!

Therapeut: Es sieht also so aus, als hätte er keinen Respekt vor Ihnen.

Mutter: Sieht es für Sie nicht danach aus?

Therapeut: Es kann ein Mangel an Respekt sein, aber ich weiß es nicht. Deshalb versuche ich, den Grund für sein Verhalten herauszufinden … es zu verstehen. Wenn er sich so verhält, weil er keinen Respekt vor Ihnen hat, was würde das für Sie bedeuten? *(Therapeut und Patientin besprechen mögliche Bedeutungen des Verhaltens ihres Sohnes und ihren Konflikt; die Patientin versucht jetzt mehr, sein Verhalten zu verstehen.)* Und Sie scheinen noch mehr Angst davor zu haben, dass er Ihren Traum nicht mit Ihnen teilt. Sie machen sich Sorgen, dass er vielleicht keine enge, lebenslange Beziehung zu seiner Mutter haben will.

Mutter: Warum will er das nicht?

Therapeut: Warum sind Sie sich sicher, dass er das nicht will?

Mutter: Er spricht nicht mit mir!

Therapeut: Und ich frage Sie noch einmal … was könnte der Grund dafür sein … was ist, wenn es nicht Respektlosigkeit ist? Was ist, wenn er zum Beispiel glaubt, dass Sie nicht stolz auf ihn sind … dass Sie nicht zufrieden mit dem jungen Mann sind, zu dem er sich entwickelt? Was ist, wenn er immer noch denselben Traum wie Sie hat, aber vielleicht fühlt, dass Sie diesen Traum nicht mehr haben?

Mutter: Warum sollte er? Warten Sie … vor ein paar Wochen hat er gesagt, dass ich nur will, dass er bestimmte Dinge erreicht, damit ich vor meinen Freundinnen und Nachbarn damit angeben kann. Dass ich nicht wirklich an seinen Vorlieben oder Wünschen interessiert bin. Aber das stimmt nicht! Das denke ich nicht.

Therapeut: Ann, er sagt, dass er Sie als Mutter sieht, die unzufrieden mit ihm als Mensch ist. Dass das, was er möchte, dass der Mensch, der er ist, nicht gut genug für Sie ist.

Mutter: Aber das stimmt nicht.

Therapeut: Ann, bitte, ich sage nicht, dass ich glaube, dass das, was er empfindet, Ihre Gefühle für ihn widerspiegelt. Was ich sagen will, ist, dass, wenn er es so empfindet, es leichter zu verstehen ist, warum er Ihnen zurzeit aus dem Weg geht. Er glaubt, dass Sie von ihm enttäuscht sind, und vielleicht ignoriert er sie und ist wütend auf sie, um dahinter seine Gefühle zu verstecken.

Mutter: Warum nimmt er mich so wahr, wenn ich ihn doch gar nicht enttäuscht von ihm bin?

Therapeut: Das weiß ich nicht. Haben Sie irgendwelche Ideen?

(Therapeut und Patientin besprechen, was sein Verhalten bedeuten könnte. Jede neue Möglichkeit macht den Weg frei für weitere Möglichkeiten, die zur Konfliktlösung und Verbesserung der Beziehung beitragen könnten.)

In diesem Gespräch bringt der Therapeut Ann wiederholt zu ihrer eigenen Erfahrung zurück, damit sie diese besser verstehen und sich nach und nach der Frage nach dem Hintergrund des Verhaltens ihres Sohnes stellen kann. Ohne Neugier wird die Bedeutung von Verhaltensweisen nicht ins Bewusstsein eindringen – weder in das der Eltern noch in das der Kinder. Mit der sicheren, akzeptierenden und nicht wertenden Haltung der Neugier bleibt das Gehirn der Eltern offen genug, um das Verhalten, das die Ursache des Problems ist, besser zu verstehen. Wenn sich Eltern nur auf die Bewertung und die Kontrolle des Verhaltens konzentrieren, werden Eltern mit blockierter Fürsorge, deren Gehirn sich im Überlebensmodus befindet, höchstwahrscheinlich nicht die Bandbreite an Fürsorgeverhalten wieder aufwecken können. Und wenn die Kinder nicht die Fürsorge ihrer Eltern erleben, werden sie sich nicht offen mit ihrem Verhaltensproblemen beschäftigen. Wenn die Kinder sich aber mit nicht wertender Neugier mit den Verhaltensproblemen beschäftigen, werden jegliche Veränderungen nur dann von Dauer sein, wenn die Eltern auch am Prozess beteiligt sind.

Empathie

Empathie ist die andere Seite eines spielerischen Umgangs. Wenn Babys ausgeruht, offen und aufmerksam sind, dann überwiegen überschwängliche, freudige und liebevolle Interaktionen mit den Eltern, die einen wunderbaren spielerischen Umgang zwischen beiden zum Ausdruck bringen. Sind Babys angespannt und gestresst, fangen sie an, sich unsicher zu fühlen und eine Abwehrhaltung einzunehmen, die nichts mehr mit dem eben noch erlebten glücklichen Austausch gemein hat. Die Interaktionen mit ihren Eltern sind jetzt von „Trost suchenden", „zielorientierten" Verhaltensweisen geprägt (Cassidy & Shaver, 2008). Wenn Eltern die Anspannung ihres Babys erleben und ihnen Empathie entgegenbringen, dem Baby also ihr Erleben seiner Anspannung vermitteln, dann sind die Bindungsverhaltensweisen des Babys wirksam gewesen, denn sie haben die

Aufmerksamkeit der Eltern geweckt und ihr Empathievermögen aktiviert. Das Baby wendet sich an seine Eltern, um sich sicher zu fühlen. Es will, dass sie ihn von seinem Stress befreien. Empathie vermittelt dem Baby, dass die Eltern sich seines Stresses bewusst sind, dass sie es nicht alleine lassen werden und dass sie ihm helfen werden, mit seinem Unbehagen umzugehen, wenn dieses nicht aufhören sollte. Durch die ständige und emotionsregulierte Gegenwart der Eltern kann sich das Baby von seinem stressigen Zustand erholen und sein Gleichgewicht wiederfinden. Die Angst machenden und wahrscheinlich sehr schmerzlichen Emotionen des Babys können besser reguliert werden, wenn die Eltern für das Baby da sind und ihm in seinen schwierigen Momenten mit Empathie begegnen.

Wenn Eltern und Baby spielerisch miteinander umgehen, regulieren und verstärken sie das gemeinsame Erleben positiver Emotionen. Mit Empathie regulieren und reduzieren Eltern und Baby das gemeinsame Erleben negativer Emotionen. Und beide Prozesse – der eine konzentriert sich auf Freude, der andere auf Trost – stärken sich gegenseitig und schaffen so eine gefestigte Beziehung, in der die gesamte Bandbreite der menschlichen Erfahrung Platz findet, ohne zu zerbrechen.

Der Aspekt der Empathie wird von Bereichen der rechten Hemisphäre gesteuert (Schore, 2003). Dadurch sind die jeweils rechten Hemisphären von Eltern und Babys im Einklang und können so gemeinsam mit den entstehenden intensiven Emotionen umgehen. Der orbitofrontale Cortex, die Inselrinde und der anteriore cinguläre Cortex, besonders auf der rechten Seite, sind alle beteiligt, wenn Eltern Empathie für ihre Kinder empfinden. Die Inselrinde hilft Eltern dabei, ein intuitives, von unten nach oben gesteuertes Gefühl für das Innenleben ihrer Kinder zu entwickeln, indem sie Informationen vom Herz, von der Lunge und den Eingeweiden (viszerales System) empfängt und zum orbitofrontalen Cortex und zum anterioren cingulären Cortex weiterleitet, die alle mit der Körpersprache der Kinder im Einklang stehen können. Von unserer Beschreibung der elterlichen Wärme und Empathie wissen Sie sicherlich noch, dass sich im orbitofrontalen Cortex, im anterioren cingulären Cortex und in der Inselrinde jene besonderen Von-Economo-Neuronen befinden, die nur in bestimmten Säugetieren vorkommen und für ein erhöhtes Bewusstsein der Emotionen der eigenen Person und des anderen sorgen. Spiegelneuronen tragen ebenfalls zur Empathie bei, indem sie Ausgangsinformationen an den anterioren cingulären Cortex weiterleiten, in dem bewusst empathische Gefühle wahrgenommen werden. Wenn der anteriore cinguläre Cortex entdeckt, dass etwas mit dem Kind „nicht stimmt", löst er die „O-Nein-Reaktion" aus, damit die Eltern dem Kind noch mehr Aufmerksamkeit schenken können. Empathie verbindet sich schließlich mit dem Prozess der *Mentalisierung,* einer eher linksseitigen kognitiven Art des Verständnisses von kindlichen Erfahrungen. Das elterliche Gehirn verbindet die intuitive, von unten nach oben gesteuerte Abstimmung auf die unmittelbare Erfahrung des Kindes mit den höheren Gehirnprozessen, die am Nachdenken über das beteiligt sind, was im „Kopf" des Kindes vor sich geht.

Das ist das elterliche Kinddeutungssystem auf Hochtouren. Es fördert sowohl reflexive Prozesse, mit deren Hilfe Eltern die Erfahrung ihrer Kinder besser verstehen, als auch eine emotionale Komponente, durch die Eltern die emotionalen Zustände und Absichten ihrer Kinder erspüren können. Es überrascht daher nicht, dass Empathie, in einem breiten Sinn, beide Merkmale beinhaltet: Empathie aktiviert das aus orbitofrontalem Cortex, Inselrinde und anteriorem cingulärem Cortex bestehende System, das als Brücke zu den höheren Funktionen des Bewusstseins dient, und sie aktiviert die Prozesse der Bedeutungsfindung. Wenn die Empathiesysteme der Eltern „eingeschaltet" sind, dann ist das intelligente Vagus-System „eingeschaltet" und sorgt dafür, dass Eltern in diesem offenen, aufmerksamen, empathischen Geisteszustand bleiben. In diesem Zustand haben Eltern, ohne es zu wissen, einen „Fuß" auf der Amygdala, um das Selbstschutzsystem auszubremsen. Kinder erleben ihre Eltern dann als auf sie abgestimmt, als Menschen, die nachempfinden können, was sie fühlen und sie verstehen. Sie sind an ihrer Seite und vermitteln ihnen hoffentlich dic Zuversicht, dass sie die Situation gemeinsam angehen und lösen werden.

Beispiel:

Junge *(sechs Jahre alt):* Ich will spielen!

Mutter: Ich weiß, dass Du spielen willst! Und es ist jetzt so schwer, dass Du ins Bett musst!

Junge: Ich will aber nicht! Ich will weiterspielen!

Mutter: Ich weiß, ich weiß. Es gefällt Dir überhaupt nicht, dass Du jetzt ins Bett musst!

Junge: Nein! Ich will nicht ins Bett!

Mutter: Es ist so schwer, mit dem Spielen aufzuhören. Richtig schwer. Wir müssen uns deshalb ein besonders schönes Buch für unsere Gutenachtgeschichte aussuchen. Das hilft vielleicht.

In diesem Beispiel besteht die Hauptantwort der Mutter aus Empathie für ihren Sohn und seine Wut, ins Bett gehen zu müssen. Seine Gedanken auf eine Gutenachtgeschichte umzulenken ist weitaus effektiver, wenn die Mutter zuerst seinen Wunsch, nicht ins Bett gehen zu wollen, anerkannt hat.

Beispiel:

Mädchen *(neun Jahre alt):* Nichts mache ich richtig! Ich bin so dumm!

Vater: Du bemühst dich so sehr und verstehst es nicht! Das ist so schwer!

Mädchen: Nichts mache ich richtig!

Vater: Ach, Schatz, das muss schrecklich für dich sein, dass es so aussieht, als ob Du nichts richtig machen kannst.

Mädchen: Ich kann's einfach nicht und das wird sich nie ändern!

Vater: Es tut mir so leid, dass das für dich jetzt so aussieht. *(Umarmt sie.)*

In diesem Beispiel versucht der Vater nicht, die Meinung seiner Tochter über ihre Fähigkeiten zu ändern. Sie ist sehr unglücklich über ihre Unfähigkeit, bestimmte Dinge tun zu können, und ihre damit verbundene Sichtweise der eigenen Person. Der Vater begegnet ihr daraufhin mit

Empathie, um ihr dabei zu helfen, ihre negative Emotion zu regulieren. Weil ihre Emotion nicht extrem ist, sondern gemäßigt bleibt, wird sie aufgrund ihrer eigenen reflexiven Fähigkeiten in der Lage sein, das große Ganze zu sehen und sich an ihre Gesamtfähigkeiten und Erfolge zu erinnern. Sie davon zu überzeugen, dass sie mehr kann, als sie im Moment glaubt, wird möglicherweise auf Widerstand stoßen und keinen Einfluss auf sie haben, noch wird es ihr helfen, ihre negativen Gefühle in die richtige Bahn zu lenken. Nachdem sie die Empathie ihres Vaters erlebt hat, kann sie sich eher offen seinem ruhigen Nachdenken über einige ihrer kürzlichen Erfolge stellen – Erfolge, an die sie sich in diesem Augenblick nicht mehr erinnern kann.

Wie Empathie im Therapieraum eingesetzt werden kann

Wenn Eltern blockierte Fürsorge erleben, neigen sie eher dazu, wenig Empathie für ihre Kinder zu empfinden. Da sie nicht imstande sind, eine positive, wechselseitige und befriedigende Beziehung zu ihren Kindern zu unterhalten, werden die Annäherungs- und Belohnungssysteme der Eltern unterdrückt und die Eltern fangen letzten Endes an, sich aus einer wertenden, kritischen Haltung heraus auf das Verhalten der Kinder zu konzentrieren. Und wenn dieser Ansatz nicht zum Ziel führt, werden sie wahrscheinlich selber mehr und mehr in die Defensive gehen und die Situation als Misserfolg erleben und sowohl Verbitterung gegenüber ihren Kindern als auch Scham und Zweifel gegenüber sich selber erleben. Elterliche Empathie erfordert dagegen eine offene Empfänglichkeit, die negativen Gefühle der Kinder zu erleben. Wenn Eltern sehr unter Stress stehen, gibt es eine solche Offenheit nicht. Trotz guter Absichten fällt es Eltern in einem solchen Fall sehr schwer, ihre Kinder aufgeschlossen zu erleben. Sie konzentrieren sich hauptsächlich auf Verhaltensweisen zum Selbstschutz und ein einziges Ziel: das Verhalten ihrer Kinder zu ändern.

So wie auch schon bei den anderen SANE-Komponenten sind Eltern, wenn sie von blockierter Fürsorge betroffen sind, sehr wahrscheinlich nicht in der Lage, die Empathie ihres Therapeuten oder ihrer Therapeutin für sie zu erleben. Sie sind nicht empfänglich für die Erfahrung ihres Therapeuten, denn sie rechnen mit seiner Bewertung ihres Verhaltens und werden distanziert und vorsichtig, um sich dagegen zu wappnen. Sie fühlen sich nicht sicher und übersehen die Empathie des Therapeuten für ihre Probleme als Eltern oder sind ihr gegenüber skeptisch eingestellt. Die Abwehrhaltung der Eltern dient dazu, sich selbst vor der Verletzlichkeit zu schützen, die aus ihrem Versagen als Eltern entsteht. Empathie lädt sie ein, Verletzlichkeit zu zeigen, und sie lehnen verständlicherweise eine solche Einladung ab. Zu diesem Zeitpunkt in der Eltern-Therapeut-Beziehung befindet sich das elterliche Gefahrenerkennungssystem – das von der Amygdala angetriebene Wachsamkeitssystem – in höchster Alarmbereitschaft und es ist bereit, die kleinsten Anzeichen von Bewertung und Entwertung durch den Therapeuten zu entdecken. Und weil die Amygdala so empfindlich auf nonverbale Kommunikation reagiert, auf das Hochziehen einer Augenbraue, den Wechsel der Blickrichtung, die subtile Veränderung in der Stimme des Therapeuten, fällt es den Eltern sehr schwer, sich in seiner Nähe sicher zu fühlen. Die Eltern erhalten oft einen „falschen Alarm", auch dann, wenn der Therapeut sich bemüht, ein sicheres Umfeld zu schaffen.

Wenn der Therapeut bei Eltern mit blockierter Fürsorge keine Empathie empfindet und vermittelt, sondern sich stattdessen für einen rationalen Ansatz zur Problemlösung entscheidet, werden die Eltern den Therapeuten möglicherweise als jemanden wahrnehmen, der auf Distanz geht und Kritik an ihnen üben wird. Viele Eltern werden im Wesentlichen an diesem frühen Punkt die Therapie beenden. Um dem vorzubeugen, muss der Therapeut sanft, aber beharrlich eine empathische Haltung vermitteln, auch wenn viele Eltern einer solchen Haltung am Anfang misstrauen werden und sie nur schwer ertragen können. Wenn Eltern die Empathie des Therapeuten nicht ernst nehmen, muss der Therapeut ihre Reaktion akzeptieren und diese danach neugierig und wertfrei erkunden. Wenn Eltern nicht glauben, dass der Therapeut Empathie für sie empfindet, muss der Therapeut auch diese Reaktion akzeptieren und sich dann fragen, warum sie ihm nicht glauben. Mit Hilfe von Akzeptanz und Empathie gelingt es dem Therapeuten, den Eltern langsam und sanft Sicherheit zu vermitteln, während sie seine Empathie erleben. (Wie oben bereits erwähnt, sind die

SANE-Komponenten häufig sehr miteinander verflochtene Aspekte einer einzigen einheitlichen, intersubjektiven Erfahrung.)

Während Eltern die Empathie des Therapeuten erleben, sind sie mit der Zeit in der Lage, sämtliche Emotionen zu regulieren, die mit den Schwierigkeiten zwischen ihnen und ihren Kindern assoziiert werden. Solche Emotionen können Angst, Traurigkeit, Wut oder Scham sein. Sobald Eltern ihre Reaktion auf diese Emotionen regulieren können, sind sie besser imstande, sich sicher zu fühlen und den Situationen, die sie mit ihren Kindern erleben, auf den Grund zu gehen. Kurz gesagt, ihre reflexiven Fähigkeiten sind aktiviert und sie benutzen sie. Gleichzeitig sind sie in der Lage, mehr Empathie für sich selber und letztendlich für ihre Kinder zu empfinden. In ihrem Gehirn öffnen sich Pfade zu höheren Funktionen. Die Blockade, die diese Funktionen bisher unterdrückt hat (einschließlich der Fähigkeit zur Empathie), wird entfernt. Die Beziehung zwischen Eltern und Therapeut ist, um einen Satz eines führenden auf Trauma spezialisierten Therapeuten zu verwenden, dabei, den präfrontalen Cortex im elterlichen Gehirn aufzuwecken (Ogden, Minton & Pain, 2006).

Beispiel: In dem folgenden Gespräch fühlt sich die Mutter (Linda) überwältigt von den ständigen Auseinandersetzungen und Trotzreaktionen ihrer elfjährigen Tochter Julie. Linda hat angefangen, ihrer Tochter aus dem Weg zu gehen und sich hauptsächlich auf die Durchsetzung von Regeln und Routineaktivitäten zu Hause zu konzentrieren und nur dann mit Julie zu kommunizieren, wenn sie nicht das tut, was sie tun sollte. Julie kommuniziert mit Linda, um die Regeln in Frage zu stellen und ihr Missfallen über Lindas Entscheidungen zum Ausdruck zu bringen. Linda empfindet keinerlei Freude und Befriedigung an ihrer Rolle, die sie sich als Mutter einer Jugendlichen anders vorgestellt hatte. Der Therapeut (Jim) konzentriert sich darauf, Empathie für ihre negativen Gefühle zu empfinden und ihr diese zu vermitteln.

Mutter: Sie lässt mich einfach nicht in Ruhe. Meckern, meckern und nochmals meckern. Das ist alles, was sie tut.

Therapeut: Sie möchten einfach eine Pause von den Auseinandersetzungen und sie fordert Sie heraus. Sie wollen einfach Ihre Ruhe haben!

Mutter: Ich sage ihr, dass sie mich in Ruhe lassen soll und dass wir später darüber reden. Sie redet jedoch weiter und ich verlasse das Zimmer … und sie läuft mir hinterher!

Therapeut: Es ist so, als ob Sie in Ihrem eigenen Haus in der Falle säßen! Sie haben keine Möglichkeit, sich ein wenig auszuruhen, durchzuatmen und sich dann zu überlegen, wie Sie die Situation mit Ihrer Tochter regeln. Sie können noch nicht einmal ein wenig entspannen!

Mutter: Was soll ich tun? Die Tür verriegeln? Sie wird dann wahrscheinlich versuchen, die Tür einzutreten! Sie würde mich dazu bringen, die Tür zu öffnen, nur um sie davon abzuhalten, die Tür einzutreten!

Therapeut: Wie schwer das für Sie sein muss! Sie können sich in Ihrem eigenen Haus … mit Ihrem eigenen Kind nicht sicher fühlen. Wie eine Gefangene im eigenen Haus – was für ein Gefühl der Hoffnungslosigkeit das in Ihnen auslösen muss.

Mutter: Was soll ich tun?

Therapeut: Bevor ich Ihnen Lösungsvorschläge vorstelle, könnten wir noch etwas länger über die Auswirkungen sprechen, die diese Situation mit Ihrer Tochter auf Sie hat?

Mutter: Ich weiß, welche Auswirkungen das auf mich hat! Es macht mich wahnsinnig! Ich will einfach nur wissen, was ich tun soll! Das würde mir mehr helfen, als darüber zu sprechen, wie schwer die Situation für mich ist!

Therapeut: Und jetzt sind Sie frustriert, weil ich Ihnen keine Lösungsvorschläge unterbreitet habe.

Mutter: Ja, denn aus diesem Grund bin ich bei Ihnen! Ich möchte konkrete Vorschläge, wie ich die Situation mit Julie verbessern kann!

Therapeut: Ich befürchte nur, Linda, dass es nicht funktionieren wird, wenn ich Ihnen jetzt Vorschläge mache. Das wäre dann sehr unfair Ihnen gegenüber … ein weiterer Misserfolg. Ich befürchte, dass Sie dann noch mehr den Mut verlieren würden.

Mutter: Wenn Sie mir nicht sagen, was ich tun soll, warum bin ich dann hier?

Therapeut: Im Moment möchte ich Sie gerne etwas besser kennenlernen. Ich möchte wissen, wie diese sehr schwere Zeit in Ihrem Leben Sie beeinflusst – als Mutter, als Ehefrau und als Mensch. Ich möchte „begreifen", wie es für Sie ist, zumindest ein bisschen.

Mutter: Ich habe noch nie mit etwas Schlimmerem im Leben umgehen müssen! Mir graut davor, jeden Morgen aufzustehen. So – wollten Sie das hören?

(Das Gespräch wird fortgesetzt. Der Therapeut gibt der Mutter jedoch keine Ratschläge, sondern schafft zuerst eine Basis der Empathie, die notwendig ist, damit seine Ratschläge später überhaupt erfolgreich sein können.)

Therapeut: Wenn ich Sie nicht davon überzeuge, dass ich verstehe, dass diese Erfahrung zu den schwierigsten in Ihrem Leben zählt, dann wird nichts von dem, was ich sage, Ihnen die Zuversicht geben, dass es besser werden wird.

Mutter: Vielleicht werden Sie es nie verstehen.

Therapeut: Bitte geben Sie mir eine Chance. Helfen Sie mir zu verstehen, wie schwer das für Sie im Moment ist!

Mutter: Ich bin seit elf Jahren ihre Mutter. Mein Leben hat sich nur um sie gedreht! Ich habe sie in meinen Armen gehalten, als sie ein Baby war! Und immer mit ihr gespielt, als sie zwei und drei und vier Jahre alt war. Und ihr gezeigt, wie aus ihr ein junges Mädchen wird! Manchmal habe ich so viel Liebe für sie empfunden, dass ich geweint habe. Ich wusste vorher nicht, wie es ist, jemanden so sehr zu lieben, wie ich sie geliebt habe. Und sie hat mich auch geliebt! Sie hat mich auch geliebt! Sie war immer so glücklich, wenn wir Zeit miteinander verbracht haben. Sie hat mir Sachen gebracht. Sie wollte, dass ich sie die ganze Zeit trage, und mit mir im Bett kuscheln. Und jetzt will sie all das nicht mehr! Das ist vorbei. Jetzt bin ich eine Fremde für sie. Ich bin jemand, den sie noch nicht einmal mag! *(Fängt an zu weinen.)*

Therapeut: Liebe, die so groß ist, dass Sie geweint haben. Liebe, die Sie nie zuvor so empfunden haben. Und jetzt scheint es vorbei zu sein … Julie scheint Ihre Liebe nicht mehr zu wollen und Sie nicht mehr zu lieben. Wie schmerzlich das sein muss.

(Langsam fangen Therapeut und Mutter an, den durch die Zurückweisung der Tochter ausgelösten Schmerz zu erkunden. Die Mutter drückt ihr Leid offener aus, fühlt sich jedoch nicht wohl dabei, ihre Verletzlichkeit so offen darzulegen.)

Mutter: Sie denken nicht, dass ich mir nur selber leidtue?

Therapeut: Dass Sie sich nur selber leidtun? Sie trauern um den Verlust dieser so besonderen Beziehung, die Sie jahrelang mit Julie hatten. Und Sie erleben die schreckliche Angst, dass diese Beziehung vielleicht für immer vorüber ist. Und Sie machen sich Sorgen, dass Ihre Trauer und Ihre Angst Zeichen von Schwäche sind?

Mutter: Ich sollte stärker sein.

Therapeut: Ich sehe Sie als sehr starke Frau. Sie gehen mit diesem Schmerz um, Sie haben sich mir anvertraut und Ihre Verletzlichkeit gezeigt, während Sie die schwierigste Situation in Ihrem Leben durchmachen. Ich sehe Ihre Stärke. Sie sind stark, weil Sie nicht so tun, als ob Sie das alles nicht mitnehmen würde. Sie tun nicht so, als ob Sie Mutter sein könnten, ohne etwas dabei zu fühlen. Ohne verletzlich zu sein. Ohne Liebe zu empfinden.

Mutter: Sie haben Angst erwähnt. Und meine Angst ist am schlimmsten. Eines Tages werde ich Julie vielleicht nicht mehr lieben. Wenn das passieren sollte, würde ich nicht mehr leben wollen.

Therapeut: Wie ich bereits gesagt habe ... Sie sind so mutig, mit dieser Angst umzugehen ... und all dem Schmerz, der mit dieser Angst einhergeht ... und trotzdem tun Sie es ... weil Sie Ihre Tochter so sehr lieben.

Mutter: Was ist, wenn ich es nicht mehr tun kann?

Therapeut: Weil Sie die Mutter sind, die Sie sind, glaube ich nicht, dass Sie jemals aufhören werden, Ihre Tochter zu lieben und sich um sie zu kümmern. Sie werden sich ihr vielleicht nicht nahe fühlen, Sie werden sich ihr vielleicht überhaupt nicht verbunden fühlen, aber in Ihrem Inneren wird es immer Liebe geben. Und irgendwann in der Zukunft – wann wissen wir nicht – werden Ihre Gefühle wieder stärker werden. Sie werden diese intensive Liebe wieder empfinden.

Mutter: Glauben Sie das wirklich?

Therapeut: Ja, das glaube ich.

In diesem Beispiel versucht der Therapeut geduldig und beharrlich, Empathie für Linda zu empfinden und ihr diese Empathie entgegenzubringen, damit sie den Schmerz und die Verwirrung uneingeschränkter erleben kann, die sie angesichts der größer werdenden Distanz und der Konflikte in ihrer Beziehung zu ihrer Tochter erlebt. Der Therapeut ist überzeugt, dass Linda, wenn er ihr jetzt Verhaltensstrategien vorschlägt, sehr wahrscheinlich nicht motiviert sein wird, sie eine Zeit lang auszuprobieren, wenn diese keine unmittelbaren Erfolgserlebnisse zeigen. Es ist außerdem eher unwahrscheinlich, dass der Therapeut ihr überhaupt angemessene Verhaltensstrategien vorschlagen kann, denn er kennt die Ursache für die Konflikte und die Distanz zwischen Linda und ihrer Tochter nicht. Dadurch, dass Linda sich selber erlaubt, die Empathie des Therapeuten für ihren Schmerz zu erleben, wird sie eher die Kraft finden, ihren Schmerz noch einmal, diesmal gemeinsam mit ihm, zu erleben. Und dadurch wird sie eher bereit sein, daran zu arbeiten, die Konflikte – in seiner Gegenwart und mit seiner Hilfe – mit Hilfe einer offenen und neugierigen Haltung zu verstehen. Während dieses Prozesses kann Linda besser sämtliche entstehenden Emotionen und Gefühle akzeptieren, statt sich auf das zu konzentrieren, was sie oder ihre Tochter denken, fühlen oder tun *sollten.* In diesem Moment benutzt sie ihr elterliches Gehirn weitaus uneingeschränkter als vorher und kann sich jetzt der Aufgabe widmen, wieder eine Verbindung zu ihrem Kind herzustellen.

Affektiver/reflexiver Dialog

Als wir Ihnen die vier Komponenten (SANE) der intersubjektiven Erfahrung vorgestellt haben, haben wird dies wiederholt in Form von Dialogen getan. Indem wir die Beziehung zwischen Eltern und Kind hervorgehoben haben, haben wir die zentrale Aufgabe der Kommunikation hervorgehoben. Kommunikation soll Sicherheit vermitteln und ein neues Verständnis fördern, so dass sich die Beziehung dann auf tiefere und umfassendere

Weise entwickeln kann. *Kommunikation* ist weitaus mehr als „nur zu reden", womit einfach nur Vorträge und Wissensvermittlung gemeint sein können. Zur Kommunikation gehören nonverbale und verbale Komponenten, die ein Was und ein Wie enthalten: *Was* wird kommuniziert und *wie* wird es kommuniziert? In einem Gespräch zwischen Eltern und Kind werden die tiefsten und persönlichsten Bedeutungen auf nonverbale Weise vermittelt, durch die Prosodie der Stimme (Modulation und Rhythmus), Gesichtsausdrücke, Blicke, die immer wieder einen flüchtigen Kontakt herstellen, und Gesten und Bewegungen.

Die Art von Kommunikation, die wir beschreiben, umfasst den Gebrauch, die Entwicklung und die Vernetzung der fünf Systeme des elterlichen Gehirns. Diese Art von Kommunikation ermöglicht sowohl die Emotionsregulation als auch die reflexive Funktionsweise in Eltern und Kindern. An ihr sind die SANE-Komponenten beteiligt (meist mehrere Komponenten gleichzeitig). Wir bezeichnen diese Art des Kommunizierens als *affektiven/reflexiven Dialog*. Durch Übung wird durch diese Form der Kommunikation, die die interagierenden Gehirne der Eltern und Kinder entwickelt und stärkt, die Eltern-Kind-Beziehung erstaunlich verbessert.

Der hier von uns beschriebene affektive/reflexive Dialog ist in den verschiedenen Dialogbeispielen in diesem Kapitel zu finden. Unserer Erfahrung nach ist der affektive/reflexive Dialog (mit den in ihm eingebundenen SANE-Komponenten) die direkteste Möglichkeit, die Funktionsweise des auf soziale Kontakte ausgerichteten Systems zu aktivieren und aufrechtzuerhalten. Das intelligente Vagus-System ermöglicht und fördert die Art der offenen und aktiven Elternschaft, die wir im gesamten Buch befürworten, und erhält durch einen affektiven/reflexiven Dialog kräftige Unterstützung. Innerhalb eines solch spezialisierten Dialogs können unsere Emotionen unser Denken und unser Denken unsere Emotionen beeinflussen. Innerhalb dieser Form der Kommunikation nähern wir uns eher der anderen Person an (elterliches Annäherungssystem) und genießen unser Zusammensein mit dem anderen Menschen (elterliches Belohnungssystem). Wir sind eher in der Lage, uns klar auszudrücken und die vom anderen vermittelten emotionalen Bedeutungen zu verstehen. Wir können besser die Signale des anderen deuten (elterliches Kinddeutungssystem) und sind eher imstande, die Beziehung als bedeutungsvoll wahrzunehmen (elterliches Bedeutungsfindungssystem). Und schließlich sind wir innerhalb eines derartigen Dialogs eher ganz und gar gegenwärtig, dem anderen gegenüber offen und befinden uns in einem ausgeglichenen Zustand, der als intersubjektive Achtsamkeit bezeichnet werden könnte, in einem Zustand, der unsere höchsten Hirnregionen mit unserem von unten nach oben verlaufenden affektiven Kern verknüpft. Diese Verknüpfung ermöglicht es uns, das Einzigartige des anderen und der Situation zu erleben und eine flexible, „am besten geeignete" Antwort auf den anderen einzuleiten, indem wir unsere exekutiven Fähigkeiten bei Bedarf anwenden, um im „richtigen" Geisteszustand zu bleiben (elterliches Exekutivsystem).

Wenn wir mittels eines affektiven/reflexiven Dialogs miteinander kommunizieren, enthält unser Gespräch eine starke Komponente des Geschichtenerzählens. Das heißt, wir halten weder einen Vortrag noch vermitteln wir Informationen. Wir vermitteln emotionale, soziale und historische Bedeutungen, die unser Innenleben widerspiegeln und es uns ermöglichen, uns sicher zu fühlen und offen und empfänglich für das Innenleben des anderen zu sein. Innerhalb eines derartigen Dialogs ist unsere Stimme rhythmisch und moduliert und gibt die subtilen, einzigartigen Bedeutungen des Selbst und des anderen ausdrucksstark und auf eine Weise wider, die die Worte selber so nicht ausdrücken können. Mit einem solch reichen Tonfall, mit einer verstärkten affektiven Betonung und einer sanften Einstellung des Staunens sind wir eher in der Lage, an unserem Gegenüber und am Gespräch selber interessiert zu sein. In derartigen Dialogen sind beide Teilnehmer aufmerksam, während sie sicher die Innenwelt ihres Gegenübers erkunden. In derartigen Dialogen ist Ihr Kind Ihrem (sanften oder starken) Einfluss gegenüber aufgeschlossener und Sie sind aufgeschlossener, sich von dem beeinflussen zu lassen, wie Ihr Kind seine Erfahrungen der Welt (einschließlich der Welt, die es mit Ihnen teilt) zum Ausdruck bringt. Dieser Grad des offenen Austauschs findet nicht statt, wenn Sie einen Vortrag halten.

Die Eigenschaften von SANE sind häufig in einem affektiven/reflexiven Dialog zu finden. Sie empfinden stille oder überschwängliche Freude am Erfahrungsaustausch mit Ihrem Kind, auch wenn Meinungsverschiedenheiten bestehen. Sie haben ein vorrangiges Gefühl der Akzeptanz der

Erfahrung Ihres Kindes, auch wenn Sie mit seinem Verhalten nicht einverstanden sind. Das tiefe und vollständige Verständnis der Bedeutung der Gedanken, Emotionen, Wünsche und Verhaltensweisen Ihres Kindes hat Vorrang für Sie. Die Bewertung seines Verhaltens ist weitaus weniger wichtig für Sie. Sie interessieren sich aufrichtig für Ihr Kind und seine Welt und Ihr Interesse an ihm ist das Ergebnis Ihrer Faszination für den Menschen, der Ihr Kind ist und zu dem es sich entwickelt. Schließlich sind Sie eher in der Lage, die Erfahrung Ihres Kindes emotional so zu erleben, dass Ihr Kind fühlt, dass es „gefühlt" wird, wie Dan Siegel diesen Aspekt der Interpersonellen Neurobiologie so wunderschön beschreibt (Siegel, 1999). Und das ist Empathie. Wenn Sie Empathie für Ihr Kind empfinden, werden Ihre Interaktionen statt durch Macht und Autorität durch Mitgefühl und Verständnis bestimmt sein. Wenn Ihr Kind Ihre Empathie erlebt, wird es eher Ihre Sichtweise und Führung akzeptieren, denn es weiß, dass Sie es sehen und verstehen und wirklich sein bestes Interesse im Auge und im Herzen haben.

Zusammenfassung

Wenn Eltern daran arbeiten, alle SANE-Komponenten zu aktivieren, können sie alle fünf Systeme eines achtsamen Eltern-Seins Realität werden lassen. Wenn Eltern SANE und einen affektiven/reflexiven Dialog üben, können sie bewusst mehr Einfluss auf die Funktionsweise ihres Gehirns erlangen. In Momenten des Stresses und der Frustration, wenn die Amygdala und das limbische System „es alleine schaffen" wollen, hilft das Praktizieren von SANE Ihnen, von einer Abwehrhaltung und blockierter Fürsorge zurückzutreten und die Systeme zu benutzen, die Ihre emotionalen Reaktionen steuern. Und es erlaubt es Ihnen, über das Geschehen nachzudenken, um so wieder offener und flexibler zu werden.

Und diese gute Nachricht wird noch besser: Je mehr Sie SANE praktizieren und alle fünf Systeme des elterlichen Gehirns benutzen, desto stärker werden diese Systeme und desto stärker werden deren Verbindungen untereinander. So wie es auch auf andere Körperteile zutrifft, verbessern sich Funktionsweise und Struktur Ihres Gehirns, wenn Sie es benutzen. Es geht nicht nur darum, „es zu benutzen oder seine Funktion zu verlieren“. Eine passendere Beschreibung wäre „es zu benutzen, um seine Funktion zu verbessern“. Wir glauben, dass SANE und ein affektiver/reflexiver Dialog genau das tun. In den nächsten beiden Kapiteln werden wir uns eingehender mit den beiden sehr ähnlichen Komponenten der *Emotionsregulation* und der *reflexiven Kompetenz* beschäftigen.

5 Die Emotionsregulation meistern

Als Peter geboren wurde, war sein Vater Jim überglücklich. Auf dem Nachhauseweg fuhr er falsch in Einbahnstraßen hinein, weil er so mit seinen intensiven Empfindungen als frischgebackener Vater beschäftigt war. Seine Liebe für Peter war vom ersten Moment an da und allumfassend. Jetzt war Peter 13 Jahre alt und testete auf seiner Suche nach Männlichkeit und Unabhängigkeit seine Grenzen aus. Eines Abends kam Jim nach einem langen Arbeitstag nach Hause und hatte einen heftigen Streit mit Peter, der damit endete, dass Peter, vollkommen frustriert, schrie: „Du kapierst es einfach nicht. Als Vater bist Du echt beschissen." Jim, den normalerweise nichts so leicht aus der Ruhe brachte, fühlte Ärger in sich hochsteigen, der sich sehr schnell in rasende Wut verwandelte. Peter rannte nach oben und Jim rannte ihm mit zu Fäusten geballten Händen bis in sein Zimmer hinterher. Als er jedoch sah, dass Peter vor Angst auf dem Rand seines Bettes kauerte, verflog seine Wut sofort. Er hatte seinen Sohn vorher schon verängstigt gesehen, aber in solchen Situationen war nie er der Auslöser der Angst gewesen. Als sie sich umarmten, fingen beide an zu weinen.

Eltern zu sein ist ein sehr emotionaler Vorgang. Unsere Liebe für unsere Kinder durchzieht unsere Gedanken, Wünsche, Motivationen, Sorgen, Träume, Vorstellungen und Handlungen über Jahre hinweg. Liebe steht häufig im Vordergrund unserer Erfahrung, in der Freude und Enthusiasmus, Begeisterung und Stolz, Zärtlichkeit und Mitgefühl aufeinandertreffen. Die Bedeutung, die wir in einem solch liebenden Geisteszustand schaffen, ist positiv und voller Hoffnung. Zu anderen Zeiten steht der emotionale Ton unserer Liebe dagegen im Hintergrund, wenn der Stress der Elternrolle andere natürliche Emotionen erzeugt wie Wut, Abscheu, Angst, Traurigkeit und Scham. Die Bedeutung, die wir in solchen Gefühlszuständen erzeugen, unterscheidet sich sehr von der Bedeutung, die aus einem liebevollen Geisteszustand heraus erwächst. Unsere Elternrolle führt uns an emotionale Orte, die wir vielleicht vorher noch nie aufgesucht haben. Und das ist eines der kostbaren Geschenke unserer Kinder. Jeder emotionale Zustand, in den wir uns begeben, bringt unterschiedliche Handlungstendenzen und Denkweisen mit sich, unterschiedliche Möglichkeiten, Sinn in unseren Erfahrungen mit unseren Kindern zu finden. Ein Hirnforscher würde sagen, dass die Bedeutungsfindung „zustandsspezifisch" ist, das heißt, die Bedeutungsfindung ist mit dem Geisteszustand verknüpft, in dem wir uns zur Zeit der Bedeutungsbestimmung befinden. Unsere Gefühle und unsere Gedanken sind sehr eng miteinander verbunden.

Unsere Kinder müssen das Gefühl haben, dass sie uns wichtig sind, wenn sie bei uns sind und wenn sie nicht bei uns sind und wir nur an sie denken. Das Ziel der Emotionsregulation besteht darin, unsere Gefühle nicht zu blockieren, damit wir unsere Kinder nicht nur mit „kalter Vernunft" erziehen. Ziel ist es, unsere Kinder mit „warmer Vernunft", mit „emotionskundiger Vernunft" ins Leben zu begleiten (Damasio, 1996). Glücklicherweise ist unser Gehirn so konzipiert, dass unsere Gefühle in Gedanken übersetzt werden, damit wir gute Entscheidungen treffen können – Entscheidungen, die durch unsere Empathie und Intuition beeinflusst werden. Je mehr wir imstande sind, unserer Erfahrung als Eltern gegenüber offen zu bleiben, desto besser kann unser Gehirn emotionale und kognitive Prozesse miteinander verbinden und affektive und reflexive Funktionen miteinander vernetzen.

Es ist keine Übertreibung, zu sagen, dass die größte Herausforderung für uns als Eltern darin besteht, unsere Emotionen zu regulieren, die Intensität der gesamten Palette menschlicher Gefühle zu spüren, ohne die Verbindung zu unseren Kindern zu zerstören oder unsere Kinder zu verletzen. Diese Fähigkeit, Dinge zutiefst zu fühlen und gleichzeitig nicht den Bezug zur Realität zu verlieren und über ein ausreichendes Gewahrsein zu verfügen, Dinge nicht zu tun oder zu sagen, die die Eltern-Kind-Beziehung ernsthaft gefährden könnten, ist auch mit einem reifen, gesunden Gehirn sehr schwer. Diese Fähigkeit, sich in solchen „heißen" Momenten seines gesunden Menschenverstandes zu bedienen, ist das Merkmal eines reifen Gehirns. Der Mangel an Hirnreife ist der Grund, warum Jugendliche, die so gut mit „kalten Kognitionen" umgehen, das heißt, die genau wissen, was in heißen Situationen zu tun ist, oft dieses Wissen nicht in die Tat umsetzen können, wenn sie sich dann in einer heißen Situation befinden. Darüber hinaus ist ein gestresstes Gehirn ein Risikofaktor für blockierte Fürsorge, da Stress die Fähigkeit, mit heißen Momenten gut umzugehen, verhindern kann.

Weil Stress direkt zu einer Beeinträchtigung der Funktionsweise führt, ist es wichtig, dass Sie lernen, mit Ihrem Stress umzugehen und Ihr Gehirn gesund zu halten. Es ist auch wichtig, dass Sie daran arbeiten, Ihre Fähigkeit zu verbessern, heiße Situationen handzuhaben, zu „fühlen und damit umzugehen", also Ihre emotionale Intelligenz (EQ) zu steigern. Sie können Ihren „EQ" im Grunde steigern, indem Sie sich bemühen, Ihre Selbstregulation zu verbessern und Reflexion zu praktizieren. Die gute Nachricht ist, dass Sie durch das Praktizieren von Emotionsregulation Ihr Gehirn verändern können und tatsächlich die Regionen und Verbindungen stärken, die Sie benutzen, um auf die Bremse zu treten, einen Schritt von Ihren Autopilot-Reaktionen zurückzutreten und über das Geschehen nachzudenken. (Diese bewusste Anstrengung zur Verbesserung der Funktionsweise des Gehirns wird als *selbst gesteuerte Neuroplastizität* bezeichnet.) Dieses Abbremspotential hängt in hohem Maße von Ihrem Exekutivsystem ab, welches wiederum in hohem Maße von Ihrem präfrontalen Cortex abhängt.

Der präfrontale Cortex ist von zentraler Bedeutung sowohl für die Emotionsregulation (das Hauptthema dieses Kapitels) als auch die reflexive Kompetenz (das Hauptthema des nächsten Kapitels). Die tiefer liegenden

Bereiche des präfrontalen Cortex sind wesentlich an der Regulierung von Emotionen beteiligt, die vom limbischen System gebildet werden, während seine höher gelegenen Bereiche für die reflexive Kompetenz zuständig sind. Sowohl die tiefer als auch die höher gelegenen Bereiche des präfrontalen Cortex arbeiten gemeinsam mit dem anterioren cingulären Cortex, der sich direkt neben dem präfrontalen Cortex befindet. Wie Sie sich vielleicht erinnern, fungiert der anteriore cinguläre Cortex als Gehirnbrücke zwischen den tieferen und höheren Bereichen des präfrontalen Cortex, besonders dann, wenn wir auf emotional schwierige Situationen treffen und widersprüchliche Gefühle und Impulse unseren Kindern gegenüber haben. Aufgrund seiner lebenswichtigen Selbstregulations- und Brückenfunktion trägt der anteriore cinguläre Cortex dazu bei, dass Sie Ihrem Kind mehr Aufmerksamkeit schenken und Ihre Emotionen mit Ihrem Denken verbinden. Abbildung 5.1 veranschaulicht diese Schlüsselverbindungen zwischen den grundsätzlichen emotionalen Prozessen der Fürsorge und dem elterlichen Exekutivsystem.

Das im fronto-limbischen System verankerte elterliche Exekutivsystem steuert die Von-oben-nach-Unten-Modulation Ihres Nervensystems und hilft Ihnen so, Ihr limbisches System sozusagen *von oben aus*, statt von der reaktiveren Amygdala aus, zu regulieren. Diese Von-oben-nach-Unten-Modulation ermöglicht es Ihnen, auf dem richtigen, sprich dem „oberen" Weg zu bleiben, auch dann, wenn Sie starke Gefühle haben, die durch die „amygdaloiden" Momente Ihres Kindes oder durch andere Stressquellen in Ihrem Leben ausgelöst wurden (Siegel & Hartzell, 2003). Dadurch, dass Sie auf Ihre exekutiven Fähigkeiten zurückgreifen, sind Sie in der Lage, die Stärke Ihrer Emotionen genügend zu reduzieren oder zu regulieren, um sich auf das zu konzentrieren, was in der jeweiligen Situation zu tun ist. Sie können über die Bedürfnisse Ihres Kindes nachdenken und, falls erforderlich, das, was Sie „am liebsten tun würden", zurück zu halten, um das zu tun, was das Beste für Ihr Kind ist. Emotionsregulation erfüllt demnach keinen Selbstzweck, sondern ist eine Stufe in einem aus mehreren Schritten bestehenden Tanz des „Elterlichbleibens", wenn wir unvermeidliche Konflikte zwischen unseren elterlichen und unseren unelterlichen Reaktionen und Motivationen erleben.

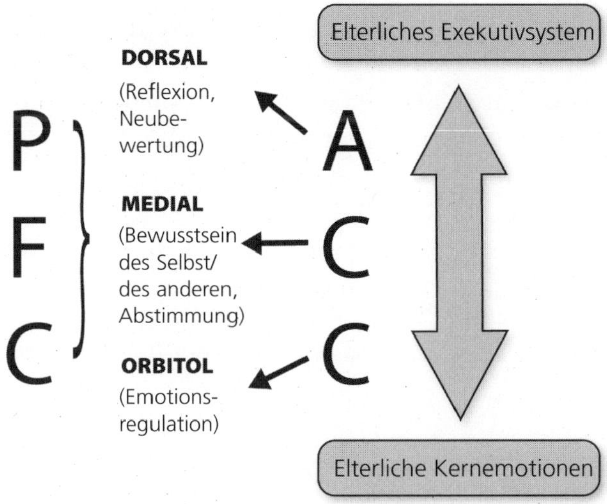

Abbildung 5.1

Vernetzung der elterlichen emotionalen und reflexiven Funktionen

Die Brücke des anterioren cingulären Cortex verbindet die elterlichen Kernemotionen mit höheren, kognitiven, reflexiven Prozessen, das heißt die tieferen mit den höheren Bereichen des präfrontalen Cortex.

Bei der Emotionsregulation geht es vor allem darum, die Fähigkeit zu maximieren, in dem aufgeschlossenen Geisteszustand zu bleiben, der mit dem intelligenten Vagus-System assoziiert wird, und sich erfolgreich von den Abwehrreaktionen zu erholen. Wir benutzen unser elterliches Exekutivsystem, das direkt mit unserem intelligenten Vagus-System verbunden ist, um dieses Ziel zu erreichen. Alle unsere Emotionen, angefangen bei der Freude bis hin zur Wut, aktivieren unser autonomes Nervensystem auf die eine oder andere Weise und verändern den Erregungsgrad im Gehirn und im Körper, damit wir dieses bestimmte Gefühl zeigen können. Wir werden auf emotionaler Ebene bewegt, damit wir uns auf körperlicher Ebene bewegen können, und wir werden durch unsere Bewegung bewegt. Wir springen vor Freude in die Luft, laufen aus Angst weg, greifen aus Wut an und ziehen uns in uns selbst zurück, wenn wir traurig sind. Währenddessen passt das Gehirn den Wachsamkeitsgrad automatisch entweder nach oben an durch die Freisetzung von Norepinephrin, einer dem Adrenalin ähnlichen Substanz, oder nach unten an durch die Freisetzung von Opioiden, Serotonin, GABA (Gamma-Aminobuttersäure) und anderen inhibitorischen Substanzen. In einem nicht vollständig ausgebildeten Gehirn hat die Amygdala das Sagen über diesen Prozess und leitet schnelle Veränderungen des Erregungsgrades ein, wenn sich die Emotionen des Kindes verändern.

Je entwickelter das Gehirn ist, desto häufiger werden derartige Veränderungen des Erregungsgrades von den präfrontalen Bereichen und dem anterioren cingulären Cortex gesteuert. Wenn dieses fronto-limbische System gut ausgebildet ist und optimal arbeitet, können wir viel flexibler mit unseren Emotionen umgehen und unsere inneren Geisteszustände regulieren. Wenn wir unser Exekutivgehirn benutzen, sind wir imstande, den Bezug zur Realität als Eltern nicht zu verlieren und mehr Zeit im intelligenten, auf soziale Kontakte ausgerichteten Vagus-System als im Abwehrsystem zu verbringen. Mit Hilfe des intelligenten Vagus-Systems können wir unseren Erregungsgrad auf flexible Weise so anpassen, dass unsere Emotionsregulation unterstützt wird. Das geschieht durch die Einstellung von Herzfrequenz, Atmung, Hörvermögen, Gesichtsausdrücken, Stimmqualität und Erregungsmustern im Gehirn (Porges, 2011).

Wenn Eltern, die sich Hilfe bei ihren Schwierigkeiten mit ihren Kindern erhoffen, an blockierter Fürsorge leiden, haben sie ebenfalls oft starke negative Emotionen, die sie mit der Kindererziehung verbinden, und Schwierigkeiten, diese Emotionen zu regulieren. Diese Eltern reagieren sehr wahrscheinlich mit starker Wut oder vielleicht auch Angst auf das „Fehlverhalten“ ihrer Kinder, besonders solche Verhaltensweisen, die wiederholt stattfinden und scheinbar immun gegen die ebenso häufig geäußerten Anordnungen und Wünsche der Eltern sind. Diese Eltern meiden ihre Kinder häufig und wünschen sich an einen emotional sicheren Ort, auf eine Insel „der Ruhe und des Friedens“, um der Situation körperlich oder psychologisch zu entfliehen. In Bezug auf das Gehirn bedeutet das, dass die elterlichen Systeme, die bewirken, dass Eltern sich ihren Kindern annähern und sich mit ihnen beschäftigen, also die Annäherungs- und Belohnungssysteme, ausgeschaltet sind und die Eltern ihrer emotionalen Sicherheit und ihrer positiven Erfahrungen beraubt. In einem derartigen Geisteszustand fällt es Eltern sogar schwer, über ihre Elternrolle nachzudenken und sich überhaupt auf ihr Kind zu konzentrieren, ohne dass negative Gefühle ausgelöst würden. Eine solche Überempfindlichkeit macht es ihrerseits sehr unwahrscheinlich, dass sich Eltern die Zeit nehmen werden, in Ruhe über ihre Beziehung zum Kind und wie sie sie verbessern können nachzudenken. Entmutigung und vielleicht sogar Verzweiflung haben sich breitgemacht und blockieren fürsorgliche Gefühle und zum Teil den Schmerz, solche fürsorglichen Gefühle nicht zu spüren. Auf sehr wichtige Weise schützt blockierte Fürsorge die Eltern, denn sie erschwert das Bewusstsein des Selbst und unterbindet Gefühle des Versagens und der Zurückweisung.

Der bedeutendste Punkt ist, dass sich Eltern mit blockierter Fürsorge vor Schamgefühlen angesichts ihrer Aufgabe als Eltern schützen. Sie haben durchaus hohe Ideale als Eltern und wissen, dass sie diese nicht erreichen. Mit Scham und anderen negativen Gefühlen gehen das vermehrte Meiden von Fürsorgesituationen, weniger Freude, weniger Interesse und der Verlust der Bedeutung der Elternrolle einher, derselben Bedeutung, die früher dazu diente, dass die Eltern ihrer Rolle nachkamen. Blockierte Fürsorge zieht noch mehr blockierte Fürsorge nach sich und elterliche Schamgefühle können sich hinter anderen Emotionen, insbesondere Wut, verbergen.

Bevor wir uns die negativen Emotionen genauer ansehen, die wir als Eltern lernen müssen, zu regulieren und zu vernetzen, lassen Sie uns zuerst den Aspekt der Abstimmung betrachten. Abstimmung beschreibt, wie unser Gehirn zusammen mit dem Gehirn unseres Gegenübers arbeitet, damit wir entstehende intensive Emotionen besser regulieren können.

Abstimmung

Abstimmung ist jener Aspekt einer offenen, intersubjektiven Erfahrung, an dem Emotionen, deren Ausdrucksweise und deren Regulation beteiligt sind. Wenn Eltern auf die Gefühlszustände ihrer Kinder abgestimmt sind, sind sie sehr wahrscheinlich auch in der Lage, ihren Kindern zu vermitteln, dass sie diese Erfahrungen mit ihnen teilen möchten. Abstimmung ist das Kernstück einer wechselseitigen Beziehung zwischen Eltern und Kind, die sowohl Fürsorge- als auch Bindungsverhaltensweisen sowie Erlebnisse der gegenseitigen Freude begünstigt. Wie wir schon im Zusammenhang mit den fünf elterlichen Systemen des Gehirns erwähnt haben, trägt diese Wechselseitigkeit von Affekt, Bewusstsein und Motivation am meisten zur Aufrechterhaltung der dauerhaften Aktivierung dieser elterlichen Systeme bei. Eine solche Wechselseitigkeit fördert die volle Nutzung des Gehirnsystems, das Empathie und eine effektive Kinddeutung (oder Mentalisierung) hervorbringt. Ohne häufige oder zumindest regelmäßige *wechselseitige* Aktivitäten zwischen Eltern und Kind, ohne ein gelegentliches aktives Streben nach und Eingehen auf die elterliche Fürsorge seitens des Kindes tragen Eltern ein höheres Risiko, blockierte Fürsorge zu entwickeln. Wenn Eltern und Kind sich gegenseitig innerhalb eines Zustands des abgestimmten Affekts erleben, erhält die Beziehung neue Energie und bleibt trotz des alltäglichen Stresses des Familienlebens gefestigt. Jeder Moment eines derartigen abgestimmten Affekts fördert die Bindung zwischen Eltern und Kind. Vergessen Sie bitte nicht, dass in solchen Momenten der Abstimmung in den Eltern und im Kind Oxytocin freigesetzt wird und beide sich „völlig aufeinander eingestimmt“ fühlen (Feldman, Gordon, Schneiderman et al., 2010) und gleichzeitig wachstumsfördernde Substanzen im Gehirn gebildet werden. Abstimmung verbessert die Funktionsweise des Gehirns von Kind und Eltern und baut so die Beziehung zwischen beiden auf.

Durch Abstimmung sind Eltern auch imstande, die kindlichen Emotionen und deren Ausdrucksweise zu ko-regulieren, was es dem Kind ermöglicht, die psychologische Fähigkeit der „Selbstregulation“ zu entwickeln. Babys können ihre Emotionen nicht regulieren. Sie haben kein emotionales Thermostat. Ihre Emotionen entstehen und vergehen plötzlich, sie sind intensiv und verschwinden dann wieder, ohne dass eine Übergangsphase zu erkennen wäre. Ihre Emotionen können sehr intensiv sein und im ganzen Körper zum Ausdruck kommen, ob es sich dabei um Anspannung oder um Freude handelt. In einem älteren Kind können solche Ausdrucksweisen Wut, großer Angst oder Verzweiflung ähneln und in hohem Maße fehlgesteuerte Gefühlszustände sein.

Neben der Ko-Regulierung kindlicher Emotionen sind abgestimmte Eltern ebenfalls in der Lage, die Erfahrungen ihrer Kinder besser zu verstehen. Ein derartiges Verständnis geschieht von innen nach außen (Siegel & Hartzell, 2003). Wenn die nonverbalen körperlichen Erfahrungen der Eltern im Einklang mit den mitschwingenden Eigenschaften des affektiven Körperausdrucks des Kindes sind, spüren Eltern intuitiv, was ihr Kind in dem Moment erlebt. Abstimmung macht die elterliche Empathie für das Kind leichter, indem sie die von uns bereits beschriebene anteriore Inselrinde, den anterioren cingulären Cortex, jene einzigartigen Von-Economo-Neuronen und das Spiegelsystem aktiviert.

Wir wissen, dass ein Mensch, ob Baby, Kind, Jugendlicher oder Erwachsener, eine Emotion durch die Art und Weise erlebt, wie sich die Emotion im Körper des Menschen manifestiert oder ausdrückt. Wir können sehr schnell Wut in den Augen, im Gesicht, in der Stimme, in der Gestik oder der Haltung eines Menschen erkennen. Wir definieren den körperlichen Ausdruck einer Emotion als *Affekt.* Daniel Stern (2000) definiert Abstimmung als „das intersubjektive Teilen von Affekt". Er sagt, dass wir Affekt über sechs seiner Merkmale messen können. Diese sind Intensität, Rhythmus, Takt, Kontur, Dauer und Form. Für die Zwecke dieses Buches beschäftigen wir uns nur mit den Merkmalen Rhythmus und Intensität und konzentrieren uns hauptsächlich auf die Stimme.

Wenn wir sprechen, wird der emotionale Inhalt unserer Kommunikation in erster Linie über die Art und Weise, wie wir etwas sagen, und erst in zweiter Linie durch die Wörter selber vermittelt. Die nonverbale Komponente der Sprache wird als *Stimmprosodie* bezeichnet und bezieht sich auf die Modulation von Tonfall und Intensität sowie Latenz und Rhythmus des stimmlichen Ausdrucks. Bitte denken Sie auch daran, dass Prosodie mit dem intelligenten Vagus-System verbunden ist, welches direkte Auswirkungen auf die Art und Weise hat, wie wir unsere Stimmen benutzen, um Emotionen auszudrücken. Prosodie ist mit der Regulierung von Herzfrequenz und Atmung verbunden.

Wenn Eltern sich an die Prosodie ihres Babys, an den affektiven Ausdruck der Emotionen des Babys anpassen, ohne notwendigerweise auch diese Emotionen zu haben, ist das Baby weitaus besser imstande, solche Emotionen zu regulieren. Das ist aber nur möglich, solange die Eltern ihre eigenen Gefühle regulieren. Wenn Eltern sich an das Gefühl, statt die Intensität des Affekts anpassen, wenn Eltern zum Beispiel auf die Wut des Babys mit Wut reagieren, wird das Baby wahrscheinlich aufgebrachter sein. Die Emotionen des Babys können eine Fehlsteuerung verursachen, das heißt sehr intensive und scheinbar unkontrollierbare und untröstliche Gefühle, wenn das Baby die Emotion allein erlebt. Wenn seine Eltern sich aber dem affektiven Ausdruck seiner Emotion anpassen, kann das Baby eher die Emotion regulieren und so verhindern, dass sie extreme Formen annimmt.

Wenn Babys unruhig und angespannt sind, neigen Eltern dazu, ebenfalls lebhafter zu sein und sich an die Körperbewegungen ihres Babys anzupassen. Sie erzeugen so einen gemeinsamen Rhythmus mit den Bewegungen ihres Babys und zeigen gleichzeitig einen Tonfall, eine Tonhöhe und einen Rhythmus, die den stimmlichen Äußerungen ihres Babys sehr ähnlich sind. Die Eltern benutzen genau genommen ihren guten Vagus-Tonus und passen ihre Herzfrequenz und ihre Affektintensität flexibel an, um ihrem Baby dabei zu helfen, sich vom Verlust seines eigenen Vagus-Tonus zu erholen. Ein solches Anpassen erhöht die Wahrscheinlichkeit, dass sich das Baby beruhigen und in einem besser regulierten Zustand bleiben wird, als wenn die Eltern sehr ruhig geblieben wären, als ihr Baby es nicht war. Durch dieses affektive Anpassen erfährt das Baby seine Eltern als sicher in seiner Nähe. Es besteht eine Verbindung von ihrem Herzen zu seinem Herzen, von ihrem Atem zu seinem Atem. Und sie helfen ihm dabei, mit der Emotion umzugehen, wie auch immer diese aussehen mag. In diesem „intervagalen“ Zustand der Verbindung werden die Emotionen des Babys nicht als beängstigend und überwältigend empfunden. Das Gleiche gilt für Kleinkinder.

Beispiel:

Kleinkind *(hört nicht auf, laut zu brüllen und zu schreien):* Nein! Nein! Nein!

Vater: Du bist wütend auf mich! Du sagst: „Nein! Nein! Nein! Ich will jetzt nach draußen gehen, Papa, und Du lässt mich nicht! Ich bin wütend auf dich, Papa!"

Kleinkind *(schreit und zeigt auf die Tür):* Nach draußen! Nach draußen!

Vater: Ich weiß, dass Du nach draußen willst, wirklich *(benutzt den gleichen Rhythmus und die gleiche Intensität wie die Stimme seines Sohnes).* Nicht jetzt, nicht jetzt! Ich weiß, das ist jetzt hart für dich! Das ist wirklich hart!

Kleinkind *(weint laut, während er seinem Vater die Arme entgegenstreckt, um hochgehoben und umarmt zu werden).*

Der Vater passt sich an den affektiven Ausdruck der Emotion seines kleinen Sohnes an, um ihm so Empathie für seine Emotion zu zeigen und dabei zu helfen, dass die Emotion reguliert wird, ihren Lauf nimmt und dann in einem ruhigeren Zustand endet, in dem das Kind sich meist trösten lässt. Und das ist Abstimmung. Wenn die Mutter oder der Vater selber als Reaktion auf die Wut des Kindes wütend wird, wird die Situation sehr wahrscheinlich eskalieren. Das Kind wird entweder noch unruhiger und wütender werden oder in einen immobilisierten Abwehrzustand der ängstlichen Wachsamkeit übergehen. Wenn die Eltern ruhig bleiben (was zwar besser als Wut ist, aber nicht so sehr hilft wie das Anpassen an den Affekt), erlebt das Kind oft nicht Empathie, sondern die Akzeptanz seiner Emotion durch seine Eltern und die Annahme, dass es diese Emotion alleine in den Griff bekommen kann. Das Gleiche trifft auch auf ältere Kinder zu.

Beispiel:

Mädchen *(14 Jahre alt):* Ihr behandelt mich wie ein kleines Kind! Ich bin vierzehn und kann das für mich selber entscheiden.

Mutter: Kein Wunder, dass Du wütend bist! Du glaubst nicht, dass ich dich wie eine Vierzehnjährige behandele!

Mädchen: Genau! Für dich bin ich immer noch ein kleines Kind!

Mutter: Und Du willst einfach mehr Freiheiten! Das verstehe ich! Du willst einfach mehr Selbstbestimmung in Deinem Leben haben!

Mädchen: Wenn Du das verstehen würdest, würdest Du mir auch mehr Freiheiten geben!

Mutter: Ich weiß schon, was Du meinst, Schatz! Es ist schwer! Wie viel kannst Du alleine handhaben? Du sagst mehr, ich sage weniger! Das ist schwer.

Wenn Eltern einfach nur die unterschiedlichen Wahrnehmungen und Gedanken ihrer Kinder anerkennen und sich dabei an den affektiven Ausdruck der kindlichen Emotionen anpassen, fühlen sich die Kinder (und sogar Teenager!) verstanden und sind eher bereit, die Entscheidungen ihrer Eltern zu akzeptieren. Darüber hinaus bleiben Eltern eher in einem regulierten Zustand, anstatt selber mit starken Emotionen zu reagieren, wenn sie sich darauf konzentrieren, ihr Verständnis der Erfahrungen ihrer Kinder dadurch zu vermitteln, dass sie sich an die affektive Ausdrucksweise der kindlichen Emotion anpassen. Die gleiche Strategie des affektiven Anpassens kann angewendet werden, wenn es sich um positive Emotionen handelt und Eltern Abstimmung vermitteln und die Intensität der Emotion regulieren wollen.

Beispiel:

Junge *(11 Jahre alt, rennt ins Haus):* Mama, Jakes Eltern haben mich gefragt, ob ich mit ihnen und Jake nach Disney World will! Sie möchten mich mitnehmen!

Mutter: Das ist ja toll, Sam! Du hast gedacht, dass sie dich fragen würden, und jetzt haben sie es getan! Das ist wirklich klasse, Sam!

Junge: Das ist der schönste Tag in meinem Leben! Ich kann es kaum erwarten! Ich kann es kaum erwarten, dorthin zu fahren!

Mutter: Wie aufgeregt Du bist! Du freust dich so! Und ich freue mich für dich! Wie schön!

Kinder benötigen bei der Regulierung positiver Emotionen genauso viel Unterstützung wie bei der Regulierung negativer Emotionen. Wenn Kinder sich freuen und aufgeregt sind und Eltern nicht präsent sind, um ihre Gefühle mit ihnen zu teilen, kann die Aufregung zu groß werden, schwer zu regulieren sein und sich in Angst verwandeln. Kinder, die vernachlässigt oder misshandelt oder missbraucht wurden, haben oft Schwierigkeiten, ihr Erleben von Freude, Glück oder Liebe zu regulieren.

Ein abgestimmtes Eingehen der Eltern ist von entscheidender Bedeutung, wenn sie ihren Kindern bei der Regulierung ihrer negativen und positiven Emotionen helfen möchten. Und wenn Eltern eine abgestimmte Antwort von ihren Partnern, Freunden oder einem Therapeuten erhalten, dann hilft ihnen das sehr bei der Regulierung ihrer eigenen Emotionen.

Schamgefühle

Als Mutter oder Vater zu versagen ist eine zutiefst beschämende Erfahrung. Wenn Erwachsene Eltern werden, ist ihre Elternrolle für sie in den meisten Fällen, wenn nicht der Mittelpunkt, dann doch sehr nah am Mittelpunkt ihrer Identität. Sie haben kein Problem zu akzeptieren, dass sie beim Salsalernen oder Squash keine Fortschritte machen, aber sie werden es weitaus schwieriger finden, mit ihrem Mangel an Erfolg als Eltern einverstanden zu sein. Weil Scham eine äußerst unangenehme Emotion ist, die für große innere Aufruhr sorgen kann, kann es sein, dass Eltern dieser Emotion aus dem Weg gehen, indem sie sich auf das Verhalten ihres Kindes konzentrieren und sich nicht mit der Möglichkeit beschäftigen, dass die Probleme ihren Ursprung in der *Beziehung* zu ihrem Kind haben. Anzuerkennen, dass sie vielleicht zu den Problemen beigetragen haben, würde wahrscheinlich Schamgefühle auslösen. Es ist daher wahrscheinlich leichter, zu glauben, dass ihr Kind einfach nur impulsiv, eigensüchtig, unhöflich oder respektlos ist.

Scham ist eine blockierende Emotion, die in den meisten Fällen zur Dynamik von blockierter Fürsorge gehört. In einem von Scham gekennzeichneten Zustand sind die höheren, für das Bewusstsein des Selbst und des anderen zuständigen Hirnbereiche ausgeschaltet und unterdrücken jegliches Nachdenken über oder Beschäftigung mit den eigenen Gefühlen. Lassen die Schamgefühle wieder nach, sind die Eltern auch wieder imstande, andere negative Emotionen gegenüber ihren Kindern sowie Fehler, die sie als Eltern gemacht haben, in Angriff zu nehmen. Und wenn ihre Schamgefühle nachlassen, ist es wahrscheinlicher, dass Eltern mehr Empathie für die eigene Person empfinden, was wiederum dazu führt, dass sie mehr Empathie für ihre Kinder empfinden. Die Fähigkeit der Eltern, traurig über den Zustand ihrer Beziehung zu ihren Kindern zu sein, ist oftmals ein Zeichen dafür, dass sich die Fähigkeit, sich um ihre Kinder zu kümmern, wieder herausbildet, während Scham und Wut verschwinden.

Beispiel für nicht regulierte Schamgefühle:

Vater *(sein achtjähriges Kind hat gerade Saft auf dem Teppich verschüttet):* Sei doch nicht ein solcher Tollpatsch! Jetzt ist der Teppich schmutzig und es wird viel Geld kosten, ihn reinigen zu lassen.

Sohn *(zieht sich zurück, senkt den Kopf und scheint kurz vor dem Weinen zu sein)*

Vater *(schämt sich über die Stärke seiner Wut und seine kritischen Worte, aber seine Stimme ist immer noch sehr angespannt):* O. K., es tut mir leid, dass ich dich angeschrien habe! Aber wenn Du etwas besser aufpassen würdest, würden solche Dinge nicht passieren. Du musst dich einfach ein bisschen mehr anstrengen!

In diesem Beispiel versucht der Vater, seine Beziehung zu seinem Sohn wieder in Ordnung zu bringen, als er feststellt, dass seine Reaktion zu heftig war. Aber aufgrund seiner Schamgefühle ist es schwer für ihn, anzuerkennen, dass er für seine Reaktion auf das Verhalten seines Kindes verantwortlich ist. Er gibt immer noch seinem Kind die Schuld und zeigt damit an, dass sein Sohn, zumindest zum Teil, für sein eigenes Verhalten verantwortlich ist.

Das gleiche Beispiel, aber diesmal identifiziert, reguliert und verringert der Vater seine Schamgefühle:

Vater *(sein achtjähriges Kind hat gerade Saft auf dem Teppich verschüttet):* Sei doch nicht ein solcher Tollpatsch! Jetzt ist der Teppich schmutzig und es wird viel Geld kosten, ihn reinigen zu lassen.

Kind *(zieht sich zurück, senkt den Kopf und scheint kurz vor dem Weinen zu sein)*

Vater *(schämt sich über die Stärke seiner Wut und seine kritischen Worte, ist aber in der Lage, seine Schamgefühle zu regulieren; seine Stimme ist jetzt tiefer und sanfter):* Es tut mir leid, Sohnemann. Wirklich. Ich weiß, dass es ein Versehen war. Ich hätte dich nicht anschreien und als Tollpatsch bezeichnen sollen. Das hast Du nicht verdient! Ich verschütte auch Sachen und bin viel älter als Du. Es war ein Fehler, dich so anzuschreien! Ich verspreche Dir, dass ich mich mehr bemühen werde, meine Wut besser in den Griff zu bekommen. *(Geht zu seinem Sohn und tröstet ihn.)*

Wenn Eltern ihre Fehler akzeptieren können, können sie eher im auf soziale Kontakte ausgerichteten System verweilen, ihren Kindern gegenüber offen bleiben und alles Notwendige tun, um die Beziehung zu ihren Kindern wieder zu reparieren. Scham lässt Eltern eine Haltung des Selbstschutzes einnehmen, die entweder eine mobilisierte Abwehrhaltung (Kampf oder Flucht) oder eine immobilisierte Abwehrhaltung (Erstarren vor Angst) erzeugt. In keiner dieser beiden Abwehrhaltungen können die Eltern auf die höheren Funktionen des präfrontalen Cortex und des anterioren cingulären Cortex zurückgreifen, wodurch sie in der Lage wären, sich selber und ihre Kinder zu akzeptieren. Eltern werden ebenso wenig auf ihre positiven belohnungsorientierten Erinnerungen zurückgreifen. Solche Erinnerungen, die während vergangener gelungener Interaktionen mit den Kindern gebildet wurden, sind im Orbitalbereich gespeichert. Wenn Eltern ihre Fehler zugeben können, indem sie aus der Abwehrhaltung heraustreten und in einen offenen elterlichen Zustand überwechseln, werden sie eher Empathie für die Auswirkungen ihrer Kritik und Schuldzuweisungen auf ihre Kinder empfinden und sehr wahrscheinlich den gleichen Fehler nicht noch einmal machen. Wenn Eltern zu ihren Fehlern stehen und diese korrigieren, üben sie eine Vorbildfunktion aus, durch die ihre Kinder wiederum lernen, besser mit ihren eigenen Fehlern umzugehen und eventuelle Beziehungsschäden zu reparieren.

Wut und Aggression

Das Ausmaß an Wut, das Eltern manchmal ihren Kindern gegenüber empfinden, ist oft genauso groß wie die Wut, die sie anderen Menschen gegenüber im Laufe ihres Lebens empfinden. Das ergibt Sinn, wenn man bedenkt, wie wichtig Ihr Kind für Sie ist und wie viel in dieser Beziehung für Sie auf dem Spiel steht. Wenn Ihr Kind Sie an ungelöste, schwierige Aspekte Ihrer eigenen Kindheit erinnert (viele von uns sind mit gewohnheitsmäßiger und oft unvorhersehbarer Wut aufgewachsen), besteht die

Gefahr, dass Sie mit mehr Wut als normalerweise auf die jeweilige Situation reagieren werden. Oder, wenn Ihr Kind nicht auf Ihre Fürsorge reagiert oder sich dieser aktiv widersetzt, fällt es nicht schwer, zu verstehen, warum Sie möglicherweise auf defensive Weise reagieren und sich für den falschen, das heißt den „unteren Weg“ entscheiden. In derartigen Momenten ist es sehr schwer, die Erfahrung des Kindes zu akzeptieren oder genug Interesse am Verständnis des kindlichen Verhaltens aufzubringen.

Wenn Eltern regelmäßig unterschwellige Wut oder Aversion gegenüber ihren Kindern entwickeln oder häufig Zeiten der akuten, intensiven Wut erleben, leiden sie sehr wahrscheinlich meist auch an blockierter Fürsorge. Wut spiegelt häufig die unterschwellige Scham wider, dass man sich selber als unfähig wahrnimmt, zu seinem Kind eine Beziehung aufzubauen und Einfluss auf sein Kind auszuüben. Wut kann auch die Schamgefühle widerspiegeln, die wir als Kinder unseren eigenen Eltern gegenüber empfunden haben. Als Reaktion auf solche Schamgefühle können sich Eltern in einer Situation wiederfinden, in der sie ihre Kinder meiden, wenig Freude an der Eltern-Kind-Beziehung haben, das Interesse an den Erfahrungen ihrer Kinder verlieren und keinen Sinn oder Zweck mehr im Zusammensein mit ihren Kindern sehen. Wütende Eltern neigen mit der Zeit zu impulsiven und reaktiven Handlungen statt zu einem bewussten und flexiblen Umgang mit ihren Kindern.

Und da Wut Wut erzeugt, ruft die Wut von Eltern höchstwahrscheinlich Gefühle der Wut in den Kindern sowie den Impuls hervor, sich zu rächen und zum Angriff überzugehen. Weil Kinder sich meist deutlich des Machtgefälles zwischen ihnen selber und den Eltern, besonders dem Vater, bewusst sind, bewegen sie sich vermutlich von ihren Eltern weg oder sie „erstarren“, anstatt ihre eigene Wut auszuagieren, während sie darauf warten, dass die Wut ihrer Eltern vorübergeht. Die kindliche Reaktion auf die Wut der Eltern wird zweifelsohne die Bereitwilligkeit der Kinder mindern, sich langfristig auf ihre Eltern zu verlassen, und die Kinder auf Dauer eine defensive und zurückgezogene Haltung einnehmen lassen. Chronische Wut oder häufige Vorfälle von schlecht regulierter Wut können leicht alle fünf elterlichen Systeme beeinträchtigen: Die Annäherungs- und Belohnungssysteme werden unterdrückt, der Kinddeutungsprozess wird behindert, eine elterliche „Ich-gegen-Dich"-Vorstellung wird begünstigt und exekutive Funktionen werden geschwächt.

Ein Beispiel nicht regulierter Wut:

Vater *(hat seinen zwölfjährigen Sohn gebeten, den Rasen zu mähen, bevor er irgendetwas anderes tut; eine Stunde später ist der Rasen immer noch nicht gemäht und sein Sohn telefoniert auf seinem Handy):* Ich habe Dir doch gesagt, dass Du den Rasen mähen sollst! Machst Du eigentlich nie, was ich Dir sage? Wann wirst Du anfangen, Dich wie ein verantwortungsvoller Mensch zu benehmen? Beende das Gespräch und mähe endlich den Rasen!

Sohn: Tut mir leid, Papa. Gib mir noch eine Minute mit Jake.

Vater: Hast Du nicht verstanden, was ich gesagt habe? *(Schreit, geht auf seinen Sohn zu und packt ihn am Arm.)* Raus mit Dir jetzt!

Sohn: Lass mich in Ruhe! *(Springt auf und weicht vor seinem Vater zurück.)* Das ist richtig blöd! Als ob der Rasen nicht noch eine Stunde warten kann!

Vater: Es geht nicht um den Rasen, sondern darum, dass Du nicht das getan hast, worum ich dich gebeten hatte! *Los beweg dich!*

Sohn: Na, toll! Ich habe einen blöden Feldwebel als Vater!

Vater: Rede nicht so mit mir! Jetzt hast Du für den Rest des Tages Handy-Verbot! Und wenn Du so weiter machst, dann ist das Handy eine ganze Woche lang gestrichen!

Sohn *(rennt aus dem Zimmer):* Mäh doch selber den Rasen!

In diesem Beispiel hat der Vater sofort mit Wut reagiert, ohne sich zuerst zu bemühen, zu verstehen, warum sein Sohn noch nicht den Rasen gemäht hat. Wenn der Sohn normalerweise nicht das tut, worum der Vater ihn bittet, kann der Vater zuerst dieses Verhaltensmuster gemeinsam mit dem Sohn besprechen, statt seine Wut zu steigern und den Sohn für sein Verhalten zu bestrafen. Wenn das Verhalten des Sohnes ungewöhnlich ist, dann sollte der Vater sich zuerst fragen, was passiert ist, bevor er Maßnahmen ergreift. In diesem Fall hat die wütende Reaktion des Vaters jedoch jegliche

Möglichkeit eines offenen Dialogs und einer Lösung des Konflikts ohne Machtkämpfe zunichtegemacht. Durch derartige Reaktionen entsteht eine Beziehung, die mehr und mehr aus Forderungen und entweder dem Befolgen oder Nicht-Befolgen der Forderungen besteht. Und ein weitaus größeres Risiko ist ein mögliches Eskalieren der Wut, was die Beziehung noch mehr schädigen und eine Wiederherstellung weitaus schwieriger machen würde.

Innezuhalten, um durchzuatmen und auf die emotionale Bremse zu treten, bevor man seine Wut ausagiert, ist ein erster Schritt zur Reaktionsregulierung. Ein solches Abbremsen erfordert einen aktiven präfrontalen Cortex, der in der Lage ist, die Tendenz zum Selbstschutz zu unterbinden. Diese Tendenz kann sich aus der „ersten Bestandsaufnahme" der Situation durch die Amygdala ergeben. Wenn Sie Ihre präfrontale Bremse betätigen, sind Sie eher für Alternativen empfänglich, dem kindlichen Verhalten auf den Grund zu gehen, während Sie in Ihrem Gehirn in die höheren Bereiche aufsteigen. Und dadurch sind Sie imstande, Neugier und sogar Empathie zu zeigen, statt selbstgerecht wütend zu sein.

Ein Beispiel regulierter Wut:

Vater *(hat seinen zwölfjährigen Sohn gebeten, den Rasen zu mähen, bevor er irgendetwas anderes tut; eine Stunde später ist der Rasen immer noch nicht gemäht und sein Sohn telefoniert auf seinem Handy):* Ich habe gerade gesehen, dass der Rasen immer noch nicht gemäht ist. Was ist los?

Sohn: Tut mir leid, Papa. Gib mir noch eine Minute mit Jake.

Vater: In Ordnung. Beende Dein Gespräch mit Jake und komm dann in die Küche, bevor Du den Rasen mähst. *(Der Sohn kommt zwei Minuten später in die Küche.)* Du hattest eine Stunde Zeit und ich hatte Dir gesagt, dass es später regnen würde. Ich wollte wirklich, dass der Rasen vor unserer Abfahrt in den Urlaub morgen gemäht ist. Das war mir wichtig.

Sohn: Ich wollte nur ganz kurz mit Jake sprechen, aber dann haben wir uns länger unterhalten und ich habe nicht mehr an den Rasen gedacht.

Vater: Das verstehe ich. Wir vergessen alle mal etwas. Ich habe jedoch festgestellt, dass das in letzter Zeit bei Dir häufiger vorkommt. Es sieht so aus, als ob Du Deine familiären Verpflichtungen nicht mehr ernst nimmst und dich lieber auf andere Dinge in Deinem Leben konzentrierst. Würdest Du mir da zustimmen?

Sohn: Ja, schon. Der Tag ist immer so kurz. Mit der Schule, meinen Freunden, Fußball, Musik.

Vater: Ich bin froh, dass Du ein so ausgefülltes Leben hast, ehrlich. Und ich spreche sehr gerne mit Dir über Möglichkeiten, wie Du Dir Deine Zeit besser einteilen kannst. Aber Deine familiären Verpflichtungen zu vernachlässigen gehört nicht zu diesen Möglichkeiten.

Sohn: Ich weiß, Papa. Und es tut mir leid. Können wir später weiterreden? Ich möchte zuerst den Rasen mähen. Es wird gleich regnen und ich möchte vorher fertig sein. *(Legt die Hand auf die Schulter seines Vaters und lächelt, bevor er nach draußen läuft.)*

Die wörtliche Bedeutung von Disziplin ist „Lehren". Disziplin erfordert keine intensive Wut und sicherlich kein Schreien, um wirksam zu sein. Sie ist im Grunde wirksamer, wenn Eltern in der Lage sind, eine Gefährdung der Beziehung aus der Disziplin selber herauszuhalten. Wenn Eltern die Handlungen ihrer Kinder nicht als Gefährdung der Beziehung ansehen, dann werden die Kinder die elterliche Disziplin auch nicht als Bedrohung wahrnehmen. Disziplin unter Anwendung von SANE statt Wut sorgt dafür, dass Eltern und Kinder sich auf das Problem selber und seine Lösung konzentrieren, anstatt zusätzlichen Stress für die Beziehung zu erzeugen.

Angst und Panik

Wenn Eltern sich in der Beziehung zu ihren Kindern nicht sicher fühlen, befinden sie sich oft in einem Zustand der Angst. Die Angst der Eltern kann durch die verbalen, emotionalen oder sogar körperlichen Angriffe der Kinder auf sie aktiviert werden. Eine solche Angst kann die Antwort der Eltern auf Schwierigkeiten sein, die sie damit haben, ihre aufkeimende Wut oder ihren Hass auf ihre Kinder sowie ihre Panik zu kontrollieren, dass sie ihren Kindern gegenüber eventuell handgreiflich werden. Die Überzeugung, dass sie als Eltern versagen werden, kann ein weiterer möglicher Grund für elterliche Angst sein. Selbst wenn die Angst der Eltern sich nicht auf ihre Kinder bezieht, sondern auf andere Faktoren zurückzuführen ist, hat ständige Angst zutiefst negative Auswirkungen auf ihre Fähigkeit, sich dauerhaft um ihre Kinder zu kümmern. Solche anderen Faktoren können zum Beispiel Trennung oder der Tod eines geliebten Menschen, finanzielle oder andere existenzielle Sorgen, ein Umzug, Scheidung oder die eigene Kindheit der Eltern sein.

Eltern, die Angst haben, werden sich wahrscheinlich weder mit ihren Kindern auf soziale und emotionale Weise beschäftigen noch werden sie Freude am Zusammensein mit ihnen empfinden. Stattdessen sind diese Eltern darauf vorbereitet, sich zu verteidigen, sich *nicht* mit ihren Kindern in Form eines offenen, wechselseitigen Dialogs und in Form von Aktivitäten zu beschäftigen. Diese Eltern werden sich nicht darauf konzentrieren, ihre Kinder zu verstehen, sondern darauf, wie sie als Eltern ihr eigenes Verhalten oder das ihrer Kinder oder beides kontrollieren können. Eltern, die ständig Angst haben, werden sich nicht den Erfahrungen ihrer Kinder oder der tieferen Bedeutung oder dem Wert ihrer Interaktionen mit ihren Kindern öffnen. Diese Eltern werden keine neuen Bedeutungen gemeinsam mit ihren Kindern kreieren können, denn sie sind zu sehr damit beschäftigt, die Bedeutung der sehr stressigen Ereignisse aus ihren eigenen Beziehungen als Kinder zu ihren Eltern oder aus anderen sehr stressigen Beziehungen nachzustellen. Eine Mutter, die bei einem Therapeuten Hilfe suchte, weil sie ständig enorme Konflikte mit ihrem halbwüchsigen Sohn hatte, berichtete, dass sie immer dann eine Panikattacke hatte, wenn ihr Sohn von der Schule nach Hause kam. Angst schafft keine offene, aktive Geisteshaltung, sondern einen defensiven Zustand des Selbstschutzes.

Angst aktiviert die elterlichen Bindungsverhaltensweisen (das Bemühen, von anderen Fürsorge zu erhalten), nicht ihr Fürsorgeverhalten. Wenn Eltern Angst haben (es sei denn, es ist Angst *um* die eigenen Kinder), konzentrieren sie sich darauf, jemanden zu finden, der sich um sie kümmert. Sie selbst kümmern sich nicht mehr um die Versorgung ihrer Kinder. Ihr eigenes Bedürfnis nach Sicherheit bestimmt ihre Gefühle, Gedanken und

Handlungen. Wenn die Quelle der elterlichen Angst die eigenen Kinder sind, dann werden die Eltern ihren Kindern aus dem Weg gehen. Wenn Eltern zu diesem Zeitpunkt Hilfe bei einem Therapeuten suchen, kann ihre Angst die Bindungsverhaltensweisen während der Therapie aktivieren und dadurch die Therapie unterstützen. Wenn sich die Eltern jedoch aus irgendeinem Grund nicht mehr sicher fühlen können, werden sie sehr wahrscheinlich nicht in der Lage sein, ihren Kindern Sicherheit zu bieten.

Im Nachfolgenden nennen wir einige Beispiele, wie Angst reguliert und Panik verhindert werden können:

1. Denken Sie über Ihre Angst in einem sicheren Umfeld nach. Überlegen Sie, woher sie kommt, welche Assoziationen mit ihr verbunden sind und welchen Hintergrund und welche Geschichte sie hat. Dazu müssen Sie sich Ihre sozio-emotionalen Erinnerungen an Erlebnisse ins Gedächtnis rufen. Diese sind im präfrontalen Cortex gespeichert und dienen Ihnen als Leitfaden zum Verständnis und zur Regulation ähnlicher Erlebnisse in der Gegenwart. Diese Vorgehensweise wird erfolgreicher sein, wenn Sie sich selber und Ihre emotionalen Erlebnisse akzeptieren und Empathie für sich und Ihre Erlebnisse empfinden können. Während Sie sich mit diesem Prozess beschäftigen, üben Sie sich in Wirklichkeit darin, in Ihrem offenen intelligenten Vagus-System zu bleiben – also genau in dem Zustand zu sein, in dem Sie sich befinden wollen, um Ihr Kind mit mehr Empathie zu sehen.
2. Überlegen Sie sich Möglichkeiten, wie Sie Ihre Angst, einschließlich traumatischer Erlebnisse, mit Hilfe von Selbsthilfebüchern* regulieren können.*
3. Denken Sie über Ihre mit dem Eltern-Sein und der Beziehung zu Ihrem Kind verbundene Angst nach. Gibt es eine Verbindung zu Ihrer eigenen

* Literaturhinweise: Jeffrey Brantley: *Der Angst den Schrecken nehmen* und Roemer/Orsillo: *Der achtsame Weg durch die Angst.*

Kindheit? Finden Sie heraus, wie Sie mit Ihrer Vergangenheit assoziierte emotionale Reaktionen deaktivieren können. Greifen Sie Konfliktsituationen mit Ihrem Kind vor und überlegen Sie sich Alternativen, wie Sie solche Situationen handhaben können. Einfach nur Konsequenzen für das Verhalten Ihres Kindes durchzusetzen wird wahrscheinlich nicht sehr erfolgreich sein. Sich Belohnungen und Bestrafungen zu überlegen beansprucht nur einen kleinen Teil Ihres denkenden Gehirns (und das Ihres Kindes) und ist weitaus weniger wirksam, als den gesamten präfrontalen Cortex und verwandte Bereiche arbeiten zu lassen, die sich im menschlichen Gehirn zur Regulation von komplexen sozio-emotionalen Beziehungen entwickelt haben.

4. Ziehen Sie in Erwägung, Ihre Ängste mit einer guten Freundin oder einem guten Freund zu besprechen, damit Sie sich nicht so alleine fühlen und eine andere Sicht der Situation gewinnen. Seien Sie sich Ihrer Erwartungen an Ihren Freund oder Ihre Freundin bewusst und teilen Sie sie mit ihm oder ihr. In den meisten Fällen bedeutet dies, dass Sie sich selber erlauben, Trost und Unterstützung von Ihrem Freund/Ihrer Freundin zu erhalten (dass Sie Ihre Bindungsverhaltensweisen aktivieren), während Ihr Freund/Ihre Freundin sich um Sie kümmert. Durch diese Fürsorge von Ihrem Freund/Ihrer Freundin werden Sie eher in der Lage sein, sich um Ihr Kind zu kümmern. Gute Verbindungen setzen gute Substanzen im Gehirn frei wie Oxytocin und diese helfen Ihnen, sich besser und sicherer zu fühlen.

5. Denken Sie daran, dass Sie, wenn Sie Angst haben, Ihrem Kind keine dauerhafte Fürsorge schenken können. Bitten Sie einen anderen Erwachsenen, sie in einer solchen Situation bei dieser Aufgabe zu unterstützen.

6. Ihr Kind weiß, dass Sie Angst haben (oder dass etwas nicht stimmt). Erkennen Sie dies an, ohne Ihr Kind um Hilfe zu bitten. Dadurch versichern Sie Ihrem Kind, dass die Realität nicht so schlimm wie seine Vorstellung von ihr ist. Lassen Sie Ihr Kind wissen, was es erwarten kann, während Sie an der Lösung dieses Problems arbeiten.

7. Suchen Sie professionelle Hilfe, wenn Sie Ihre Ängste nicht alleine regulieren können. Denken Sie daran, dass das alleinige Erlernen neuer

Fertigkeiten, um das Verhalten Ihres Kindes zu kontrollieren, sehr wahrscheinlich nicht ausreicht, um Ihre eigenen komplexen sozio-emotionalen Bedürfnisse und die Ihres Kindes zu befriedigen.

Traurigkeit und Verzweiflung

Wenn Eltern verzweifelt sind, haben Sie wenig Energie und noch weniger Motivation, irgendetwas zu tun. Die tägliche Verantwortung, sich um ihre Kinder zu kümmern, kann daher dem Versetzen von Bergen gleichkommen. Traurigkeit, die an Depression grenzt oder ein Teil von ihr ist, schaltet das denkende Gehirn aus und macht das Eltern-Sein zur Qual. Wenn das Eltern-Sein den Geist der Kinder aktivieren und ihre Lebensfreude anregen soll, müssen die zu dieser Rolle gehörenden Aufgaben und Routineabläufe eine beständige Quelle der Bedeutung, Zufriedenheit und Freude sein. Das Eltern-Sein sollte ein Annäherungsprozess sein, der das Belohnungssystem aktiviert. Traurigkeit ist im Gegensatz dazu ein Zustand, in dem sowohl das Annäherungssystem als auch das Belohnungssystem „ausgeschaltet" sind. Auch wenn elterliche Traurigkeit eine Trost- und Annäherungsreaktion in einem mitfühlenden Erwachsenen (wenn es eine solche Person im Leben der Eltern gibt) auslösen kann, kann sie ebenso ein „elternhaftes" Fürsorgeverhalten im Kind herbeiführen und zu einem potentiellen Rollentausch führen, wodurch das Kind seiner für seine eigene Entwicklung benötigten Energie beraubt würde. Wenn die Fürsorgerolle so schwer ist, dass jede noch so kleine Handlung eine überwältigende Herausforderung und jede wechselseitige Interaktion eine endlose lästige Pflicht zu sein scheint, dann hat das Eltern-Sein seine Fähigkeit verloren, dem Kind den Antrieb zu geben, sich zu entwickeln und die eigene Person zu entdecken, die sie werden und die sie in der Welt sein kann.

Verzweiflung kann durch äußerliche Faktoren in der Vergangenheit, Gegenwart oder vermuteten Zukunft der Eltern ausgelöst werden. Wir konzentrieren uns jedoch hier auf die Traurigkeit und Verzweiflung, die durch die mit der Elternrolle verbundenen täglichen Pflichten hervorgerufen werden. Wenn die Bedürfnisse und Forderungen des Kindes für Eltern überwältigend sind, befinden sie sich in einem Zustand der blockierten Fürsorge. Die Eltern möchten keine Zeit mehr mit ihrem Kind verbringen und empfinden keine Freude an den notwendigen Interaktionen mit ihm. Sie interessieren sich nicht mehr für ihr Kind, an das sie nur noch selten und nur mehr als Pflicht denken. Während andere Aspekte im Leben der Eltern (der Beruf, ein Hobby oder Unternehmungen mit Freunden) bedeutungsvoll für die Eltern sein können, empfinden sie das Eltern-Sein nicht mehr so. Obwohl das Exekutivsystem der Eltern immer noch die meiste Zeit über die praktischen Aktivitäten der Elternrolle steuern kann, enthält die Energie dieser Aktivitäten nicht mehr die wechselseitige Freude und das Interesse, die es Kindern ermöglicht, sich vollständig zu entwickeln. In einem solchen Fall erhält das elterliche Exekutivsystem nicht die Unterstützung von den anderen vier Systemen, die es für eine optimale Funktionsweise benötigt.

Traurigkeit und Verzweiflung, die sich aus der Elternrolle ergeben, können ihren Ursprung auch in einem ähnlichen Mangel an Freude und Bedeutung haben, die Eltern mit ihren eigenen Eltern erlebt haben. Diese unglücklichen Eltern kennen die Theorie der Elternrolle aus Beobachtungen anderer Eltern und aus Büchern, aber sie haben die mit dem Eltern-Sein häufig assoziierten positiven Gefühle nicht erlebt, weil sie sie selber nicht mit ihren eigenen Eltern erlebt haben. Vielleicht idealisieren diese Eltern die Elternrolle und „wissen", wie sie ihren Kindern gute Eltern sein können, aber sie sind nicht imstande, die täglichen befriedigenden Aspekte der Elternrolle zu genießen, die ihren Traum von der Elternrolle Wirklichkeit werden lassen könnten. Es ist so, als ob diese Eltern wissen, dass sie essen müssen, aber keinen Appetit haben oder ihr Essen nicht schmecken können. Essen ist keine Quelle der Freude, sondern wird zu einer lästigen Pflicht.

Traurigkeit kann auch entstehen, wenn Eltern eine begrenzte Sichtweise haben, wie ihre Kinder sich entwickeln oder wie ihre Kinder sein sollten. Wenn ihre Kinder dann solchen Erwartungen nicht gerecht werden, verlieren die Eltern das Interesse an ihnen und sehen ihre Elternrolle als von vorneherein zum Scheitern verurteilt. Eine solche Form der Traurigkeit und Verzweiflung kann ihre Wurzeln auch in Schamgefühlen haben. Und diese

Schamgefühle beruhen wiederum auf dem vagen Bewusstsein, dass die Eltern den grundlegenden Bedürfnissen ihrer Kinder nicht gerecht werden können.

Auf die Elternrolle zurückgehende Traurigkeit und Verzweiflung können auch kindspezifisch sein. Eltern, die davon betroffen sind, gelingt es, bedeutungsvolle und wechselseitige Beziehungen zu ihren anderen Kindern aufzubauen. Mit diesem einen Kind haben sie jedoch Probleme. Dieses Kind kann zum Beispiel die Bemühungen der Eltern nach Bindung zurückgewiesen haben oder es weigert sich, Bindungsbedürfnisse auszudrücken. Oder aber es hat ein Temperament und Interessen, die mit der von den Eltern bevorzugten Lebensweise nicht übereinstimmen. Das kann beispielsweise bei adoptierten Kindern vorkommen, die aufgrund von vergangenem interpersonellem Trauma, Vernachlässigung oder Verlust von Bindungsbeziehungen keine Liebe oder Zuneigung für ihre Adoptiveltern zum Ausdruck bringen. Und es kann auch bei Kindern mit besonderen Bedürfnissen vorkommen, wodurch die Elternrolle weniger befriedigend und schwieriger sein kann.

Wenn Eltern während der Interaktionen mit ihren Kindern wütend sind oder Angst haben, ist ihre Beziehung zu ihren Kindern trotz ihrer defensiven und stressigen Eigenschaften immer noch aktiv. Wenn Eltern traurig und verzweifelt im Beisein ihrer Kinder sind und sich von ihnen zurückziehen, fängt die Beziehung allerdings an zu verkümmern und sowohl Eltern als auch Kinder fühlen sich allein gelassen und verlieren den Mut. Wenn die Elternrolle für Eltern keine Bedeutung enthält, wird sie schließlich auch keine oder nur eine geringe Bedeutung für ihre Kinder haben. Diese Kinder, die früher Aktivitäten mit ihren Eltern initiiert haben und später auf mögliche Gelegenheiten zu Interaktionen mit ihren Eltern geachtet haben, haben jetzt kein Interesse mehr an solchen Gelegenheiten. Sie denken einfach nicht mehr an sie. Wenn sich Kinder weniger an ihre Eltern wenden, um Fürsorge von ihnen zu erhalten, sind die elterlichen Fürsorgeverhaltensweisen schwieriger zu aktivieren und aufrechtzuerhalten.

Vielen Eltern wird zu einem bestimmten Zeitpunkt klar, dass sie keine bedeutungsvolle Beziehung zu ihren Kindern haben, obwohl sie sich vor Jahren eine solche Beziehung gewünscht haben. Sie glauben oft, dass es für Veränderungen zu spät ist. Diese Eltern hatten, wie bereits erwähnt, oft eine Kindheit, in der es an engen Beziehungen zu ihren eigenen Eltern fehlte, und sie wissen nicht, wie es ist, eine solch enge Beziehung zu einem anderen Menschen zu haben. Sie wissen nur, dass das Gefühl der Leere, das sie als Kinder fühlten, ihnen jetzt in ihre Beziehung zu ihren eigenen Kindern gefolgt ist.

Es ist wichtig, dass sich solche Eltern bewusst werden, dass ihre Kinder, so wie sie selber früher mit ihren eigenen Eltern, jetzt auch den Wunsch haben, dass es anders wäre, und dass die Eltern diesen Wunsch ihren eigenen Eltern gegenüber jahrelang hatten und vielleicht immer noch haben. Diese Eltern müssen sich klar darüber werden, dass ihre Kinder ihnen durchaus verzeihen und an ihrer gemeinsamen Beziehung arbeiten werden, wenn es ihnen aufrichtig leidtut, ihre Elternrolle nicht aktiv auszuüben, und sie sich bei ihren Kindern dafür entschuldigen und sich fest vornehmen, ihre Beziehung zu ihren Kindern zu ändern. Kinder können sich auch von blockierter Fürsorge erholen, das heißt, sie sind eher dazu bereit, die Blockade zu entfernen und ihren Eltern zu vergeben, wenn sie einen Grund zur Hoffnung haben, dass es auch anders sein könnte und dass ihre Eltern ihr Verhalten aufrichtig bereuen und bereit sind, daran zu arbeiten. Das Bedürfnis nach Verbindung ist sehr mächtig, und selbst wenn es blockiert ist, besitzt es immer noch das Potential, zum Vorschein zu kommen, wenn das Umfeld sicherer ist. Die im Zusammenhang mit Angst und Panik genannten Beispiele können möglicherweise auch Eltern helfen, die mit Traurigkeit und Verzweiflung zu kämpfen haben.

Emotionsregulation im Therapieraum

Aufgrund von Schwierigkeiten mit der Erziehung ihres Kindes professionelle Hilfe in Anspruch zu nehmen ist für Eltern eine sehr emotionale Entscheidung. Anzuerkennen, dass man Hilfe mit seinem Kind benötigt, kann Schamgefühle und die Angst erzeugen, ungerecht vom Therapeuten bewertet zu werden. Gleichzeitig haben Eltern, die Hilfe suchen, bereits starke Emotionen (Wut, Angst, Scham und Verzweiflung) in Bezug auf die täglichen

Probleme mit ihren Kindern. Daher ist es wichtig, dass der Therapeut sich zuerst um die Emotionen kümmert, die die Eltern mit in die Therapiesitzung hineinbringen. Diese Emotionen müssen vom Therapeuten akzeptiert und verstanden werden. Er muss ihnen mit Empathie begegnen, bevor die Eltern bereit dazu sein können, offen über ihre Schwierigkeiten mit ihren Kindern nachzudenken. Und von diesem Punkt aus können sich die Eltern wieder aktiv der in diesem Buch vorgestellten Qualität der Fürsorge widmen.

Abstimmung während der Therapie

Die Abstimmung des Therapeuten oder der Therapeutin auf die Emotionen der Eltern ist für die Eltern genauso wichtig und vorteilhaft, wie die Abstimmung der Eltern auf die Emotionen des Kindes für das Kind ist. Wenn der Therapeut auf die Emotionen der Eltern abgestimmt ist und das durch Empathie zum Ausdruck bringt, besonders wenn der Therapeut seinen Affekt dem der Eltern anpasst, erleben die Eltern oft diese Empathie und fühlen sich vom Therapeuten verstanden (oder „gefühlt"). Diese Empathie führt zu einem Gefühl der Sicherheit und zur Aktivierung des auf soziale Kontakte ausgerichteten Systems. Mit Hilfe dieser Sicherheit und der aktiven, nicht wertenden Nähe des Therapeuten sind die Eltern besser in der Lage, sich intensiver mit der Geschichte ihres Problems zu beschäftigen und gleichzeitig eine kohärentere und umfassendere Bedeutung der Geschichte zu entwickeln. Gefühlte Sicherheit und die Ko-Regulierung von Empathie durch den Therapeuten sind das Gehirn öffnende Prozesse, die den Eltern dabei helfen, auf die wenig benutzten und vermutlich unterentwickelten Bereiche ihres Gehirns zuzugreifen. Diese Bereiche müssen „aufgeweckt" werden, damit die Eltern sich von ihrer blockierten Fürsorge erholen können.

Die abgestimmte Antwortbereitschaft des Therapeuten auf die Geschichte der Eltern macht sich in den sanften, rhythmischen Bewegungen des Therapeuten bemerkbar. Solche Bewegungen sind auf den Tonfall der

Eltern angepasst. Sie ist auch in den verbalen Äußerungen des Therapeuten („Ach! … ja … ich verstehe“) zu finden, die mit den Formulierungen der Eltern übereinstimmen. Oder sie ist in den subtilen Veränderungen im Gesichtsausdruck des Therapeuten spürbar, welche wiederum den kleinen Bewegungen oder Gesten der Eltern gleichen. (Diese Aspekte der Reaktion des Therapeuten müssen natürlich und organisch sein. Sie dürfen nicht aufgesetzt sein oder vorgespielt werden.) Der Abstimmungsprozess wird auch deutlich, wenn Rhythmus und Intensität der verbalen Antwort des Therapeuten im Wesentlichen mit der vorangegangenen verbalen Äußerung der Eltern identisch sind. Eine solche abgestimmte Antwort ist äußerst wichtig für das Gefühl der Sicherheit der Eltern. Die Eltern fühlen sich auch sicher, wenn der Therapeut die von den Eltern erlebten Emotionen ko-reguliert. Die Wahrscheinlichkeit, dass die intensiven Emotionen der Eltern eine Extremform annehmen, ist geringer, wenn sich der Therapeut an den elterlichen Affekt anpasst, statt ruhig und sachlich zu bleiben oder gar frustriert zu sein und das Verhalten der Eltern zu bewerten.

Abgestimmte Interaktionen zwischen Eltern und Therapeut zeigen, wie schon zwischen Eltern und Kind, dass das Gehirn auf wechselseitige Weise arbeitet und funktioniert. Die Fähigkeit eines Einzelnen, einen anderen Menschen in einer Beziehung zu beeinflussen, ist wahrscheinlich dann von Bedeutung, wenn die Gehirne beider Personen auf synchronisierte, harmonische Weise arbeiten. Ein solcher Einfluss ist vermutlich weitaus geringer, wenn der eine dem anderen einen Vortrag hält, auch dann, wenn der Vortrag „psychoedukativer“ Natur und gut gemeint ist. In einem Zustand der Abstimmung aufeinander ist eine Ko-Regulierung von Emotionen eher möglich. In solchen Zuständen werden intersubjektive Erfahrungen geschaffen, die so gestaltet sind, dass die Erfahrung des einen die Erfahrung des anderen beeinflussen, vertiefen und Kohärenz erzeugen kann. So wie schon in der Eltern-Kind-Beziehung ist eine derartige „intervagale“ Synchronie auch zwischen Therapeut und Eltern besonders vorteilhaft. In einer solchen Interaktion hilft das intelligente, eng mit der rechten Hirnhälfte verbundene Vagus-System des Therapeuten (Schore, 2003) den Eltern dabei, aus den primitiveren Abwehrhaltungen ihres Nervensystems herauszutreten und ihr eigenes intelligentes Vagus-System zu aktivieren, jenes System, das sich als Letztes zur Förderung von sozialen Kontakten und empathischen, wechselseitigen Verbindungen entwickelt. Das ist der „Königsweg" zur Lösung von blockierter Fürsorge. In diesem Prozess sehen wir, was die SANE-Komponenten alles tun können: Sie aktivieren die heilende Wirkung der Interpersonellen Neurobiologie und sie erzeugen einen „*Wir*"-Geisteszustand, statt einen „*Ich-gegen-Dich*"-Zustand, den Eltern normalerweise mit in die Therapie hineinbringen (Siegel, 2010).

Man kann diesen Prozess auch als mitfühlende, abgestimmte Haltung des Therapeuten beschreiben, der auf seine eigenen, in diesem Buch beschriebenen fünf elterlichen Systeme zugreift und die Aktivierung aller dieser Systeme in den Eltern begünstigt. Die Anwendung seiner eigenen Systeme der Annäherung, Belohnung, „Elterndeutung" und Bedeutungsfindung sowie seines Exekutivsystems regt die Aktivierung dieser wenig benutzten, blockierten Systeme in Eltern an und ermöglicht es den Eltern, ihr Empathiepotential zu entdecken beziehungsweise neu zu entdecken und die miteinander verbundenen Systeme des elterlichen Gehirns zum Leben zu erwecken.

Im folgenden Beispiel zeigt der Vater (John) seiner Therapeutin (Rachel), wie wütend die Täuschungsmanöver seines fünfzehnjährigen Sohnes ihn machen.

Vater:	Warum bittet er mich nicht einfach um das, was er haben möchte? Warum versucht er es hinter meinem Rücken zu bekommen? Ich bin sein hinterhältiges Verhalten so leid!
Therapeutin	*(als Johns Wut sich steigert, bewegt er seine Arme hin und her, und Rachel lehnt sich, ohne sich dessen bewusst zu sein, mit seinen Armbewegungen vor und zurück und ihre Stimme spiegelt Johns Intensität wider):* Warum! Warum! Sie möchten einfach, dass er Ihnen gegenüber offener ist!
Vater:	Ja! Er soll mich mit mehr Respekt behandeln und dann werde ich ihn auch mit mehr Respekt behandeln!
Therapeutin	*(ihr Gesicht und ihre Stimme spiegeln seine Intensität wider):* Wenn er nur mit Ihnen ehrlich reden würde, wäre es sicher viel leichter, sich gemeinsam eine Lösung zu überlegen!

Vater: Warum sieht er das nicht?

Therapeutin: Warum sieht er das nicht? Das ist eine sehr gute Frage! Wenn er es täte, könnten Sie beide gemeinsam daran arbeiten! Sie wären einander näher, als Vater und Sohn, und genau das wünschen Sie sich ja so sehr. Und stattdessen bringt seine Heimlichtuerei Sie nur noch weiter auseinander! Und Sie wünschen sich Nähe!

Vater: Ich will einfach sein Vater sein! Kein Polizist, der versucht, ihn bei irgendetwas zu erwischen!

Therapeutin: Und Sie sind sein Vater! … Obwohl es nicht so aussieht, dass Sie sich jetzt so fühlen.

Vater: Nein, tut es nicht! Ich will, dass er mir vertraut! Wir sind vielleicht nicht immer einer Meinung, aber ich will, dass er mir vertraut! Dass er weiß, dass er auf mich zählen kann. Dass wir es gemeinsam meistern werden.

Therapeutin *(Johns Bewegungen und seine Stimme sind jetzt weniger intensiv und zeigen mehr Traurigkeit als Wut; Rachel passt auch hier wieder ihre Körpersprache seiner Traurigkeit an):* Das ist, was Sie sich am meisten wünschen, nicht wahr? Zusammen zu sein. Offen miteinander zu sprechen und alle schwierigen Momente zu meistern … weil Sie sein Vater sind … und er Ihnen vertraut und Ihnen auch nahe sein will.

Im Anschluss an eine derartige abgestimmte Interaktion zwischen Vater und Therapeutin ist der Vater eher bereit, gemeinsam mit seinem Sohn – und mit den SANE-Komponenten und der Hilfe seiner Therapeutin – den Täuschungsmanövern seines Sohnes auf den Grund zu gehen und seinen eigenen Wunsch näher zu erkunden, die Schwierigkeiten zwischen ihnen gemeinsam besser handzuhaben und einander gegenüber offen zu sein, während beide ihre Probleme miteinander lösen. Die Therapeutin antwortet mit SANE, als John ihr vom Verhalten seines Sohnes erzählt. Sie passt sich den emotionalen Auswirkungen, die dieses Verhalten auf John hat, an und dadurch ist John eher bereit, eine ähnliche Haltung seinem Sohn gegenüber zu zeigen. Er kann mehr Offenheit und Akzeptanz und weniger Wertung zeigen und die Gründe für das Verhalten seines Sohnes untersuchen. Dadurch, dass er das Mitgefühl seiner Therapeutin erlebt, kann John eher seine blockierte Fürsorge reduzieren. Im Gegenzug wird sein Sohn sich eher der offenen Kommunikation seines Vaters gegenüber öffnen und eher auf ähnliche kooperative Weise antworten.

Schamgefühle während der Therapie

Wenn sich Eltern mit blockierter Fürsorge in Therapie begeben, empfinden sie wahrscheinlich Scham. Und durch Scham nehmen sie eher eine defensive Haltung des Selbstschutzes ein. Diese Eltern sehen wahrscheinlich die Ursache des Problems in ihrem Kind und möchten wissen, wie sie das Verhalten ihres Kindes am besten ändern oder kontrollieren können. Der Therapeut muss bei diesen Eltern seine Aufmerksamkeit auf das Kind richten. Sie sollte nicht auf die Eltern gerichtet sein.

Ein Therapeut, der Eltern mit Schamgefühlen behandelt, muss eine Haltung der *radikalen Akzeptanz* (Brach, 2003) einnehmen, was die Wahrnehmungen, Gedanken, Emotionen und Wünsche der Eltern betrifft. Wenn Eltern eine solche Akzeptanz ihres Innenlebens durch den Therapeuten erfahren, können sie nach und nach einige ihrer eigenen Verhaltensweisen ihrem Kind gegenüber anerkennen, ohne sie zu verleugnen oder herunterzuspielen. Durch eine solche Akzeptanz wird das Vertrauen der Eltern in den Therapeuten mit der Zeit größer und die Eltern sind eher bereit, Aspekte ihres Innenlebens mit ihm zu teilen. Der Therapeut kann sich zuerst auf das Verhalten des Kindes und damit verbundene disziplinarische Maßnahmen der Eltern konzentrieren. Dadurch fühlen die Eltern sich vom Therapeuten verstanden. Sie wissen, dass er weiß, wie schwer es ist, ein Kind mit solchen Symptomen großzuziehen. Zu diesem Zeitpunkt besteht kein Anlass, die Ursache der Symptome zu diskutieren, sondern der Therapeut sollte vermitteln, dass es sehr schwer sein muss, Eltern eines Kindes mit solchen Verhaltensweisen zu sein. Der Therapeut konzentriert sich dabei mit Neugier und Empathie darauf, wie die Eltern diese stressigen Situationen mit ihrem Kind über einen langen Zeitraum hinweg erleben. Dadurch wird die Basis geschaffen, dass das

Eltern-Sein in dieser Situation, ungeachtet der Ursache der bestehenden Schwierigkeiten, sehr schwierig ist.

Der Therapeut kann mit Hilfe seiner Stimme tiefe Empathie vermitteln und zum Beispiel eine oder mehrere der folgenden Bemerkungen machen:

„Wie schwer das für Sie sein muss … und das jeden Tag."

„Wie können Sie nur weitermachen … jeder Tag scheint so stressig zu sein!"

„Ich wette, dass Sie nicht gedacht hätten, dass es so schwierig mit Ihrem Kind sein würde, als Sie Mutter (Vater) geworden sind."

„Wenn Sie sich so sehr bemühen und nichts zu funktionieren scheint, fühlen Sie sich dann entmutigt? Haben Sie Ihre Lage jemals als hoffnungslos empfunden?"

„Manchmal denken Sie also, dass Sie Ihr Kind nicht mögen. Wie hart das für Sie sein muss."

Solche Bemerkungen, wenn sie mit Mitgefühl und Güte ausgedrückt werden, vermitteln Eltern, dass sie ihr Kind sehr lieben, dass sie mit der jetzigen Situation nicht zufrieden sind und dass sie alles Notwendige tun würden, um die Beziehung zu ihrem Kind wieder in Ordnung zu bringen. „Alles Notwendige", im Rahmen der Akzeptanz und Empathie des Therapeuten, umfasst schließlich auch das Erleben der Eltern ihrer eigenen blockierten Fürsorge und der damit verbundenen Verhaltensweisen. Wenn Eltern anfangen, sich aufgrund der Akzeptanz und Empathie des Therapeuten sicher zu fühlen, werden sie wahrscheinlich ihre Schamgefühle in Äußerungen anerkennen wie zum Beispiel:

„Ich bin einfach keine gute Mutter (kein guter Vater). Ich habe es versucht, bin aber einfach nicht gut in meiner Rolle als Mutter (Vater)."

„Vielleicht hätte ich nie Kinder bekommen sollen … manche Menschen sind einfach nicht für das Eltern-Sein gemacht. Und ich glaube mittlerweile, dass ich auch zu diesen Menschen gehöre."

„Ich habe mich noch nie so sehr als Versagerin (Versager) gefühlt wie jetzt als Mutter (Vater)."

Wenn Eltern solche Bemerkungen machen, kann der Therapeut den Eltern versichern, dass sie nicht die Versager sind, für die sie sich halten, und das beispielsweise so zum Ausdruck bringen:

„Sie sind eine gute Mutter (ein guter Vater)! Wir machen alle manchmal Fehler."

„Sie haben einen Fehler gemacht. Das ist ganz natürlich."

„Für jeden Fehler, den Sie gemacht haben, haben Sie unzählige Dinge als Mutter (Vater) richtig gemacht."

Solche Bemerkungen dienen dazu, den durch allgegenwärtige Schamgefühle verursachten Schmerz der Eltern zu lindern. Der Therapeut kann diese Bemerkungen auch machen, weil ihm der Schmerz der Eltern unangenehm ist und er versucht, das „Problem zu lösen". Oder die Schamgefühle der Eltern rufen Schamgefühle im Therapeuten hervor. Wenn die Eltern sich als Eltern unfähig fühlen und der Therapeut die Eltern schon seit einiger Zeit behandelt, wie muss sich der Therapeut dann fühlen? Nicht sehr überzeugt von seinen eigenen Fähigkeiten.

Eine deutlich therapeutischere Reaktion auf die Schamgefühle der Eltern ist mehr Akzeptanz und Empathie, auf die Neugier folgt [SANE, obwohl in diesem Fall ein spielerischer Umgang unangemessen wäre, daher (S)ANE]. Mit Hilfe der SANE-Komponenten kann der Therapeut die Schamgefühle der Eltern erleben und ihnen sein Verständnis mit Mitgefühl und wertfrei entgegenbringen. Dieses Mitgefühl ermöglicht es den Eltern und dem Therapeuten, diese Schamgefühle gemeinsam zu regulieren, sie zu untersuchen und sie, zusammen mit der scharfen Selbstkritik der Eltern, nach und nach zu verringern. Das folgende Beispiel zeigt, wie Therapeuten mit elterlichen Schamgefühlen umgehen können:

Mutter (Vater): Ich habe wirklich als Mutter (Vater) versagt.

Therapeut(in): Diese Vorstellung muss hart für Sie sein … und mir gegenüber diesen Gedanken auszusprechen auch.

Mutter (Vater): Es ist verdammt hart.

Therapeut(in): Das muss ein richtiger Albtraum für Sie sein! Sie lieben Ihre Tochter so sehr und das Gefühl, dass Sie Ihrer Rolle nicht gerecht werden, muss sehr wehtun.

Mutter (Vater): Was ich auch mache, ist falsch!

Therapeut(in): Sie scheinen jetzt zu glauben, dass Sie nicht auf die bestmögliche Weise auf Ihre Tochter reagiert haben und dass das etwas über Sie als Mensch aussagt … dass es nicht einfach nur ein Fehler ist, den Sie gemacht haben. Geht es Ihnen schon seit Langem so?

Mutter (Vater): Seit Ewigkeiten … nein, das stimmt so nicht. Als sie klein war … bevor sie in die Schule gekommen ist … habe ich geglaubt, meine Sache als Mutter (Vater) gut zu machen! Eine gute Mutter (ein guter Vater) zu sein. Aber seitdem scheint es jedes Jahr, jeden Monat, schlimmer zu werden. Und jetzt denke ich, dass das an mir liegen muss.

Sind die Schamgefühle kleiner geworden, sind die Eltern besser in der Lage, sich mit anderen negativen Gefühlen zu beschäftigen. Innerhalb der Offenheit mit dem Therapeuten, die eine Ko-Regulierung der Eltern möglich macht, fangen die Eltern an, mehr über die Schwierigkeiten mit ihren Kindern nachzudenken. Wenn es weniger Schamgefühle gibt, bringen die Eltern ihre Wut, Angst oder Traurigkeit klarer zum Ausdruck, eben jene Gefühle, die mehrfach im Laufe des Tages in den Vordergrund treten. Wenn Eltern das Vorhandensein dieser Gefühle akzeptieren und sich sicher sind, dass der Therapeut diese Gefühle ebenfalls akzeptieren wird, dann werden sie die Freiheit erleben, diesen Gefühlen mit nicht wertender Neugier auf den Grund zu gehen. Und von dieser neuen Warte aus ist es eher möglich, dass Eltern Empathie für die eigene Person und ihr Kind erleben. Der Therapeut übernimmt die Führung und lässt die Eltern an den SANE-Eigenschaften teilhaben, aber die Eltern sind nun in der Lage, selber auf diese SANE-Eigenschaften zurückzugreifen, mit einem offenen und besser vernetzten Gehirn.

Wut während der Therapie

Da die Wut von Kindern vermutlich außer Kontrolle und größer ist als die der Eltern und da die Wut von Kindern oft ein Problem darstellt, besteht die Gefahr, dass sich der Therapeut auf die kindliche Wut konzentriert, ohne sich der Wut bewusst zu sein, die Eltern gegenüber ihren Kindern empfinden können. Eltern können durchaus ihre eigene Wut eingestehen und dann angeben, dass das Kind „damit angefangen hat" und dass die Wut der Eltern daher gerechtfertigt ist und es sie gar nicht gäbe, würde das Kind sich nicht so schlecht benehmen. Es besteht die Gefahr, dass der Therapeut einer solchen Argumentation zustimmt und mit dem Kind an seiner Aggressionsbewältigung arbeitet, ohne sich der wechselseitigen Natur der Wut bewusst zu sein. Der Therapeut denkt möglicherweise, dass die Wut des Kindes unangemessen und die der Eltern angemessen ist, und konzentriert sich dann auf das Problem, als beträfe es nur das Kind alleine.

Eine weitere ebenfalls eingeschränkte Wahrnehmung ist, dass die Wut der Eltern unangemessen ist und die (unangemessene oder angemessene) Wut des Kindes hervorruft. In diesem Fall werden die Eltern als bestrafende Instanz wahrgenommen und der Therapeut konzentriert sich auf die gewohnheitsmäßige Wut der Eltern mit dem gleichen psychoedukativen Ansatz der Aggressionsbewältigung, nur dieses Mal ist er auf die Eltern gerichtet. Bei beiden der oben genannten Perspektiven findet zuerst eine Bewertung durch den Therapeuten statt, wer (Eltern oder Kind) für das Problem durch unangemessene Wut verantwortlich ist. Der Therapeut glaubt, dass der Verantwortliche nur seine Aggressionen bewältigen muss und das Problem dann damit auch verschwinden wird. Eine solche Vorstellung führt oft zu Enttäuschung und Therapieversagen.

Ein wahrscheinlich produktiverer therapeutischer Ansatz wäre es, sich nicht so sehr mit der Frage zu beschäftigen, „wer damit angefangen hat", sondern sich auf den bestehenden wechselseitigen Prozess zu konzentrieren, der die Wut und die Distanz zwischen Eltern und Kind erzeugt und zu schwachen Bindungen und blockierter Fürsorge führt. Das wunderschöne Funktionieren des zweiteiligen Gehirns von Eltern und Kind ist ausgeschaltet und nun ein voneinander getrenntes Funktionieren von isolierten Gehirnen, die den „unteren Weg“ eingeschlagen haben und auf reaktive, defensive Weise arbeiten.

Der Therapeut arbeitet nicht mit dem Eltern-Kind-Paar, sondern zuerst mit den Eltern, und konzentriert sich auf die elterlichen Erlebnisse von blockierter Fürsorge. Dabei begegnet er den Eltern wertfrei und wendet die SANE-Komponenten an. Der Therapeut sucht weder nach der Ursache noch nach dem Verursacher für die Konflikte und die Distanz zwischen Eltern und Kind, sondern er versucht, den Eltern zu helfen, sich ihrer Erfahrungen mit ihrem Kind deutlicher bewusst zu werden. Ist der Therapeut erfolgreich, werden die Eltern schrittweise die SANE-Eigenschaften aktiv anwenden und, sei es sehr schnell oder mit der Zeit, ihr Kind weitaus seltener negativ bewerten. Wenn sich Eltern sicher fühlen, wird ihr auf soziale Kontakte ausgerichtetes System aktiviert und sie werden sich offener mit den komplexen Prozessen im Gehirn beschäftigen, die der Emotionsregulation dienen und ihnen dazu verhelfen, die gegenwärtige Situation mit ihrem Kind zu verstehen.

Therapeuten müssen sich der Möglichkeit bewusst sein, dass die Wut der Eltern eine wütende Reaktion in ihnen selber auslöst, auch wenn sich diese auf gänzlich nonverbale Weise zeigen kann. Therapeuten können Eltern als Bestrafer ihrer Kinder wahrnehmen und es sich dann zum Ziel machen, deren Kinder vor dieser Einstellung zu beschützen. Und das kann zu einer negativen Bewertung der elterlichen Wut durch die Therapeuten sowie einem Kreislauf aus Wut und Abwehr zwischen Eltern und Therapeuten führen, einem Kreislauf, der den zwischen Eltern und Kindern bestehenden Kreislauf widerspiegelt.

Im Nachfolgenden finden Sie zwei Beispiele, wie ein Therapeut auf die Wut einer Mutter gegenüber ihrem Kind reagiert. Im ersten Beispiel bewertet der Therapeut die Wut der Mutter und seine Bewertung führt zu einem defensiven Grundton während des Gesprächs. Im zweiten Beispiel stimmt der Therapeut sich auf die Wut der Mutter ab und lässt die Eigenschaften von SANE in das Gespräch einfließen, wodurch sich ein offenes und wechselseitiges Gespräch erschließt.

Die Mutter (Betty) erzählt ihrem Therapeuten (Mark) von ihrer ständigen Wut auf ihre Tochter und vom negativen, gereizten Verhalten ihrer Tochter ihr gegenüber.

1. Beispiel

Betty: Ich mag sie einfach nicht mehr! Die meiste Zeit über ist sie eine richtige kleine Göre! So nenne ich sie natürlich nicht in ihrem Beisein, denken tue ich es aber schon.

Mark: Das ist ein ziemlich starker Ausdruck, finden Sie nicht? Ihr Verhalten ist sicher schwierig und ich verstehe, dass Sie wütend auf sie sind. Meinen Sie das wirklich, dass sie eine Göre ist und Sie sie nicht mögen?

Betty: Ja, das tue ich! Sie stellt sich schon lange so an und ich habe einfach keine Geduld mehr damit! Ich will, dass es aufhört, und ich bin es leid, sie um mich zu haben, wenn sie sich so verhält.

Mark: Ich befürchte, dass Sie genauso negativ wie sie werden. Wenn das der Fall ist, wird sie sicher ihr Verhalten nicht ändern können. Wie wäre es, wenn wir uns zuerst mit Ihrer Wut beschäftigen und dann, wenn Sie mehr Mitgefühl entwickelt haben, an der Wut Ihrer Tochter arbeiten?

Betty: Es ist also meine Schuld?! Ich bin schuld an ihrem beschissenen Verhalten?!

Mark: Ich sage nicht, dass Sie schuld an ihrem Verhalten sind. Was ich sagen will, ist, dass wir, wenn wir Ihre eigene Wut verringern können, schneller das Verhalten Ihrer Tochter ändern können.

Betty: Mir gefällt die Idee nicht, dass ich die ganze Arbeit leisten und dafür verantwortlich sein soll, dass sie sich wieder zivilisiert benimmt. Sie soll auch Verantwortung für ihr Benehmen übernehmen.

Mark: Ich stimme Ihnen zu, dass sie Verantwortung für ihr eigenes Verhalten übernehmen muss. Ich sage nur, dass Sie Ihre Wut besser kontrollieren müssen, damit sie das auch tun kann.

Betty: Und ich sage, dass es kein Problem mit meiner Wut gäbe, wenn sie mir mehr Respekt zeigen würde.

Mark: Mir geht es nicht darum, wer für das Problem verantwortlich ist. Ich sage nur, dass Sie als Mutter den ersten Schritt machen müssen, um es zu lösen.

Betty: Vielleicht fühle ich mich nicht mehr wie eine Mutter.

Mark: Dann kann ich Ihnen nicht helfen. Und Ihrer Tochter auch nicht.

Betty: Danach sieht es aus. *(Steht auf, um zu gehen.)*

2. Beispiel

Betty: Ich mag sie einfach nicht mehr! Die meiste Zeit über ist sie eine richtige kleine Göre! So nenne ich sie natürlich nicht in ihrem Beisein, denken tue ich es aber schon.

Mark: Oh, Betty! Wie hart das für Sie sein muss! Wie hart! *(Mark lehnt sich nach vorne und spricht mit dem gleichen Rhythmus und der gleichen Intensität wie Betty.)*

Betty: So habe ich mir das Eltern-Sein ganz sicher nicht vorgestellt!

Mark: Natürlich nicht! Als Ihre Tochter klein war, müssen Sie sich ihr sehr nahe gefühlt haben … und sie muss sich Ihnen sehr nahe gefühlt haben. Sie hätten sich sicher nicht vorstellen können, dass Ihre Beziehung jemals zu solchen Konflikten und zu einer solchen Distanz führen würde.

Betty: Nein, das hätte ich nie für möglich gehalten. Ich habe mir so sehr eine Beziehung zu ihr gewünscht, die anders als meine Beziehung zu meiner Mutter ist. Und jetzt halte ich sie für eine Göre! Und ich mag meine eigene Tochter nicht mehr!

Mark: Wie weh das tun muss! Sie möchten Ihrer Tochter wieder nahe sein … so wie Sie es früher waren.

Betty: Wenn sie doch nur nicht so eine Göre wäre! So, ich habe es jetzt noch einmal gesagt. Ich bin so wütend auf sie.

(Therapeut und Mutter reden über die Wut der Mutter und wie sie die Beziehung zu ihrer Tochter sieht. Danach findet das folgende Gespräch statt.)

Betty: Es ist mir wirklich wichtig. Ich möchte nicht, dass es so zwischen uns ist.

Mark: Ich kann nachvollziehen, dass Ihnen das wichtig ist, Betty, wie wichtig es Ihnen ist. Könnten Sie mir bitte sagen … Sie haben vorher erwähnt, dass Sie sich eine Beziehung zu Ihrer Tochter wünschen, die nicht so ist wie Ihre Beziehung zu Ihrer eigenen Mutter. Könnten Sie mir bitte sagen, wie Ihre Beziehung zu Ihrer eigenen Mutter war?

Betty: Wir waren uns nie nahe! Aber das war ihr nicht wichtig. Aber mir ist es wichtig, was mit meiner Tochter und mir ist!

Mark: Ich weiß, dass es Ihnen wichtig ist, Betty, ich weiß. Und gerade das macht die ganze Angelegenheit so schmerzlich … Ihnen ist es wichtig! Bitte erzählen Sie mir mehr von Ihrer Beziehung zu Ihrer Mutter. Es gibt vielleicht eine Verbindung zwischen beiden Situationen: wie schwer es für Sie war, Ihrer Mutter nahe zu sein, und wie schwer es jetzt ist, Ihrer Tochter nahe zu sein.

Im zweiten Beispiel gelingt es Betty, durch Marks abgestimmte und durch SANE-Eigenschaften gekennzeichnete Antwortbereitschaft, aus ihrer Haltung der Wut herauszutreten, auf ihre Traurigkeit zuzugreifen und nicht in eine Abwehrhaltung überzuwechseln, als Mark über einen Zusammenhang zwischen Bettys Verhältnis zu ihrer eigenen Mutter und ihrem jetzigen Verhältnis zu ihrer Tochter nachdenkt. Sie fühlt sich in Marks Gegenwart sicher und vertraut ihm, dass ein Gespräch über dieses Thema ihre Beziehung zur Tochter verbessern könnte. Betty merkt, dass Mark sie nicht wegen ihrer Wut und ihrer Schwierigkeiten mit ihrer Tochter verurteilt, und ist daher in der Lage, Marks Vorschlag zu vertrauen, möglichen Faktoren bei ihren Problemen mit ihrer Tochter auf den Grund zu gehen und über Möglichkeiten nachzudenken, wie ihre Beziehung verbessert werden könnte. Weil sie sich in seiner Gegenwart sicher fühlt, ist sie sich eher der Probleme ihres angespannten Verhältnisses zu ihrer Mutter bewusst und kann gleichzeitig die damit verbundenen negativen Emotionen regulieren.

Manchmal geben Eltern zu, dass ihre Wut auf ihre Kinder der Wut ihrer eigenen Eltern auf sie ähnlich ist. Danach fügen sie jedoch meist hinzu, dass die Wut ihrer Eltern gerechtfertigt war, weil sie sich nicht richtig verhalten hatten, und dass die Wut *ihrer* Eltern ihnen nicht geschadet hat. Es ist nicht sehr produktiv, darauf hinzudeuten, dass die Wut der Eltern *nicht* gerechtfertigt gewesen war und ihnen *doch* geschadet hat. Hilfreicher wäre es, die Eltern zu fragen, ob die Wut ihrer eigenen Eltern es ihnen schwer gemacht hat, ihnen nahe zu sein und mit ihnen zu kommunizieren. Würden sich diese Eltern eine engere Beziehung zu ihren eigenen Eltern wünschen und hätten sie gerne zu ihren eigenen Kindern eine engere Beziehung als die,

die sie zu ihren eigenen Eltern haben oder hatten? Diese Eltern werden sehr wahrscheinlich erkennen, dass die Wut ihrer eigenen Eltern, ob gerechtfertigt oder nicht, eine offene Kommunikation mit ihnen behindert hat.

Angst während der Therapie

Wenn sich Eltern, die Angst haben, in Therapie begeben, befinden sie sich sehr wahrscheinlich in einem Zustand, der einer posttraumatischen Belastungsstörung (PTBS) ähnelt. Die Angst der Eltern zu ignorieren und ihnen stattdessen zu sagen, was sie tun sollen, um das Verhalten ihrer Kinder (welche eben diese Angst hervorrufen) in den Griff zu bekommen, ist sicherlich kontraproduktiv. Ob die Angst mit Eltern-Kind-Problemen zusammenhängt oder nichts mit den Kindern zu tun hat, der Therapeut muss sich mit ihr befassen und sie behandeln, bevor er sich mit der Wiederherstellung der Eltern-Kind-Beziehung beschäftigen kann. Wenn die Angst mit Problemen in der Beziehung zusammenhängt, dann ist Auseinandersetzung mit der Angst vermutlich ein erster Schritt bei der Auseinandersetzung mit der Beziehung selber. Eltern müssen sich sicher fühlen, ehe sie sich offen mit ihrer Angst vor ihren Kindern und ihren Ängsten um die Beziehung zu ihnen beschäftigen können. Wer seine Elternrolle gut ausüben will, braucht innere Sicherheit.

SANE eignet sich hervorragend zur Auseinandersetzung mit den Ängsten der Eltern. Die akzeptierende, nicht wertende Gegenwart des Therapeuten ermöglicht es den Eltern, sich sicher genug zu fühlen, um die Angst selber zu erforschen. Der Therapeut ko-reguliert die entstehende Angst und stellt sicher, dass sie nicht so groß wird, dass die Eltern sie nicht mehr handhaben können. Innerhalb einer solchen Ko-Regulierung erzeugt die abgestimmte Präsenz des Therapeuten Empathie und dadurch fühlen sich die Eltern bei ihrem Erleben der Angst unterstützt. Und von diesem Punkt aus können die Eltern mit Hilfe von Neugier die Verhaltensprobleme und ihre Ursachen analysieren und die Bedeutung der Konflikte und die Brüche in der Beziehung näher untersuchen. Eine Untersuchung, die keinerlei Wertung, sondern nur Akzeptanz und Verständnis enthält, schafft Sicherheit. Wenn die Probleme auf tieferer Ebene Sinn ergeben, öffnen sich im

Allgemeinen neue Möglichkeiten im Umgang mit der Situation, die nun Hoffnung enthält. Eine solche Hoffnung verringert die Angst der Eltern und die Notwendigkeit, sich jetzt nur noch auf ihren Therapeuten bei der Problembewältigung zu verlassen. Wenn die Kinder später dann mit den Eltern an der Therapie teilnehmen, sind die Eltern eher bereit, sich wieder auf ihre Kinder einzulassen und dabei alle fünf Gehirnsysteme anzuwenden, die wir in diesem Buch beschrieben haben.

Wenn Eltern Angst haben (oder sich in einem anderen negativen emotionalen Zustand befinden), ist es sehr wichtig, dass der Therapeut nicht zu früh Bewertungen vornimmt oder Vorschläge zur Verhaltensänderung macht. Die Eltern werden sehr wahrscheinlich nicht die nötige emotionale Energie besitzen, um solche Vorschläge im Alltag in die Tat umzusetzen. Falls die Eltern den Verhaltenserwartungen des Therapeuten dennoch gerecht werden, ist das Risiko, dass sie den offenen, intersubjektiven Zustand nicht aufrechterhalten können, sehr groß. Und dieser offene, intersubjektive Zustand ist die Voraussetzung für eine positive Reaktion der Kinder. Wenn Eltern stattdessen eine ernste, zielorientierte und auf die vor ihnen liegende Aufgabe bezogene Haltung einnehmen, werden die Kinder höchstwahrscheinlich mit Selbstschutz und Abwehr reagieren, was umgekehrt negative Reaktionen in den Eltern auslösen wird. Frühe Verhaltensänderungen müssen erfolgreich sein, wenn sie Zuversicht und Hoffnung bezüglich ihres weiteren Erfolgs erzeugen sollen. Nicht Eltern, die Angst haben, sondern Eltern, die sich sicher fühlen, werden einen solchen Erfolg erzielen können.

Beispiel: Die Mutter (Cathy) ist sehr aufgeregt und beschreibt ihre täglichen stressigen Interaktionen mit ihrer Tochter. Ihre Therapeutin (Danielle) passt sich an ihren Affekt an und vermittelt damit, dass sie ihre Not versteht und, auf gewisse Weise, nachempfinden kann. Sie führt Cathy in ein Gespräch hinein, in dem sie ihre Emotionen besser regulieren und offener über ihre Situation nachdenken kann.

Mutter *(spricht seit zehn Minuten ohne Unterlass und scheint Danielles Gegenwart und Antwortbereitschaft gar nicht zu bemerken):* Es hört einfach nicht auf! Mir graut vor den Stunden und Minuten *(sehr aufgeregt, spricht schnell und sehr intensiv)!* Wann hört das auf? Wie kann ich so weitermachen? Was soll ich nur tun? Heute Morgen, bevor sie zur Schule gegangen ist, …

Therapeutin: Cathy, Cathy, Cathy! Ich möchte das alles gerne verstehen. Ich möchte wissen, was Sie durchmachen. Was zu Hause mit Ihrer Tochter passiert, scheint Sie zu überwältigen. Mit Ihrer Tochter! Und Sie glauben, dass das alles nie aufhören wird!

Mutter: Ja, ich wollte Ihnen erzählen, dass sie heute Morgen nach dem Aufstehen zur Schule gegangen ist … und das Frühstück, das ich ihr gemacht hatte, ignoriert hat. Sie hat sich eine Dose Limo und ein paar Cracker genommen … hat keinen Ton zu mir gesagt … und ist einfach aus dem Haus gerannt …

Therapeutin *(unterbricht sie):* Sie hat keinen Ton gesagt? Wie war das für Sie!

Mutter: Wie soll es gewesen sein? Ich habe ihr nachgeschrien, als sie die Einfahrt hinuntergelaufen ist: „Ich bin Deine Mutter!" Und sie hat zurückgeschrien: „Na, und?" Ich halte es einfach nicht mehr aus. Sie ist so …

Therapeutin *(unterbricht sie noch einmal):* Als Sie versucht haben, eine Verbindung zu ihr herzustellen, und sie Sie ignoriert hat und dann geantwortet hat und Sie sich so verletzt gefühlt haben …

Mutter: Sie ist so gehässig! Den ganzen Tag habe ich auf die Uhr geschaut und vor ihrer Rückkehr Angst gehabt. Manchmal denke ich …

Therapeutin: In Ihrem eigenen Haus. Voller Angst auf die Rückkehr Ihrer Tochter zu warten …

Mutter: Sie haben mich schon wieder unterbrochen!

Therapeutin: Ich weiß und ich entschuldige mich. Ich will einfach nur verstehen, was Sie gerade durchmachen, und Sie haben ein so großes Bedürfnis, mir so viel zu erzählen … so schnell, dass ich Angst habe, Sie misszuverstehen, wenn ich mich nicht ins Gespräch einbringe.

(Die Mutter fährt fort zu erzählen, wie überwältigend die Situation für sie ist, und die Therapeutin fährt damit fort, sie darin zu unterstützen, sich auf die Bedeutung der Situation zu konzentrieren.)

Mutter: Ich verstehe es einfach nicht *(der Rhythmus ist jetzt deutlich langsamer; sie fängt an zu weinen)* ... warum sie mich so behandelt. Ich liebe sie so sehr. Warum liebt sie mich nicht?

Therapeutin: Oh, Cathy. Sie lieben sie wirklich! Wie schmerzlich! Wie beängstigend es sein muss, nicht zu wissen, ob sie Ihre Liebe erwidern wird ... oder ob sie Sie angreifen wird.

Mutter: Ich möchte wissen warum.

Therapeutin: Ja, das verstehe ich. Sie müssen wissen warum! Wenn Sie nur wüssten warum. Dann wüssten Sie vielleicht auch, was zu tun ist ... was Sie tun könnten.

Mutter: Wissen Sie, warum sie sich so verhält?

Therapeutin: Nein, Cathy, das weiß ich nicht. Wir müssen versuchen, das zu verstehen. Wir werden darüber sprechen und das wird helfen. Und dann werden wir sie bitten, mit Ihnen zur Therapie zu kommen, und ihr zuhören. Und vielleicht werden wir dann wissen, was in Ihrer Tochter vor sich geht, dass sie sich so verhält. Wenn wir das verstanden haben, werden wir vielleicht wissen, wie wir ihr dabei helfen können, damit aufzuhören.

Mutter *(schweigt einige Minuten lang und lächelt dann vorsichtig):* Damit aufzuhören wäre gut!

Therapeutin *(lächelt zurück):* Ja, das wäre es. Ganz sicher. Und, Cathy, mir gefällt Ihr Lächeln. Es schenkt mir Zuversicht. Ihr Lächeln wird Sie ... aus Ihrer Furcht ... aus Ihrer Angst ... führen ... und es wird Ihnen helfen, Ihre Kraft wiederzufinden. Wir schaffen das ... gemeinsam.

Mutter: Erwarten Sie nicht, dass ich jetzt die ganze Zeit über lächele.

Therapeutin: Nein, Cathy, keine Sorge. Ihre Angst, Ihre Wut und, ja, auch Ihre Enttäuschung sind in Ordnung. Wo immer Sie sich auch befinden, ich werde dort mit Ihnen sein und wir fangen dort gemeinsam an.

Manchmal ist die Not der Eltern so groß, dass sie ohne Unterlass auf den Therapeuten einreden und dadurch nicht die Empathie und das Verständnis des Therapeuten erleben können. Es kann sein, dass Eltern dadurch versuchen, die Panik zu meiden, die den Alltag mit ihren Kindern kennzeichnet. Und daraus wird dann schnell ein Monolog, der nicht therapeutisch ist und nur noch mehr Frustration und Isolation für die Eltern nach sich zieht. In solchen Situationen muss der Therapeut sich an die aufgeregte Ausdrucksweise der Eltern anpassen, indem er schnell und lebhaft antwortet und sogar, falls nötig, den Monolog unterbricht, um ein Gespräch anzufangen, mit dessen Hilfe die Eltern seine Akzeptanz und Empathie auch wahrnehmen können. Ko-reguliert der Therapeut erst einmal die emotionale Erfahrung der Eltern durch sein Anpassen an ihre affektive Ausdrucksweise, ist es leichter für ihn, die Eltern zum Nachdenken anzuregen. Auch wenn ein solches Nachdenken zuerst wertend und auf Veränderung ausgerichtet sein mag, kann der Therapeut meist mit Geduld den Eltern dabei helfen, zuerst nur die gegenwärtige Situation mit offener Neugier ihren Kindern gegenüber zu verstehen und zu akzeptieren.

Verzweiflung während der Therapie

Wenn Eltern nicht mehr den Wunsch verspüren, eine engere Beziehung zu ihren Kindern zu haben, oder wenn sie verzweifelt sind und glauben, dass sie niemals eine solch enge Beziehung zu ihnen haben oder das Leben ihrer Kinder positiv beeinflussen werden, werden Therapeuten nur noch mehr Enttäuschung und Gefühle des Versagens auslösen, wenn sie diese Eltern dazu ermutigen, mehr Zeit mit ihren Kindern zu verbringen oder mehr mit ihnen zu kommunizieren. Diese Eltern haben weder die Kraft noch einen Grund dafür. Es fehlt ihnen zudem an der Befriedigung, die sie für die Aufrechterhaltung ihrer Motivation benötigen, wenn die Dinge nicht so gut stehen. So wie auch schon bei Eltern, die häufig die anderen negativen Emotionen in Bezug auf ihr Eltern-Sein erleben, können Therapeuten die Wünsche und Hoffnung solcher Eltern, dass sie wieder in ihre Elternrolle zurückfinden werden, nach und nach aktivieren, wenn sie SANE anwenden. Im folgenden Beispiel unterhalten sich der Vater (Dave) und sein Therapeut (Ron). Dave zeigt sich passiv und zurückgezogen während der

Therapiesitzung. Seine Hoffnung, dass sein Verhältnis zu seiner Tochter sich jemals ändern wird, ist sehr gering.

Vater: Ich bin hier, weil ich hier sein sollte … ich will nicht wirklich hier sein … ich glaube nicht, dass sich irgendetwas zwischen mir und Janet ändern wird.

Therapeut: Sie scheinen nur sehr wenig Hoffnung zu haben … so wenig Hoffnung, dass sich die Situation zwischen Ihnen und Janet verbessern wird. Wie ist das für Sie?

Vater: Nun … früher hat es mich vielleicht gestört … aber jetzt ist da nichts mehr … ich denke … ich denke, dass es jetzt wahrscheinlich zu spät ist.

Therapeut: Zu spät?

Vater: Ja … ich denke, ich habe früher versucht, ein besserer Vater zu sein … ich weiß noch, dass ich mich bemüht habe … aber das hat nie irgendetwas gebracht … und jetzt … Janet scheint es egal zu sein, ob ich da bin oder nicht … ich weiß nicht, ob es ihr jemals etwas bedeutet hat. Als ich auf sie aufgepasst habe, hat sie immer nach ihrer Mutter gefragt. … sie wusste wohl damals schon, dass ich nicht viel als Vater getaugt habe … und ich glaube nicht, dass sich das ändern wird.

Therapeut: Ich spüre … wenn ich Ihnen zuhöre, Dave, … vielleicht stört es Sie oberflächlich gesehen nicht, wie Sie sagen … aber ich spüre eine tiefe Traurigkeit … den tiefen Wunsch, es wäre anders … Sie und Janet hätten einen Weg gefunden, sich näher zu sein … als Vater und Tochter.

Vater: Vielleicht haben Sie recht. Vielleicht … aber was nützt es jetzt, darüber zu reden?

Therapeut: Ich weiß es nicht, Dave. Ich weiß es nicht. Aber würden Sie es zulassen, diese Traurigkeit ein klein wenig zu spüren?

Vater *(nach zwei oder drei Minuten):* Das ist kein schönes Gefühl … Das ist nicht etwas, das ich öfter machen möchte.

Therapeut: Nein, sicher nicht. So viel Traurigkeit … und ich spüre, dass Ihre Traurigkeit sehr groß … fast schon Verzweiflung ist … es muss sehr wehtun, wenn Sie sie zulassen und sich nicht von anderen Dingen ablenken lassen … ich frage mich, Dave, wie es wäre, wenn Sie in diesem traurigen Zustand blieben und sich vorstellten, dass Sie und Janet eine wunderschöne Vater-Tochter-Beziehung hätten? … Wie wäre das? Was würden Sie sich vorstellen?

Vater *(nach einigen Minuten):* Ich stelle mir vor, wie wir gemeinsam am See spazieren gehen … ich stelle mir vor, wie sie mir von der Medaille erzählt, die sie im Schwimmen gewonnen hat, wie sie sie hochhält und voller Stolz strahlt … und wie ich sie umarme. Ich stelle mir vor, wie sie neben mir sitzt und wir uns gemeinsam einen lustigen Film im Fernsehen anschauen … wie wir lachen … uns ansehen und uns anlächeln. Ich stelle mir vor … ich stelle mir vor … *(ist den Tränen nahe)* … wie wir gemeinsam etwas unternehmen … ein Puzzle am Esstisch machen … ein verdammtes Puzzle machen … etwas … das ich immer mit meinem Vater machen wollte *(weint jetzt),* aber nie gemacht habe. Das stelle ich mir vor.

Therapeut: Dave … Dave, Ihre Traurigkeit verdeckt so viele Schmerzen … so viele Schmerzen.

Vater: Ja, das tut sie. Aber da sich sowieso nichts ändern wird … habe ich keine andere Wahl, als meinen Schmerz zu begraben. Es gibt keinen Grund für Hoffnung mehr.

Therapeut: Und doch wünschen Sie sich nichts sehnlicher als Hoffnung.

Vater: Das würde nur zu noch mehr Schmerzen führen. Ich habe Angst, wieder zu hoffen.

Therapeut: Und wenn Janet wüsste, was Sie mir gerade erzählt haben?

Vater: Ich glaube, es wäre ihr jetzt egal. Ich glaube, sie hat auch die Hoffnung aufgegeben.

Therapeut: Wann haben Sie zum ersten Mal die Hoffnung bei Ihrem Vater aufgegeben?

Vater *(weint plötzlich heftiger, kann einen Moment lang nicht sprechen):* Ich hoffe immer noch.

Therapeut: Und vielleicht hofft Janet auch immer noch.

Vater: Warum sollte sie? Ich bin kein guter Vater gewesen.

Therapeut: Warum haben Sie bei Ihrem Vater immer noch nicht die Hoffnung aufgegeben?

Vater: Weil er mein Vater ist.

Therapeut: Und Sie sind Janets Vater.

Vater: Ich weiß nicht, was ich tun soll.

Therapeut: Wir werden uns etwas überlegen. Es wird nicht einfach sein. Ich muss Sie dazu besser kennenlernen. Und Ihnen helfen, sich selber kennenzulernen. Die Teile von Ihnen, die Ihr Vater nie gesehen hat … ich werde für Sie da sein. Und dann, später, werden wir Ihre Tochter hierher bitten … damit sie diese Teile auch sehen kann … und dann werden wir wissen, was sie tun will … sicher ein beängstigender Moment. Und dann werden wir vielleicht auch wissen, ob Sie mehr Hoffnung haben. Ich glaube ja. Bitte vertrauen Sie mir, ich glaube fest daran, dass Sie mehr Hoffnung haben werden. Aber wir müssen uns das zusammen erarbeiten.

Dieses Beispiel zeigt, dass das Hauptziel des Therapeuten zu Beginn der Therapie meist lautet, Hoffnung in den betroffenen Eltern zu wecken. Der Therapeut möchte den Eltern am Anfang vermitteln, dass sich die Dinge ändern und die Eltern eine bedeutungsvollere Beziehung zu ihren Kindern aufbauen können.

Zusammenfassung

Es gibt nichts Wichtigeres für Eltern als die Fähigkeit des elterlichen Gehirns, ihr Gefühlsleben zu identifizieren, zu regulieren und zum Ausdruck zu bringen, wenn sie sich mit ihren Kindern beschäftigen. Zu versuchen, Emotionen auszuschalten und sich nur auf sein logisches Denken zu verlassen ist keine Lösung. Das Gehirn arbeitet nicht optimal, wenn Emotionen und Nachdenken nicht zusammenarbeiten. Die sozio-emotionale Welt der menschlichen Familie umfasst eine komplexe Realität, die es erforderlich macht, dass die vielschichtigen Prozesse des präfrontalen Cortex, des anterioren cingulären Cortex, der Inselrinde usw. mit der Amygdala und dem limbischen System verbunden sind, um deren Tendenz zu steuern und zu regulieren, sofort eine Reaktion des Selbstschutzes auszulösen. Kinder müssen ebenfalls die emotionalen Verbindungen ihrer Eltern zu ihnen erleben. Sie müssen insbesondere die Zufriedenheit, Wärme und Aufregung spüren, die mit der Freude und Verbundenheit der Liebe der Eltern einhergehen. Sie müssen diese positive Verbindung dann am meisten spüren, wenn der Stress und die Anspannung des Familienlebens Wut, Angst, Traurigkeit und Schamgefühle erzeugen.

Wenn Sie Emotionen akzeptieren und regulieren, können Sie die inneren und äußeren Ereignisse in Ihrem Leben offen untersuchen, sie verstehen und sie akzeptieren. Regulierte Emotionen schaffen genug Sicherheit, damit Sie Sinn in Ihren täglichen Aktivitäten als Eltern finden und über diese Aktivitäten auf eine Art und Weise nachdenken können, die zu einem zufriedeneren und erfolgreicheren Familienleben führt.

6 Bedeutung finden und reflexive Kompetenz

Wenn Ihre Emotionen reguliert sind, sind Sie bereit, die Aktivierung und Vernetzung aller Aspekte des Gehirns zu erleben, einschließlich Ihrer diversen kognitiven Fähigkeiten. Innerhalb einer solch integrierten Funktionsweise sind Sie am besten in der Lage, die Bedeutung der gegenwärtigen Situation und ihren Bezug zur Vergangenheit und Zukunft zu erkennen. Die emotionale Bedeutung eines Ereignisses trägt zu seiner kognitiven Bedeutung bei und beide zusammen ermöglichen es Ihnen, sich für die bestmögliche, individuelle Reaktion auf die Situation zu entscheiden. An solchen Entscheidungen ist die sogenannte reflexive Kompetenz beteiligt, die das Thema dieses Kapitels ist.

Bedeutung finden

Wie viele von uns Eltern kennen folgende Situation: Wir weisen unsere Kinder zurecht, weil sie etwas getan haben, das sie nicht hätten tun sollen (mit matschigen Schuhen durch die Küche laufen), nur um später herauszufinden, dass jemand anderes (vielleicht sogar unsere Partnerin oder unser Partner) der Übeltäter war und unsere Kinder unschuldig sind? Oder wir haben mit unseren Kindern geschimpft, weil wir sie bei etwas beobachtet haben (wie einen Freund oder eine Freundin im Nachbarhaus besuchen, statt den Rasen zu mähen), nur um später festzustellen, dass sie einen guten Grund dafür hatten, einen Grund, den wir gutgeheißen hätten (die Eltern des Freundes oder der Freundin wollten sich eine Harke ausleihen). Wir wären uns alle einig, dass wir wissen sollten, warum unsere Kinder etwas Bestimmtes tun, bevor wir ihr Handeln bewerten, aber allzu oft bewerten wir sie, bevor wir den Grund für ihr Handeln kennen – bevor uns die Bedeutung ihres Handelns klar ist. Nur allzu oft kommt unsere Reaktion unserem tieferen Verständnis zuvor. Das ist nicht nur blamabel, denn es gibt in solch einer Situation keinen wirklichen Grund für unseren Ärger, sondern auch der Beziehung zu unseren Kindern abträglich, denn diese nehmen an (und das meist zu Recht), dass wir negative Vorabbewertungen ihres Verhaltens vornehmen, bevor wir es überhaupt richtig verstanden haben. Wenn sich unsere Freunde oder Kollegen uns gegenüber so verhalten würden, wären wir sicher auch nicht damit einverstanden.

Eltern sind dann am besten in der Lage, den Grund für ein bestimmtes Ereignis oder Verhalten herauszufinden, wenn sie in einem offenen, neugierigen Zustand des „Warum macht mein Kind das?“ verweilen und das schnelle Reaktionssystem anhalten, bevor sie auf das Ereignis reagieren. Warum sollte man mit Ärger auf das Verhalten seines Kindes reagieren, ohne vorher zu wissen, welche Bedeutung das Verhalten hat? Es sei denn, Zorn ist notwendig, um eine gefährliche Verhaltensweise oder ein bestimmtes Verhalten sofort zu unterbinden, das dem Kind selber oder einem Mitmenschen schaden würde. Wenn Eltern glauben, dass ein bestimmtes Verhalten bestimmte Konsequenzen haben sollte, ist es trotzdem sehr wichtig, dass sie das Verhalten hinterfragen, damit sie wissen, welche Konsequenz in dem Fall angebracht ist. Den Sinn eines Verhaltens zu ergründen ist der Goldstandard, wenn es um vielschichtige, integrative Gehirnprozesse geht, bei denen Emotionen und Kognition mit Hilfe des anterioren cingulären Cortex als Brücke dauerhaft miteinander verknüpft werden.

Den Grund für das Verhalten Ihres Kindes und Ihr eigenes Verhalten herauszufinden ist ein aus mehreren Schritten bestehender Prozess, der leichter gesagt als getan ist. Es wird mehr Gehirnpotential und Gehirnzeit dazu benötigt, denn unser schnelles Bewertungssystem, jenes System, welches unsere Reaktionen in weniger als einer Zehntelsekunde steuert, kommt unseren langsameren, höheren Denkprozessen leicht zuvor und kann uns zu Urteilen und Handlungen bewegen, noch bevor wir überhaupt angefangen haben, unsere höheren Hirnbereiche zur Deutung der Situation zu benutzen. Wir neigen alle dazu, in sehr vertrauten Beziehungen wie zu unseren Kindern und Partnern und Partnerinnen schneller zu reagieren und weniger unseren großen präfrontalen Cortex einzusetzen als in unseren anderen Beziehungen. Vertrautheit begünstigt ein Schnellbenutzen des Gehirns, das sehr automatisch und meist im wahrsten Sinne des Wortes *gedankenlos* und normalerweise nicht *sorgfältig* (für-sorg-lich) ist. Wir treten zu Hause einfach nicht so schnell auf die Bremse wie außer Haus, wo wir viel sorgfältiger und wachsamer in Bezug auf unsere Reaktionen auf unsere Mitmenschen sind.

Auch wenn die Art und Weise, wie wir unser „familiäres" Gehirn miteinander benutzen, effektiv und schnell ist, müssen wir uns bewusst bemühen, wenn wir diese Muster ändern wollen, wenn eine Änderung notwendig wird: Wenn wir diese Muster ändern wollen, müssen wir unsere exekutiven Fähigkeiten benutzen, jenes Gehirnpotential, das uns zur Verfügung steht, wenn wir auf die höheren, einzigartig menschlichen Bereiche unseres Gehirns zugreifen. Wir müssen auf diese höheren Gehirnbereiche zugreifen, um unser Tempo zu verlangsamen, die im vorigen Kapitel beschriebenen Prozesse der Emotionsregulation anzuwenden und mehr Zeit damit zu verbringen, nachzudenken und neugierig auf das zu sein, was in unseren Beziehungen zu unseren Kindern geschieht. Zu versuchen, eingefahrene Muster des elterlichen Verhaltens und der Bedeutungsfindung zu ändern, ist keine Aufgabe, die man auf die leichte Schulter nehmen sollte. Schauen wir uns an, wie der Prozess der Bedeutungsfindung funktioniert und wie er mit der Art und Weise, wie Sie Ihr Gehirn benutzen, im Zusammenhang steht, das heißt mit dem Gehirnzustand, in dem Sie sich befinden, wenn Sie versuchen, das Verhalten Ihres Kindes zu verstehen.

Bedeutung und Gehirn: drei Zustände, drei Arten von Bedeutung

Die Bedeutung, die wir aus unseren Erfahrungen ableiten, hängt davon ab, wie wir unser Gehirn benutzen, und zwar zum Zeitpunkt der Erfahrung und später, wenn wir über diese Erfahrung nachdenken (falls wir diese Möglichkeit haben). Wir sehen beziehungsweise deuten Dinge unterschiedlich, je nachdem, in welchem der drei Zustände wir uns befinden. Diese Zustände basieren auf dem polyvagalen Modell des Nervensystems von Porges (2011) und sind im Kapitel 1 beschrieben: (1) der aufgeschlossene, auf soziale Kontakte ausgerichtete Zustand; (2) der mobilisierte Abwehrzustand des Kampfes oder der Flucht; und (3) der immobilisierte Zustand, in dem Angst uns erstarren lässt. Sehen wir uns jetzt die drei Arten von Bedeutung an, die diese Zustände produzieren:

- **Aufgeschlossene Bedeutung** *(das intelligente Vagus-System ist „eingeschaltet"):* „Hier passiert gerade etwas, das ich verstehen muss. Das ist nicht das ‚typische' Verhalten meines Kindes. Ich werde mich zurückhalten und nicht reagieren und stattdessen die Situation etwas länger mit Neugier beobachten."
- **Mobilisierte Abwehrbedeutung** *(das sympathische Kampf-oder-Flucht-System ist „eingeschaltet"):* „Mein Kind hat keinen Respekt vor mir und das mache ich nicht mit. Ich muss meine Rolle als Mutter (Vater) verteidigen und ihm zeigen, wer hier das Sagen hat."
- **Immobilisierte Abwehrbedeutung** *(das tiefer gelegene, primitivere Vagus-System ist „eingeschaltet"):* „Oh, nein! Das ist wirklich schlimm. Und ich kann nichts tun. Ich will hier nicht sein! Ich bin nicht wirklich hier und das hier passiert auch gar nicht!"

Die Bedeutung, die wir einer Situation zuschreiben, bestimmt, wie wir handeln werden. Und wie wir handeln, beeinflusst die Bedeutung, die wir ableiten, und unser Verhältnis zu unserem Kind. In einem aufgeschlossenen Zustand entscheiden wir uns nicht für die schnellste erste Bewertungsreaktion, weil das die Aufgabe des im Kapitel 1 beschriebenen neurozeptiven Prozesses ist, jenes Prozesses, bei dem die Amygdala in der rechten Hirnhälfte das Geschehen in ein bestimmtes Licht rückt, noch bevor wir überhaupt darüber nachdenken können. Vergessen Sie bitte nicht, dass die Amygdala in der rechten Hirnhälfte eine „mögliche Gefahr" in ungefähr 100 Millisekunden, das heißt einer Zehntelsekunde, entdecken kann. In den meisten Situationen mit Ihrem Kind können Sie es sich wahrscheinlich leisten, weitere 300 bis 500 Millisekunden abzuwarten, um die Situation etwas länger zu verarbeiten, bevor Sie wirklich eingreifen müssen.

In einem offenen Geisteszustand lässt man diese „Ersthelfer"-Momente vorübergehen, nimmt sie vielleicht war, nennt sie beim Namen („falscher Alarm" usw.) und bleibt offen, damit das Gehirn die Information weiterverarbeiten kann, bevor man zum „Ausgang", zur Handlung, übergeht. Es ist ein klein wenig so, wie einen Moment zu warten, bevor man die E-Mail abschickt, die man in der Hitze des Gefechts verfasst hat, und sich selber mehr Zeit zu geben, um über die Situation und die bestmögliche Vorgehensweise gründlicher nachzudenken, ehe man auf „Senden" klickt. Aus diesem Grund haben wir das Kapitel über die Emotionsregulation diesem vorangestellt. Sie müssen bei Ihrem „Ersthelfer"-System die Bremse betätigen, so dass der emotionale Moment und der Impuls, auf diese Emotion zu reagieren, vorübergehen können, wenn Sie Ihrem großen denkenden Gehirn, Ihrem präfrontalen Cortex, Zeit geben wollen, damit er sich länger mit dem Geschehen beschäftigen und es besser verstehen kann. Es gibt wirklich nur wenige Momente im Leben, in denen wir innerhalb von weniger als einer Sekunde reagieren müssen, um mit einer Situation effektiv umzugehen.

Wenn Sie das Verhalten Ihres Kindes besser verstehen möchten, kann ein Perspektivwandel hinsichtlich Ihrer Elternrolle notwendig sein, besonders dann, wenn Sie Ihre Rolle als Mutter oder Vater schon länger mit einem gestressten Gehirn ausüben. Wissen Sie noch, dass Stress

Sie „simpel" reagieren lassen kann? Stress lässt Sie mit Ihrem schnellen Selbstschutzsystem reagieren und überwiegend instinktiv auf Ihr Kind reagieren. Ihre Reaktionen sind in diesem Fall nicht mehr wohl durchdacht. Wenn Sie sich angewöhnt haben, mit Hilfe Ihres Abwehrsystems das Verhalten Ihres Kindes zu deuten, wie oben beschrieben, dann deuten Sie Situationen sehr schnell und automatisch, ohne dabei Ihr großes Gehirn in seiner Gesamtheit zu benutzen. Sie könnten es in seiner Gesamtheit benutzen, wenn Sie Ihr Tempo verlangsamen und sich den Luxus von mehr Zeit geben würden, mehr Gehirnzeit, um bessere, nützlichere Bedeutungen zu finden. Bessere Bedeutungen zu finden kann deshalb bedeuten, Ihren Schwerpunkt vom Verhalten weg zur Beziehung hin zu verlagern, sich mehr darauf zu konzentrieren, das Verhalten Ihres Kindes gründlicher zu verstehen, bevor Sie sich für eine Handlungsweise entscheiden. Und dazu müssen Sie mehr Ihr offenes Gehirn und weniger Ihr defensives, gestresstes Gehirn benutzen.

Die Tatsache, dass Sie dieses Buch lesen, bedeutet, dass Sie zumindest in Betracht ziehen, einige Veränderungen bezüglich Ihrer Rolle als Mutter oder Vater vorzunehmen. Sie haben den Mut, Ihr Eltern-Sein zu überdenken, und das ist ein großer Schritt, der bereits signalisiert, dass Sie Ihr Gehirn anders benutzen. Wenn Sie diesem Buch die Chance geben, Ihre Meinung über bestimmte Dinge zu ändern, Dinge, die Sie vorher nicht in Frage gestellt haben, sind Sie bereits auf der richtigen Fährte. Dann haben Sie bereits Ihren präfrontalen Cortex aktiviert und sind dabei, Ihr reflexives Potential aufzuwecken.

Wir schlagen vor, dass Sie Ihre Denkweise hinsichtlich Ihrer Elternrolle ändern. Ein derartiger Perspektivwandel beinhaltet, dass Sie das Verhalten Ihres Kindes nicht bewerten und darauf reagieren, sondern besser verstehen, was in Ihrem Kind vor sich geht. Sie gewinnen ein besseres Verständnis am besten, indem Sie eine offene und aktivere Beziehung zu Ihrem Kind haben, indem Sie Ihr Gehirn, Ihr Herz und Ihre Ohren Ihrem Kind gegenüber auf eine Art und Weise öffnen, die Ihnen vielleicht schon seit Langem nicht mehr zur Verfügung steht oder vielleicht nie zur Verfügung gestanden hat. Auf der Grundlage unserer klinischen Erfahrung, unseres Wissens über das elterliche Gehirn und einer wachsenden Anzahl an Forschungsarbeiten zum Thema, was unsere Kinder von uns nicht nur zum Überleben, sondern auch zum Aufblühen benötigen, glauben wir, dass der Wandel von einer Verhaltensperspektive zu einer Beziehungsperspektive verändern kann, wie Sie Ihre Kinder sehen. Er kann Ihre Verbindungen zu ihnen stärken und Ihren Kindern helfen, die Dinge zu lernen, die Sie versuchen, ihnen zu vermitteln.

Um diesen Wandel in Ihrer Elternrolle vorzunehmen, möchten wir Ihnen dabei helfen, die höchsten Regionen in Ihrem Gehirn zu aktivieren, jene mittleren und oberen Bereiche der Frontallappen, die mittlerer präfrontaler Cortex und dorsolateraler präfrontaler Cortex genannt werden. Diese Bereiche finden sich fast ausschließlich im menschlichen Gehirn. Wenn Sie schon seit längerer Zeit unter Stress stehen, kann es sein, dass Sie diese Bereiche nicht sehr oft benutzen. Sie benutzen wahrscheinlich die tiefer gelegenen Bereiche Ihres präfrontalen Cortex, Ihren orbitalen Bereich über den Augen, um auf das Verhalten Ihres Kindes zu reagieren, um einen Teil Ihrer Frustration und Verbitterung abzubremsen und um herauszufinden, welche Belohnungen und welche Konsequenzen am besten funktionieren, um sein Verhalten zu ändern. Aber Sie sind wahrscheinlich nicht viel höher in Ihrem großen Gehirn aufgestiegen als zu jenen Bereichen des präfrontalen Cortex, die oberhalb des orbitalen Bereiches liegen: zu Ihrem mittleren präfrontalen Cortex, der Sie darin unterstützt, sich besser auf den Geist Ihres Kindes abzustimmen (zu *mentalisieren*), und zu Ihrem dorsolateralen präfrontalen Cortex, dem höchst gelegenen Bereich, mit dessen Hilfe Sie gründlicher über Ihre Beziehung zu Ihrem Kind nachdenken und sich überlegen können, wie Sie diese verbessern können (Fonagy, Gergely, Jurist & Target, 2002).

Diese Art der Abstimmung, der Reflexion und des „Beziehungsdenkens" ist ziemlich schwere Arbeit für das Gehirn und erfordert, dass Sie die komplexeren Bereiche Ihres Gehirns aktivieren, jene Bereiche, die als Letztes ausreifen und die sich als Erstes ausschalten, wenn Sie zu viel Stress haben. Sie müssen diese höheren Hirnregionen aufwecken, damit Sie Ihren Geist vom Nachdenken über Ihr Kind in einer „Ich-gegen-Dich"-Einstellung in eine „Wir"-Einstellung des „Wir-sind-ein-Team" umschalten (Siegel, 2010). Wenn Sie mit dieser Umschaltung anfangen und buchstäblich

„um-denken", was Ihre Beziehung zu Ihrem Kind anbelangt, und jetzt sein Verhalten im Kontext Ihrer gemeinsamen Beziehung verstehen, dann sind Sie bereit, die notwendige bindungsorientierte Arbeit mit Ihrem Kind zu leisten, die Ihre Beziehung reparieren, Sie Ihr Kind besser kennenlernen und Ihr gemeinsames Leben auf erfüllendere Weise leben lassen wird.

Das Verhalten Ihres Kindes – und Ihr eigenes Verhalten – zu verstehen ist nicht einfach nur ein kognitiver Prozess, der darin besteht, mit Verhaltensweisen assoziierte Fakten zu sammeln und dann, wie ein Richter, zu entscheiden, was geschehen ist, welche mildernden Umstände es gab und welches das geeignete Strafmaß ist. Ein solches Wissen ist begrenzt und erweitert unser Bewusstsein nicht auf die Wirklichkeiten der Erfahrungen unserer Kinder und unserer Beziehung zu ihnen aus. Der Wert der Emotionsregulation, den wir im vorangegangenen Kapitel diskutiert haben, besteht nicht einfach nur darin, eine Fehlsteuerung unserer Emotionen zu verhindern, sondern darin, die Tiefe und die Möglichkeiten unseres Geistes zu vergrößern und unser Bewusstsein so zu erweitern, dass es ein Bewusstsein unserer Kinder in ihrer Beziehung zu uns enthält, ein abgestimmtes Bewusstsein des Innenlebens unserer Kinder und eine Offenheit, sie wertfrei verstehen zu wollen. Unsere Kinder besser zu verstehen bedeutet auch, „eine Zeit lang in ihrer Haut zu stecken", um Empathie für ihre Erfahrungen spüren zu können.

Aus diesen Gründen benötigen die für kognitive Prozesse zuständigen Bereiche des präfrontalen Cortex Informationen von den tiefer gelegenen Bereichen unseres Gehirns, von unserem affektiven Kern. Und genau hier muss der als Gehirnbrücke agierende cinguläre Cortex seine Arbeit tun und Ihr tiefer gelegenes limbisches System (Ihr emotionales Gehirn) mit Ihrem höher gelegenen denkenden Gehirn verbinden, damit Sie sich wirksam einfühlen und handeln können. (Der präfrontale Cortex benötigt dazu auch die Hilfe der Inselrinde, Ihres viszeralen Gehirns, das Ihnen ein intuitives Gefühl der Situation vermittelt, damit Sie sich auf die Zustände Ihres Kindes tiefer und unmittelbarer abstimmen können.)

Die Arbeit der Emotionsregulation, wenn sie erst einmal etabliert ist, ist damit jedoch nicht getan. Sie bleibt auch während des kognitiven Prozesses der Bedeutungsfindung aktiv. Es handelt sich um einen echten interpersonellen neurobiologischen Prozess, der mit der Affektregulierung beginnt und dann Affektregulierung mit besserer Bedeutungsfindung verknüpft, also mit kognitiven Prozessen, die „ihre Informationen" von regulierten Emotionen und ihrer affektiven Ausdrucksweise erhalten. Dieser integrative Prozess erreicht genau den Punkt, den kognitive Verhaltenstherapieformen erreichen wollen. Unser auf dem Gehirn beruhendes Interventionsmodell tut dies jedoch auf effektivere Weise, indem es die Arbeitsweise des Gehirns mitberücksichtigt: indem es das limbische System und seinen Beitrag zum intersubjektiven Lernen anerkennt, wenn dieses sowohl reguliert ist als auch ein intuitives und empathisches Bewusstsein von der Welt unserer Kinder zugänglich macht.

Eine effektive Regulation unserer Emotionen stellt den ersten Schritt in einem aus vielen Schritten bestehenden Prozess dar, mit dessen Hilfe neue Möglichkeiten geschaffen werden, die Elternrolle zu sehen und zu verstehen. Haben sich erst einmal Pfade zur Emotionsregulation gebildet, entstehen dadurch eine Bereitschaft zu einer integrativen Funktionsweise Ihres Gehirns sowie bessere Verbindungen zu den Gehirnen Ihrer Kinder *(Interpersonelle Neurobiologie).* Wenn Ihr Affekt reguliert ist, sind Sie eher in der Lage, die elterlichen Kernsysteme zu aktivieren, die wir in diesem Buch hervorheben. Wenn Eltern sich aktiv mit dem Versuch beschäftigen, zu verstehen, wie ihre Kinder funktionieren, werden sie den Wunsch verspüren, ihren Kindern über einen offenen Dialog nahe zu sein (elterliches Annäherungssystem) und mehr Freude an den Interaktionen zu empfinden (elterliches Belohnungssystem). Sie werden sich ebenso mehr für ihre Kinder interessieren (elterliches Kinddeutungssystem und Mentalisierung) und die Bedeutung in ihren Interaktionen und im Verhalten erkennen (elterliches Bedeutungsfindungssystem). Ist der Affekt reguliert, arbeitet die integrative Funktion des Gehirns wirksamer (elterliches Exekutivsystem). Alle Bereiche des präfrontalen Cortex sind dann aktiv und werden meist vom anterioren cingulären Cortex unterstützt.

Wenn Sie anfangen, auf diese offene Weise eine Beziehung zu Ihren Kindern herzustellen, werden Sie andere Erfahrungen mit ihnen haben, als wenn Sie unter Stress stehen. Diese neuen Erfahrungen des Neugierigseins und des empathischeren Zuhörens Ihrer Kinder werden Ihnen

„neuen Stoff zum Nachdenken" geben, neue Informationen, mit denen Sie neue Bedeutungen erzeugen. Die Qualität der so erzeugten Bedeutungen hängt demnach von Ihrer Geistesverfassung und von der Art der Interaktionen mit Ihrem Kind ab, von der Art des Ausgangsmaterials, mit dem Sie arbeiten müssen, wenn sie Ihre eigene Geschichte oder „Biografie" als Mutter oder Vater erstellen. Wenn sich Ihr Kind mehr gemocht, gesehen und gehört fühlt, wenn es sich sicherer fühlt, Ihnen nahe zu sein und mehr von seinem Innenleben mit Ihnen zu teilen und „realer" zu sein, dann wird Ihnen herrliches Ausgangsmaterial zum Redigieren Ihrer alten, negativen Geschichte über Ihr Eltern-Sein zur Verfügung stehen. Dadurch, dass Sie mehr über die Person, die Ihr Kind wirklich ist und die es wird, erfahren, dehnen Sie Ihren Geist aus – Sie schaffen im wahrsten Sinne des Wortes mehr Pfade in Ihrem Gehirn, um Ihr Kind in Ihren Gedanken zu halten und mit diesen Gedanken über Ihr Kind zu „spielen". Wenn Sie die Art verlangsamen, wie Sie Ihr Gehirn in Ihrer Beziehung zu Ihrem Kind benutzen, dann verfügen Sie hinterher über „gedrosselte" Bedeutungen und damit eine kreativere und befriedigendere Möglichkeit, Ihre eigene Geschichte zu erzählen. Jetzt können Sie und Ihr Kind offen miteinander kommunizieren. Und diese Art der Kommunikation macht Sie beide empfänglich, von den Gedanken und Wünschen des jeweils anderen beeinflusst zu werden. Ihre gegenseitig regulierten emotionalen Zustände begünstigen eine langsamere, tiefere und vielschichtigere „Ko-Konstruktion" von Bedeutung, die Art von Bedeutungsfindung, die zum Nachdenken anregt und Sie gerne einige Ereignisse des Tages noch einmal Revue passieren und genießen lässt. Jetzt ist es viel sicherer, diese Orte in Ihrem Geist noch einmal aufzusuchen und sie in Ihrem geistigen Arbeitsplatz, Ihrem „Arbeitsspeicher", abzulegen, um sie neu zu bewerten und in Ihr autobiografisches Gedächtnissystem einzufügen, in Ihre Erinnerungen an Ihr Leben in Verbindung zu Ihrem Kind in guten und in schlechten Zeiten.

Reflexive Kompetenz

Eltern (und Kinder auch) sind am besten imstande, die Bedeutung einer Situation herauszufinden, wenn sie von ihrer reflexiven Kompetenz Gebrauch machen. Reflexive Kompetenz ist eine einzigartige Form der geistigen Aktivität, bei der der Schwerpunkt auf dem Innenleben der eigenen Person und dem des Gegenübers liegt. Ein derartiger weitgefasster kognitiver Schwerpunkt ist dann am erfolgreichsten, wenn er innerhalb des von uns beschriebenen offenen, intersubjektiven Raums auftritt. Das große Ganze zu sehen zieht das Verständnis gegenwärtiger Ereignisse und Verhaltensweisen im Kontext der familiären Geschichte und Ziele und den miteinander verknüpften und unabhängigen Geschichten aller Familienmitglieder nach sich. Um sein eigenes Innenleben und das seiner Mitmenschen zu verstehen, muss das gesamte Gehirn gut funktionieren und vernetzt sein. Stellen Sie sich folgende Situation vor: Ein achtjähriger Junge stiehlt am zweiten Schultag etwas von seiner Mutter, nachdem er wegen eines Streits mit seiner Schwester gerügt worden war. Die Mutter tritt kurz darauf eine Geschäftsreise an. Um die Bedeutung seines Stehlens zu verstehen, ist es notwendig, sein Verhältnis zu beiden Eltern und zu seiner Schwester, seine Schulgeschichte, seine Vorgeschichte des Streitens und Stehlens zu verstehen und zu begreifen, wie er früher reagiert hat, wenn er von seiner Mutter getrennt war.

Darüber hinaus trägt der emotionale Ton des Verständnisses zu dessen tieferer Bedeutung bei. Um das Innenleben eines anderen Menschen zu verstehen, muss man sich unbedingt der nonverbalen Kommunikation des anderen bewusst sein und auf sie antworten. Dieses Bewusstsein, das sich außerhalb der bewussten Konzentration befindet, entsteht oft aus der abgestimmten, mitschwingenden, nonverbalen, wechselseitigen Kommunikation heraus, die schnell zwischen zwei Menschen stattfindet. Ein affektiver/reflexiver Dialog, wie im vorangegangenen Kapitel beschrieben, eignet sich hervorragend dazu, die reflexive Kompetenz von Eltern und Kindern zu fördern.

Reflexive Kompetenz bezüglich Ihrer Rolle als Mutter oder Vater erfordert eine Offenheit und Akzeptanz hinsichtlich Ihrer auf Ihr Eltern-Sein bezogenen Erinnerungen, Gedanken, Emotionen, Intentionen, Wünsche, Wahrnehmungen, Urteile und Werte. Wenn Aspekte Ihres Innenlebens mit Scham oder Panik, Wut oder Verzweiflung assoziiert werden, ist es nicht sehr wahrscheinlich, dass Sie Ihre Aufmerksamkeit auf sie richten werden. Insoweit Eltern und Kinder sich ihres Innenlebens bewusst sein und es akzeptieren können, werden sie sich sicherer fühlen und eher die Bedeutung ihrer bestimmten Gedanken, Emotionen und Wünsche verstehen. Sie werden verstehen, wie diese sich auf ihre Vergangenheit und auf die gegenwärtige Situation beziehen. Eltern mit reflexiver Kompetenz werden eher verstehen, warum sie mit Wut auf ihr Kind reagiert haben, wenn es etwas getan hat, was sie normalerweise nicht stört.

Reflexive Kompetenz bezüglich Ihrer Kinder erfordert den gleichen offenen Raum beziehungsweise Akzeptanz sämtlicher durch ihr Verhalten zum Ausdruck gebrachten Aspekte ihres Innenlebens. Die folgende Unterscheidung ist wichtig: Obwohl das *Verhalten* bewertet werden kann, werden die Aspekte des *Innenlebens,* die das Verhalten beeinflusst haben, nicht bewertet. Eine derartige Akzeptanz des Innenlebens Ihrer Kinder wird zweifellos durch Liebe aufgewertet und begünstigt gleichzeitig ein Vertiefen Ihrer Liebe für sie. Wenn Eltern keine aktive Liebe mehr für ihr Kind empfinden, ist ihre Fähigkeit, über das Kind und sein Verhalten nachzudenken, auf eine negative, bewertende Perspektive beschränkt. Und eine solche Perspektive umfasst nicht die Perspektive des Kindes.

Reflexive Kompetenz beruht auf emotionaler Sicherheit – Ihrer eigenen hinsichtlich Ihrer Gedanken und Gefühle und der Ihres Kindes hinsichtlich seines Wunsches, Ihnen nahe zu sein. Wenn Sie sich sicher genug fühlen, um Ihr eigenes Innenleben in seiner Gesamtheit und die Auswirkungen, die ein Erlebnis auf Sie hat, zu erkunden, dann werden Sie eher die gesamte, vielschichtige Bedeutung dieses Erlebnisses verstehen.

Reflexive Kompetenz kann zum Beispiel die folgenden Fragen umfassen:

- Warum hat mein Sohn (meine Tochter) das getan?
- Was wollte er damit erreichen?
- Ist ihm diese Sache wichtig? Wenn ja, warum?
- Hat sein Verhalten etwas damit zu tun, wie er unsere Beziehung sieht?
- Hat er die möglichen negativen Konsequenzen seines Verhaltens erkannt? Wenn ja, warum hat er sich dann trotzdem so verhalten?
- Wenn ich diesem Verhalten Grenzen setze, was wird er dann für meinen Grund dafür halten?
- Warum bereitet mir das Sorgen?
- Glaube ich, dass sein Verhalten etwas über mich als Mutter (Vater) aussagt, und wenn ja, hat das einen Einfluss darauf, wie ich sein Verhalten sehe und damit umgehe?
- Wird meine Reaktion auf sein Verhalten – zum Guten oder Schlechten – durch meine eigene Bindungsgeschichte beeinflusst?
- Auf welche Weise hat sein Verhalten etwas mit unserer Beziehung zu tun?
- Wenn ich mich wirklich bemühe, seine Sicht der Dinge zu sehen, hilft mir das dann dabei, sein Verhalten besser zu verstehen?
- Wenn ich mir wirklich seine Sicht der Dinge aneigne, hilft mir das bei meinen Überlegungen, wie ich mit seinem Verhalten am besten umgehe?
- Bin ich aufgeschlossen, seine Perspektive zu verstehen? Wenn nicht, warum nicht?

Reflexive Kompetenz bedeutet nicht, diese Fragen einfach auf analytische und wertende Weise zu stellen. Reflexive Kompetenz erfordert, dass Sie, während Sie die möglichen Faktoren erkunden, die den Kontext seines Verhaltens, also seine Bedeutung, darstellen, diese Faktoren akzeptieren und sie nicht bewerten. Ihre Intention ist nicht, sie zu bewerten, sondern sie zu verstehen. In diesem offenen, reflexiven Modus richten sie das Licht Ihrer Neugier auf alle möglichen Faktoren innerhalb Ihres Kindes und in Ihnen selber, um so sein Verhalten besser verstehen zu können. Ihr Annäherungssystem ist „eingeschaltet" und ermöglicht es Ihnen, sich auf das, was in Ihrem Kind vor sich geht, zuzubewegen und ihm auf den Grund zu gehen. Sie und Ihr Kind fühlen sich beide sicher mit Ihren Gedanken, die Sie beide über sein Verhalten haben. Es besteht kein Grund, Scham angesichts eines Gedankens, eines Gefühls oder eines Wunsches zu verspüren. Reflexive Kompetenz setzt auch voraus, dass Sie Ihrer emotionalen Antwortbereitschaft Ihrem Kind gegenüber offen sind, während Sie versuchen, mit Neugier die Bedeutung seines Verhaltens zu verstehen. Das Verständnis, das Sie dann erreichen, wenn Sie Ihrer Erfahrung Empathie für Ihr Kind hinzufügen und sich offen auf die Erfahrung Ihres Kindes abstimmen, ist weitaus vielschichtiger und erstreckt sich viel weiter in das Innenleben Ihres Kindes hinein, als wenn Sie eine bewertende, analytische Haltung einnähmen.

Ein Beispiel reflexiver Kompetenz mit einem affektiven/reflexiven Dialog

Emily (Mutter) hat einen Anruf von der Schule ihres sechzehnjährigen Sohnes Frank erhalten. Man hat ihr gesagt, dass Frank auf unangemessene Weise mit seiner Lehrerin gesprochen hat. Emily ist der Überzeugung, dass Lehrer Respekt verdienen. Sie kann sich nicht erklären, warum ihr Sohn so mit seiner Lehrerin geredet hat. Sie sieht ihn die Einfahrt hochkommen und macht ihm die Tür auf.

Emily: Hallo, Frank.

Frank: Hallo, Mama.

Emily: Wenn Du gleich eine Kleinigkeit gegessen hast, könntest Du dann kurz zu mir kommen, bevor Du dich auf den Weg zum Fußballspiel machst? Ich möchte gerne eine Sache mit Dir besprechen.

Frank: Worum geht es?

Emily: Ich habe einen Anruf von der Schule bekommen.

Frank: Die haben dich angerufen! Warum haben sie nicht einfach die Sache auf sich beruhen lassen?!

Emily: Du klingst so, als ob dich die Angelegenheit immer noch stört!

Frank: Ja, tut sie! Ich habe Ärger bekommen, weil ich Mrs. Stephenson gesagt habe, sie soll mich in Ruhe lassen. Warum kriegt sie keinen Ärger dafür, dass sie mir ständig zusetzt?

Emily: Warum erzählst Du mir nicht, was passiert ist?

Frank: Sie hört einfach nicht auf! Sie sagt, dass ich mehr lernen muss. Viel mehr!

Emily: Das verstehe ich nicht, Frank. Ich dachte, dass Du gut in ihrem Unterricht bist.

Frank: Bin ich auch! Und daher geht es sie auch gar nichts an, wenn ich bei den Aufnahmeprüfungen fürs College nicht so gut abschneide.

Emily: Was meinst Du damit?

Frank: Sie hat mir ein Buch gegeben, mit dem ich mich auf die Aufnahmeprüfungen vorbereiten kann, und möchte, dass ich es nach dem Unterricht mit ihr durchgehe. Ich habe mich bei ihr bedankt und gesagt, dass ich nach der Schule viel mache und keine Zeit dazu habe. Sie hat daraufhin gesagt, dass ich zweimal pro Woche ein Kapitel durchlesen sollte und sie mich dann in der Pause abfragen würde. Da habe ich noch einmal gesagt, dass das nicht klappen wird, weil ich zu viel zu tun habe.

Emily: Sie wollte Dir helfen, Dich auf die Aufnahmeprüfungen vorzubereiten, und Du hast dich bei ihr bedankt und gesagt, dass Du das alleine schaffen wirst? Habe ich das richtig verstanden?

Frank: Genau. Alles wäre O. K., wenn sie es dabei belassen hätte.

Emily: Und was ist dann passiert?

Frank: Sie war wütend und hat gesagt, dass ich das Ganze nicht ernst genug nehmen würde. Das hätte Auswirkungen auf meine Zukunft.

Emily: Und dann?

Frank: Als ich ihr noch einmal gesagt habe, dass ich kein Interesse hätte, hat sie gesagt, dass ich sie enttäusche und dass ich besser das täte, was sie sagt, wenn ich will, dass sie stolz auf mich ist.

Emily: Und Du hast dann was gesagt ...?

Frank: Da habe ich dann ein bisschen zu heftig reagiert. Ich habe ihr irgendwie gesagt, dass mir das egal ist.

Emily: Genauso hast Du das ausgedrückt?

Frank: Ich habe gesagt, dass mir das scheißegal ist, ob sie stolz auf mich ist.

Emily: Ach so, jetzt verstehe ich das Ganze besser, Frank. Danke, dass Du mir davon erzählt hast. Warum, glaubst du, bist Du so ausgerastet und hast das gesagt? Was ist da in Dir vorgegangen?

Frank: Sie hatte einfach kein Recht, das zu sagen! Ich bin gut in ihrer Klasse. Ich habe gute Noten und mache keinen Ärger.

Emily: Es sieht so aus, als ob sie bereits zufrieden ... oder stolz auf dich sein sollte.

Frank: Eben! Warum hat sie sich so angestellt? Ich habe das Recht, zu bestimmen, wie viel Zeit ich mit Prüfungsvorbereitungen verbringen möchte, ohne dass sie mir böse ist, wenn ich nicht das tue, was sie sagt. Das hat nichts mit ihrem Unterricht zu tun!

Emily: Du sagst also, dass es in Ordnung gewesen wäre, wenn sie dich in ihrem eigenen Unterricht gebeten hätte, dich mehr anzustrengen. So ist sie aber anscheinend zu weit gegangen. Habe ich dich da richtig verstanden?

Frank: Genau, Mama, das ist einfach nicht richtig! Zu sagen, dass ich sie enttäusche, dass sie auf mich nicht stolz ist. So etwas sagst Du nie zu mir! Du hast vielleicht das Recht, das zu sagen, ich weiß nicht, aber ich weiß, dass sie nicht das Recht dazu hat.

Emily: Ich kann verstehen, warum Du damit Probleme hast. Du bist ein Mensch, der viele Verantwortungen hat und alles wirklich gut hinkriegt. Ich denke, dass Du stolz auf Deine schulischen Leistungen und auf Dein Verhältnis zu Deinen Lehrern sein kannst ...

Frank: Bin ich auch. Und nichts von dem scheint ihr wichtig zu sein.

Emily: Und Du hast recht. Ich kann vielleicht sagen, dass mich etwas, was Du getan hast, enttäuscht oder nicht gerade stolz macht, aber ich kann nicht sagen, dass Du mich enttäuschst oder ich nicht auf Dich stolz bin.

Frank: Warum hat sie das denn gesagt?

Emily: Was glaubst du?

Frank: Sieht so aus, als ob sie mir zeigen wollte, wer das Sagen hat.

Emily: Vielleicht. Macht sie normalerweise diesen Eindruck auf dich – dass sie den Schülern gerne zeigt, wer das Sagen hat?

Frank: Nein, eigentlich nicht. Und deswegen ist es ja auch so unfair. Ich dachte, dass unser Verhältnis gut ist und sie mich mag und mit dem, was ich im Unterricht tue, zufrieden ist.

Emily: Warum hat sie das denn wohl Deiner Meinung nach gesagt?

Frank: Sie will, dass ich gute Noten in den Aufnahmeprüfungen bekomme? Sie hat gedacht, dass sie mich so mehr motiviert, mich anzustrengen?

Emily: Meinst du?

Frank: Kann sein. Aber sie hat eine komische Art, mir das zu zeigen!

Emily: Du meinst also, dass sie sich anders hätte ausdrücken oder verhalten sollen, wenn sie Dir helfen wollte. Sie hat Dir das Buch gegeben, um Dir zu helfen, vermute ich, nicht, um Dir zu zeigen, dass sie das Sagen hat.

Frank: Ja, und das war auch richtig nett von ihr. Aber warum hat sie die Show abgezogen, dass sie „enttäuscht", dass sie „nicht stolz" ist?

Emily: Ich weiß es nicht, Frank. Sie hat Dir etwas geschenkt und dann vielleicht das Gefühl gehabt, dass Du das nicht zu schätzen weißt. Und sie bemüht sich sehr, Dir zu helfen, und für sie sieht es jetzt so aus, als sei es Dir egal.

Frank: Aber ich habe mich doch darüber gefreut! Sie hätte es nur dabei belassen sollen.

Emily: Dann hättest Du aber doch nicht gesagt, dass „es Dir scheißegal ist"!

Frank: Sie haben Dir also gesagt, was ich gesagt habe?

Emily: Ja, haben sie.

Frank: Bist Du jetzt enttäuscht von mir?

Emily: Nein, Frank, ich bin nicht enttäuscht von Dir. Das bin ich nie.

Frank: Vielleicht von dem, was ich gesagt habe?

Emily: Ja. Ist das in Ordnung, dass ich mir wünschte, Du hättest das nicht gesagt?

Frank: Ich denke schon. Ich wünschte mir auch, ich hätte das nicht gesagt.

Emily: Hast Du irgendeine Idee, was Du in dieser Hinsicht tun kannst?

Frank: Vielleicht Mrs. Stephenson sagen, dass es mir leidtut.

Emily: Das wäre sicher nicht einfach.

Frank: Nein. Aber ich hätte das nicht zu ihr sagen sollen. Und vielleicht könnte ich sie fragen, ob ich mir ihr Buch ausleihen kann. Und vielleicht kann ich es am Wochenende durchgehen, wenn ich etwas mehr Zeit habe.

Emily: Ich bin mir sicher, dass ihr das gefallen würde. Und sie wäre sicher froh, wenn Du dich mit ihr aussprechen würdest.

Frank: Ja, ich glaube auch.

Emily: Frank … ich bin immer so stolz auf dich. Und jetzt bin ich stolz auf dich, weil Du so gut mit dieser Angelegenheit umgehst. Du hast einen Fehler gemacht, ihn zugegeben und jetzt bringst Du es wieder in Ordnung. Mir gefällt wirklich, wie Du dich darum kümmerst.

Frank: Danke, Mama. Aber jetzt muss ich mich um meine Freunde kümmern. Es hat sich schon herumgesprochen, was ich zu Mrs. Stephenson gesagt habe. Ich denke, sie werden mir das jetzt unter die Nase reiben.

Emily: Das denke ich auch. Und wenn sie das tun … dann wirst Du ihnen was sagen?

Frank: Keine Sorge, Mama. Du wirst keine weiteren Anrufe erhalten!

Ein solches Gespräch ist durchaus realistisch, wenn Eltern ihren Kindern mit einer offenen, akzeptierenden, neugierigen und empathischen Einstellung begegnen. Eine derartige Einstellung reduziert das Abwehrverhalten von

Kindern und begünstigt ihre Bereitschaft – und Fähigkeit –, ihr Innenleben zu erkunden. Wenn Ihre Kinder wissen, dass Sie nur verstehen wollen, was gerade geschieht, und dass Sie sie nicht für ihre Antworten auf Ihre Fragen kritisieren werden, dann werden sie eher offen und ehrlich ihre Gedanken, Gefühle und Wünsche mit Ihnen teilen. Und dann, mittels eines solchen Gesprächs, werden ihre Entscheidungen über vergangene oder zukünftige Verhaltensweisen wahrscheinlich produktiver und angemessener sein. Solche Gespräche helfen Ihnen und Ihren Kindern, der Situation auf den Grund zu gehen und Ihre reflexive Kompetenz weiterzuentwickeln. Und dadurch werden Ihr Gehirn und das Ihrer Kinder besser und gesünder.

Im Gegensatz dazu steht ein Gespräch, in dem gestresste Eltern das Verhalten ihrer Kinder bereits als falsch bewertet haben. Diese Eltern haben wahrscheinlich negative Vermutungen über die Gedanken, Emotionen und Motive ihrer Kinder angestellt, die dann zu einem bestimmten Verhalten geführt haben („Immer muss es nach Deiner Nase gehen", „Du bist egoistisch" oder „Du solltest nicht auf den Erfolg Deines Bruders eifersüchtig sein"). Derartige Vermutungen über das Innenleben der Kinder führen dazu, dass Eltern von ihren Kindern verlangen, dass sie ihnen sagen, „warum" sie sich so verhalten haben, und dann erwarten, dass ihre Kinder ihre unangemessenen Motive zugeben. Wenn die Kinder nicht der Meinung sind, dass die negativen Vermutungen der Eltern berechtigt sind, beschuldigen die Eltern die Kinder, defensiv und nicht bereit dazu zu sein, ihre Fehler „zuzugeben".

Ein solches Gespräch führt nur selten zu einem produktiven Verständnis der Situation. Es gibt nur wenig Offenheit, gemeinsam zu untersuchen, welche Bedeutung sie hat. Noch beunruhigender ist, dass diese wertenden, kritisierenden Untersuchungen zu einer größeren Verschlossenheit der Kinder führen, so dass Eltern noch weniger über das Innenleben ihrer Kinder erfahren werden. Auf Stress beruhende Interaktionen führen auch dazu, dass Beziehungskorrekturen nach einem Konflikt nicht in demselben Maße durchgeführt werden können. Anstatt dass Eltern und Kinder eine Diskussion mit einem Lächeln und vielleicht sogar einer Umarmung beenden, um ihre Bemühungen anzuerkennen, das Problem zu verstehen und lösen zu wollen, werden sie eher getrennte Wege gehen und jeder dem anderen sein Verhalten übel nehmen. Jeder wird seine eigene Einstellung verteidigen und keiner wird sich verstanden fühlen. Das erzeugt eine emotionale Distanz in der Beziehung. Schließlich entscheiden Eltern und Kinder, den Vorfall zu „vergessen" und wieder zur Tagesordnung überzugehen. Und diese neue „Tagesordnung" zeigt leider weniger Offenheit, Lachen, Anteilnahme und den Wunsch, zusammen zu sein, als vor dem Konflikt. Wenn eine solche Abfolge zur Routine wird, dann bietet die Beziehung beiden Beteiligten nur wenig Gründe, die Nähe des jeweils anderen zum „Trost und zur Freude" zu suchen.

Achtsamkeit

Das rasant wachsende Interesse im Bereich der psychischen Gesundheit an der jahrhundertealten Praxis der Achtsamkeit stellt ein tieferes Verständnis der reflexiven Kompetenz dar und zeigt Wege auf, wie diese gefördert werden kann. Neueste Studien, die mittels bildgebender Verfahren die Auswirkungen von Achtsamkeitsübungen auf das Gehirn zeigen, haben eine komplett neue Dimension zu diesem Interesse hinzugefügt, denn sie zeigen, dass dieses „Achtsamkeitszeugs" Substanz hat, dass sein positiver Effekt auf die Funktionsweise des Gehirns eine wissenschaftliche Basis hat (Tang, Lu, Geng et al., 2010; Posner, Sheese, Odludas & Tang, 2006). Noch interessanter für diejenigen von uns, die sich für die Elternrolle interessieren, sind neue neurowissenschaftliche Hinweise auf eine enge Verbindung zwischen Achtsamkeit und einer einfühlsamen, abgestimmten Elternrolle (Fleming, Gonzalez, Afonso & Lovic, 2008). Diese Forschungsrichtung legt nahe, dass die Praxis der Achtsamkeit, einschließlich reflexiver Kompetenz, Prozesse im Gehirn stärken kann, die für die Elternrolle wichtig sind.

Es gibt verschiedene Definitionen von Achtsamkeit, aber sie alle legen den Schwerpunkt auf die offene Akzeptanz der Erfahrung im Hier und Jetzt, ohne sie zu beurteilen, zu bewerten oder zu versuchen, sie zu verändern. Innerhalb einer solchen Akzeptanz begibt sich der Praktizierende tiefer in den gegenwärtigen Moment hinein. Er versucht, ihn zu erleben, ihn besser zu verstehen und zu erfahren, was diesen Moment einzigartig macht, was sich hinter dem Konzept eines Baumes, eines Menschen oder dem Gesang eines Vogels verbirgt. Ein Mensch, der Achtsamkeit praktiziert, ist offen gegenüber dem, was im Hier und Jetzt ist, von dem er beeinflusst wird und auf das er flexibel auf eine Weise antwortet, die im Einklang mit seiner eigenen Geschichte steht. Ein achtsamer Mensch stellt sich nicht gegen das Ereignis oder das Objekt im Jetzt. Der Unterschied zwischen dem Selbst und dem anderen, innerhalb und außerhalb dieses Menschen, ist nicht klar abgegrenzt und vielmehr ein ganz eigenes Konzept, das in der achtsamen Erfahrung sanft beiseitegelegt wird. Es besteht eine wechselseitige Wirkung, ein Hin-und-her-Fließen von Energie und Offenheit zwischen dem „Selbst" und dem „anderen".

- Dan Siegel fasst unser Verständnis von Achtsamkeit zusammen, indem er sie als Zustand beschreibt, „sich dessen, was im gegenwärtigen Moment geschieht, gewahr zu sein, mit Absicht und wertfrei, während es geschieht" (2010).
- Tara Brach definiert Achtsamkeit als „die Eigenschaft des Gewahrseins, die klar das erkennt, was in unserer Moment-zu-Moment-Erfahrung geschieht" (2003).
- James Austin versucht, die einzigartige Natur des achtsamen Gewahrseins wiederzugeben, und spricht von „einer achtsamen Abgestimmtheit auf die neue Individualität jedes gegenwärtigen Moments, während aus ihm der nächste Moment und dann ein weiterer Moment entstehen" (2006).
- Ein Aspekt dieses achtsamen Gewahrseins, der sich auf einen geliebten Menschen richtet, ist liebende Güte. In der liebenden Güte verschmelzen Achtsamkeit und die Erfahrung der Beziehung selbst miteinander [siehe Jon Kabat-Zinn (2005) zum Thema Liebende-Güte-Meditation].

Es ist daher nicht überraschend, dass Achtsamkeit genau die Bereiche des Gehirns betrifft, die auch das von uns befürwortete, auf dem Gehirn beruhende Modell des Eltern-Seins betreffen. Dieses Ergebnis bestärkt die Behauptung von Daniel Siegel (2010), dass wir unsere Fähigkeit zum Mitgefühl und zur Intersubjektivität auf zweierlei Weise verbessern können: (1) auf *inter*personelle Weise, indem wir uns darin üben, offen und empathisch mit unseren Mitmenschen umzugehen und (2) auf *intra*personelle Weise, indem wir Achtsamkeit praktizieren, um unsere Fähigkeit zu stärken, wertende Prozesse loszulassen und „gegenwärtiger" zu sein.

Studien mit bildgebenden Verfahren zeigen, dass Meditation das Gehirn verändern kann und dass diese Veränderungen in Bereichen des Gehirns auftreten, die mit Empathie und Abstimmung assoziiert werden, das heißt damit, sehr aufmerksam seiner eigenen Erfahrung und der eines anderen Menschen gegenüber zu sein. Erfahrene Meditierende weisen eine verstärkte Aktivität im präfrontalen Cortex, besonders in den obersten Bereichen, und eine sehr geringe limbische Aktivität auf. Anders ausgedrückt sehen die Gehirne von Menschen, die seit Langem meditieren, ruhig und präsent aus (Cahn & Polich, 2006; Davidson, Kabat-Zinn, Schumacher et al., 2003; Fehmi & Robbins, 2007; Lazar, Kerr, Wasserman et al., 2005). Selbst Neulinge auf dem Gebiet der Meditation scheinen ihr Gehirn verändern zu können. Das Wachstum wird in den Bereichen gefördert, die als Teil des „exekutiven Aufmerksamkeitsnetzwerks" gelten, einschließlich des oberen Bereichs des anterioren cingulären Cortex und der Bereiche des medialen präfrontalen Cortex, die mit Mentalisierung und empathischem Gewahrsein assoziiert werden (Tang et al., 2010).

Achtsamkeit, Elternrolle und SANE

Achtsamkeit ist demnach im Wesentlichen ein Prozess, bei dem wir unsere Aufmerksamkeit mehr auf den gegenwärtigen Moment richten, als wir es ansonsten tun würden. Achtsamkeit verbessert unsere Fähigkeit, unsere Aufmerksamkeit auf den gegenwärtigen Moment zu richten, die typischen Prozesse aufzuheben, die wir für schnelle Einschätzungen und Bewertungen benutzen, und unser Gehirn zu verlangsamen und einen längeren und genaueren Blick auf das zu werfen, was sich genau vor unseren Augen befindet, auf das, was wir im Moment erleben.

Kinder sind sich der Aufmerksamkeit ihrer Eltern sehr genau bewusst. Sie wissen, worauf ihre Eltern ihre Aufmerksamkeit gerichtet haben. Sogar Babys verfolgen den Blick ihrer Eltern mit ihren Augen und reagieren, wenn die Mutter oder der Vater wegsieht und den Blickkontakt unterbricht. Vielleicht haben Sie es ja auch schon erlebt, dass ihr Kind Ihre Aufmerksamkeit beansprucht, während Sie telefonieren und es noch kurz vorher zufrieden gespielt und anscheinend gar nicht darauf geachtet hat, ob Sie ihm Beachtung geschenkt haben oder nicht. Kinder wissen instinktiv, ob wir ihnen unsere Aufmerksamkeit schenken.

Wenn wir gestresst sind, versuchen unsere Kinder meist unsere Aufmerksamkeit dadurch zu gewinnen, dass sie uns auf die Nerven gehen oder etwas nicht tun, um das wir sie gebeten hatten. Diese Art der gestressten elterlichen Aufmerksamkeit unterscheidet sich sehr von der Art der Aufmerksamkeit, die wir unseren Kindern schenken, wenn wir uns auf das einstimmen, was unsere Kinder tun oder sagen, wenn wir sie in dem Moment verstehen und in ihrer Nähe sein wollen, wenn wir weder abgelenkt sind noch mehrere Sachen auf einmal erledigen noch ihnen mit Widerwillen oder Wut Beachtung schenken. Diese „achtsame" Art der elterlichen Aufmerksamkeit wird von Kindern ganz anders wahrgenommen als die anderen Arten der Aufmerksamkeit wie zum Beispiel das elterliche Genervt- oder Abgelenktsein. Wenn Kinder das Objekt achtsamer Aufmerksamkeit sind, fühlen sie sich „gesehen" und wichtig genommen, viel mehr als mit den anderen Formen der Aufmerksamkeit.

Aus diesem Grund gibt es eine enge Verbindung zwischen der Achtsamkeit von Eltern und der Qualität der Eltern-Kind-Interaktionen. Achtsame Aufmerksamkeit begünstigt Intersubjektivität und interpersonelle „Resonanz", das heißt das gegenseitige Gefühl, dass man miteinander verbunden ist. Indem Sie Ihre Fähigkeit stärken, Ihrem Kind auf diese tiefere Art und Weise Aufmerksamkeit zu schenken, können Sie Ihre Beziehung zu Ihrem Kind verbessern (Atkinson et al., 2005).

Achtsamkeit fördert die reflexive Kompetenz, insofern als durch sie der Geist des Praktizierenden in die Kernerfahrung des gegenwärtigen Moments gebracht wird, ohne Vermutungen, ohne Bewertungen. Sie hebt unsere Werte, Vorstellungen und Voreingenommenheiten auf in Bezug auf das, was richtig oder falsch, angemessen oder unangemessen, gut oder schlecht ist. Der Wert von Achtsamkeit für eine reflexive Elternschaft besteht darin, dass Achtsamkeit ein klares Gewahrsein und Verständnis fördert. Sie erzeugt eine Offenheit, durch die Eltern empfänglich für das Gegenwärtige sein können, statt ihre Aufmerksamkeit auf Bewusstseinsbereiche zu richten, die Bewertungen enthalten. Ein achtsames Gewahrsein ermöglicht es Eltern, sich der Gedanken, Emotionen und Wünsche ihrer Kinder zutiefst bewusst zu sein. Wollen Eltern ihr Wissen über ihre Kinder und ihre Beziehung zu ihnen vertiefen, dann ist ein solches Gewahrsein von unschätzbarem Wert.

Achtsamkeit ist auch dann äußerst wichtig, wenn Eltern wissen möchten, wie ein bestimmtes Verhalten am besten zu beurteilen ist und welche Konsequenzen, falls erforderlich, dieses Verhalten in Zukunft positiv beeinflussen könnten. Sich bewusst zu sein, wie ein Verhalten aus der Welt Ihres Kindes heraus entstanden ist, hilft Ihnen wahrscheinlich am besten bei der Entscheidung, wie auf dieses Verhalten einzugehen ist. Wenn Sie weitere wertvolle Einblicke in das Verknüpfen von Achtsamkeit mit der Elternrolle gewinnen möchten, empfehlen wir Ihnen das Buch *Mit Kindern wachsen: Die Praxis der Achtsamkeit in der Familie* von Jon und Myla Kabat-Zinn.

Die SANE-Komponenten anzuwenden ist hilfreich, wenn Sie in Ihr Eltern-Sein Achtsamkeit einfließen lassen wollen. Wenn die Interaktionen der Eltern mit ihren Kindern durch einen spielerischen Umgang, Akzeptanz, Neugier und Empathie (SANE) gekennzeichnet sind, wird die gleiche achtsame Haltung in den Kindern gefördert und gepflegt. SANE erzeugt aufgrund seiner Komponenten dieses achtsame Gewahrsein.

Ein spielerischer Umgang. Eine Leichtigkeit der Erfahrung und eine Offenheit Möglichkeiten und Bedeutungen gegenüber wohnen einem spielerischen Umgang inne. Ohne diese Leichtigkeit werden sich Eltern eher eine ernsthafte Haltung aneignen: Es gibt nur eine Art, eine Situation zu sehen und auf sie zu reagieren. Wenn Kinder die Leichtigkeit ihrer Eltern im Umgang mit einer bestimmten Situation wahrnehmen, werden sie sich sicherer fühlen, weil sie wissen, dass ihre Eltern die Situation in ihrem größeren Kontext, einschließlich ihrer Beziehung zu ihnen, sehen können. Und das ist wichtiger als die Situation selber.

Akzeptanz. Wenn Eltern eine Situation nicht bewerten, sind sie aufgeschlossener, die bestimmte Situation in ihrer Gänze zu verstehen. Innerhalb einer derartigen Akzeptanz ermöglicht dieses tiefere Bewusstsein den Eltern, sich für die bestmögliche Antwort auf ein bestimmtes Verhalten des Kindes zu entscheiden. Kinder, die die Akzeptanz ihrer Eltern spüren, werden die Situation und ihre Bedeutung eher akzeptieren und in einem sicheren Umfeld daran mitwirken, die Situation zu verstehen und ihr Verhalten, falls erforderlich, zu ändern.

Neugier. Wenn sich Eltern der gegenwärtigen Situation vollkommen bewusst sind, sind sie auch in der Lage, sich für eine nicht wissende Haltung bezüglich ihrer Bedeutung zu entscheiden. Ihre Absicht ist nicht, die Erfahrungen der Kinder zu verurteilen, sondern sie zu verstehen. Die Eltern beschäftigen sich aktiv mit der Erkundung des Innenlebens ihrer Kinder, denn sie möchten herausfinden, welche Aspekte zu ihrem Verhalten geführt haben. Wenn Eltern neugierig sind, beabsichtigen sie, die kindliche Sichtweise der gegenwärtigen Situation zu erleben, und sind dadurch in der Lage, die Situation auf eine Art und Weise zu verstehen, die die Sichtweise ihrer Kinder respektiert. Und die Kinder sind eher in der Lage, ihr eigenes Innenleben an der Seite ihrer Eltern mit der gleichen offenen, nicht defensiven Einstellung zu erkunden, wenn sie das offene Interesse ihrer Eltern an ihren Erfahrungen und Sichtweisen sowie ihren Wunsch, sie zu verstehen, erleben. Mit Neugier lassen sich Eltern von ihren Kindern und deren Welt faszinieren.

Empathie. Wenn das klare Bewusstsein des kindlichen Erlebens einer Situation oder eines Erlebnisses mit liebender Güte und Mitgefühl assoziiert wird, können Eltern auf bestmögliche, flexible Weise auf das Verhalten ihrer Kinder reagieren. Kinder, die die liebende Güte und das Mitgefühl ihrer Eltern spüren, werden sich eher sicher fühlen und weitaus offener sein, wenn ihre Eltern sich auf einen heiklen Punkt konzentrieren, der ihnen Sorgen bereitet. Sie werden nicht so schnell eine defensive Haltung einnehmen und sind eher bereit, der Bedeutung ihres Verhaltens gemeinsam mit ihren Eltern auf den Grund zu gehen. Wenn Eltern ein Gespräch über einen heiklen Punkt beginnen und dies mit Empathie tun, werden die Kinder eher spüren, dass ihre Eltern sie verstehen und ihnen helfen möchten. Sie versuchen nicht, sie abzuwerten, zu kritisieren oder zu ändern.

Reflexive Kompetenz im Therapieraum

Im vorangegangenen Kapitel haben wir uns damit beschäftigt, dass Therapeuten sich darüber bewusst sein müssen, dass Eltern, die Hilfe bei Problemen mit ihren Kindern suchen, oft intensive negative Emotionen über die eigene Person, ihre Kinder, ihre Beziehung zu ihren Kindern und die gesamte elterliche Erfahrung haben. Der Therapeut muss, auf dem Hintergrund dieses Bewusstseins, diese negativen emotionalen Erfahrungen der Eltern ko-regulieren, bevor er sich mit dem bestimmten mit solchen Geistesverfassungen assoziierten Inhalt befassen kann. Sind solche negativen Emotionen erst einmal reguliert, ist die Wahrscheinlichkeit größer, dass sich die Eltern mit mehr Offenheit der Aufgabe stellen, den Grund für vergangene und gegenwärtige familiäre Probleme zu finden, indem sie ihre reflexive Kompetenz entwickeln und erweitern. Eine derartige reflexive Kompetenz ist für die einfühlsame, hochwertige Elternrolle unerlässlich, die wir als ein realistisches therapeutisches Ziel vorschlagen. Eine derartige Kompetenz ist unabdingbar, wenn man blockierte Fürsorge verringern und die für diese Qualität der Elternschaft notwendigen Gehirnsysteme aktivieren will.

Wenn Eltern an blockierter Fürsorge leiden, befinden sie sich in den meisten Fällen in einem defensiven Geisteszustand. Sie konzentrieren sich nicht darauf, was hinter dem Verhalten ihrer Kinder steht, sondern sehen nur das „Schlechte“ in ihm. Sie möchten schlichtweg, dass das Verhalten aufhört. Für sie ist eine Verhaltensänderung die Lösung ihres Stressproblems und die Bedingung für eine Rückkehr zu einem Gefühl der psychologischen Sicherheit in ihren eigenen vier Wänden. Wenn Eltern sich nur auf das Verhalten konzentrieren, führt das dazu, dass sie sich auch vermehrt auf die Konsequenzen des Verhaltens konzentrieren. Entweder entscheiden sie sich für andere Konsequenzen für ein bestimmtes Verhalten oder sie intensivieren die existierenden Konsequenzen. Wenn die Lösung eines Problems zu eng eingefasst ist, fühlen sich Eltern so, als ob sie in einer Falle stecken. Sie sagen, meist voller Verzweiflung: „*Wenn ich das durchgehen lasse, wird er nie damit aufhören!*“

Darauf folgt dann meist: „*Ich weiß, dass es sehr streng zu sein scheint, wenn ich ihm das (Privilegien, Sport, Ausgehen am Abend, Lieblingsspiel, Fahrrad usw.) verbiete, aber was soll ich sonst tun? Ich kann ihm das nicht durchgehen lassen!*“

Wir hören auch häufig folgende Bemerkung: „*Er ist so wütend auf mich. Sieht er nicht, dass er sich das selber zuzuschreiben hat?*“

Schließlich sagen die Eltern: „*Mir gefällt die Elternrolle einfach nicht mehr. Nie sprechen wir, nie lachen oder tauschen wir uns so wie früher aus. Aber ich weiß einfach nicht, was ich sonst tun soll.*“

Solche Bemerkungen, die im Zusammenhang mit negativen Verhaltensspiralen und Konsequenzen gemacht werden, können meist nur dann zeitweise beschwichtigt werden, wenn der Therapeut eine Verhaltensanalyse vornimmt und sich hauptsächlich auf die Verbesserung der Konsequenzen eines bestimmten Verhaltens konzentriert. Er kehrt diese negativen in positivere Maßnahmen um und verhandelt mit den Kindern neue Verhaltensweisen (wobei die Eltern die Kontrolle über die Absprachen haben). Sich weiterhin auf das unerwünschte Verhalten der Kinder und die Reaktion der Eltern in Form von Verhaltenskonsequenzen zu konzentrieren zeigt sich in den meisten Fällen als unzureichende Maßnahme. Die Gründe dafür lauten wie folgt:

1. Blockierte Fürsorge wird nicht behandelt, wodurch es für die Eltern schwieriger ist, ihr eigenes Verhalten hinreichend zu hinterfragen und zu ändern und einen Weg zurück zu einer harmonischen Beziehung zu ihren Kindern zu finden.

2. Der Therapeut (die Therapeutin) widmet sich nur unzureichend der Aufgabe, die elterlichen Annäherungs-, Belohnungs- Kinddeutungs- und Bedeutungsfindungssysteme zu stärken. Das Eltern-Sein dient nicht dem Aufbau einer innigen und wechselseitigen Eltern-Kind-Beziehung, sondern bleibt nur ein Job, vielleicht sogar ein lästiger oder gefürchteter Job.

3. Eltern bleiben in einem defensiven, bewertenden Zustand, anstatt eine offene, aktive, akzeptierende Haltung einzunehmen, die den größten positiven Einfluss auf die Eltern-Kind-Beziehung ausüben würde. In Bezug auf das Gehirn bedeutet das, dass Eltern keinen guten Vagus-Tonus haben. Der obere „intelligente" Vagus-Schaltkreis sollte aktiv sein. Stattdessen ist der untere Vagus-Schaltkreis aktiv.
4. Das Kinddeutungssystem ist nicht aktiviert, wodurch die Fähigkeit der Eltern erschwert wird, das Verhalten ihrer Kinder zu verstehen.
5. Die oben genannten Gründe legen alle nahe, dass die Eltern ihre reflexive Kompetenz nicht ausreichend nutzen, um das große Ganze, die Eltern-Kind-Beziehung, zu sehen und erfolgreich zu sein. Im großen Ganzen gibt es für das kleine Ganze, das Verhalten des Kindes, sowohl eine Bedeutung als auch eine Lösung. Kurz gesagt verstehen Eltern mit Hilfe von reflexiver Kompetenz, dass sie „in Verbindung zu ihrem Kind korrigieren" müssen und dass „die Verbindung Vorrang vor der Korrektur hat".

Wenn Eltern ihre defensive, von der Amygdala und dem limbischen System beeinflusste Geistesverfassung verlassen haben und in den offenen, aktiven Zustand des intelligenten Vagus-Systems übergewechselt sind, können sie auf die höheren Bereiche des präfrontralen Cortex zugreifen, die für die Neubewertung und für die „Neu-Deutung" der Eltern-Kind-Beziehung sowie das Abrufen der tieferen Bedeutung des Eltern-Seins notwendig sind. Mit SANE können Eltern ihr rechtsseitiges Abwehrsystem zuerst aktivieren und es dann mit der offenen, aktiven rechten Hirnhälfte des Therapeuten verknüpfen. Dadurch können Eltern ihre Selbstschutzhaltung ablegen und in einen offenen, aktiven Zustand überwechseln. Und wenn der SANE-Prozess dann beibehalten wird, öffnet der bestehende affektive/reflexive Dialog Verbindungen im Gehirn der Eltern. Diese Verbindungen bestehen sowohl zwischen der rechten und der linken Hirnhälfte als auch zwischen dem tiefer gelegenen Affektregulierungssystem, das den orbitalen präfrontalen Cortex und die tiefer gelegenen Bereiche des anterioren cingulären Cortex mit dem limbischen System verbindet, und den höher gelegenen flexiblen, reflexiven Prozessen, die von dem mittleren präfrontalen Cortex und dem dorsolateralen präfrontalen Cortex abhängig sind.

Beispiel: Auf den vorangegangenen Seiten haben wir Ihnen von der Mutter Emily erzählt, die einen affektiven/reflexiven Dialog mit ihrem sechzehnjährigen Sohn Frank hatte. Frank hatte seine Lehrerin angeschrien und Emily hat ihrem Sohn und sich selber dabei geholfen, diesen Vorfall zu verstehen und ihn näher zu beleuchten. Stellen wir uns jetzt vor, Emily wäre nicht in der Lage gewesen, über das Verhalten ihres Sohnes nachzudenken. Stellen wir uns vor, sie wäre stattdessen in die Defensive gegangen, hätte sein Verhalten bewertet und ihre Therapeutin gebeten, ihr mit dem Verhalten ihres Sohnes zu helfen, nachdem sie ihr von ihrer Wut berichtet hat.

Emily: Als ich gehört hatte, was er zu seiner Lehrerin gesagt hatte, habe ich bereits an der Tür auf ihn gewartet. Als er dann von der Schule nach Hause kam, habe ich losgelegt.

Therapeutin: Was haben Sie zu ihm gesagt?

Emily: Ich habe ihn wissen lassen, dass sein Verhalten inakzeptabel war, dass er sich am nächsten Tag bei seiner Lehrerin entschuldigen sollte und dass sein Verhalten Konsequenzen haben würde. Damit er es sich beim nächsten Mal zweimal überlegen würde, so respektlos zu sein.

Therapeutin: Und wie hat er darauf reagiert?

Emily: Er hat sich aufgeregt, dass ich mir nicht seine Seite des Vorfalls angehört habe! Ich habe ihm gesagt, dass seine Seite nicht existiert, wenn er so mit seiner Lehrerin redet! Ich wollte keine Ausreden!

Therapeutin: Und er …

Emily: Er hat geschrien: „Ist mir doch egal!" Und dann ist er in sein Zimmer gerannt. Und ich habe gesagt, dass seine frechen Antworten es nur noch schlimmer machen.

Therapeutin: Das war also schwierig für Sie … und für ihn. Was, glauben Sie, hat Sie am meisten gestört?

Emily: Dass er so mit einer Lehrerin gesprochen hat. Er hat zu ihr gesagt, dass es ihm „scheißegal war", was sie dachte! Ich habe ihn besser erzogen, als so mit einem Erwachsenen zu sprechen. Und er sagt das zu seiner Lehrerin! Zu jemandem, den er respektieren sollte.

Therapeutin: Wenn ich Sie richtig verstehe, sagen Sie, dass es für Sie sehr wichtig ist, dass Ihr Sohn seiner Lehrerin Respekt zollt, und dass das, was er zu ihr gesagt hat, Sie sehr gestört hat.

Emily: Wollen Sie damit sagen, dass ich mich nicht über seine Ausdrucksweise hätte aufregen sollen?

Therapeutin: Es tut mir leid, Emily, wenn ich Ihnen diesen Eindruck vermittelt habe. Das wollte ich nicht sagen. Ich versuche nur nachzuvollziehen, was Sie gedacht und gefühlt haben, als er nach Hause kam.

[Wenn Eltern während eines Gesprächs eine defensive Haltung einnehmen, ist es oft hilfreich, wenn sich der Therapeut (die Therapeutin) für seine (ihre) Ausdrucksweise, die eine solche Antwort hervorgerufen hat, entschuldigt. Es geht hier nicht um Eltern, die „überempfindlich" sind. Wenn sich Eltern als vom Therapeuten bewertet wahrnehmen, dann werden sie ihre Abwehrhaltung *nur dann* ablegen, wenn es dem Therapeuten leidtut, dass er ihnen ein Gefühl der Schuldzuweisung oder des Verurteiltwerdens vermittelt hat.]

Emily: Sie haben recht! Es ist mir wichtig, dass er Erwachsene mit Respekt behandelt.

Therapeutin: Ich glaube, ich verstehe jetzt, was Sie meinen. Sie haben Frank beigebracht, dass Respekt sehr wichtig ist. Was steckt Ihrer Meinung nach hinter seiner Bemerkung zur Lehrerin?

Emily: In letzter Zeit verhält er sich öfter so. Er gibt oft Widerworte. Er scheint zu glauben, dass er das, was man ihm sagt, nicht tun muss. Ich denke, dass er sich in letzter Zeit einfach zu viel einbildet.

Therapeutin: Haben Sie irgendeine Idee, warum das so ist? Seine Widerworte, seine Weigerung, Ihre Autorität zu akzeptieren und vielleicht auch die seiner Lehrerin?

Emily: Ich weiß es nicht. Vielleicht ist es nur eine Teenagersache. Er glaubt, er weiß alles besser. Seine Eltern und seine Lehrer haben keine Ahnung. Er sagt mir nicht mehr, was er denkt. Daher weiß ich nicht, was in ihm vor sich geht.

Therapeutin: Ich verstehe. Sie denken also, dass es eine Teenagerphase ist. Glauben Sie, dass das auch der Grund ist, warum er ihnen nichts mehr erzählt?

Emily: Wahrscheinlich. Sind nicht alle Teenager so?

Therapeutin: Nein, obwohl einige sicherlich so sind. Wünschen Sie sich, dass er Ihnen mehr erzählt?

Emily: Natürlich wünsche ich mir das. Er hat früher, als er noch klein war, nicht aufgehört zu erzählen. Und selbst im Alter von dreizehn Jahren hat er sich mit mir ausgetauscht. Und dann hat er damit einfach so aufgehört. Wir waren uns früher sehr nahe.

Therapeutin: Es sieht so aus, als wünschten Sie sich, ihm wieder so nah wie früher zu sein.

Emily: Ja. Aber ich erlaube ihm nicht, respektlos zu sein, nur damit er wieder mit mir spricht.

Therapeutin: Ach, Emily, es tut mir leid, dass ich Ihnen den Eindruck vermittelt habe, dass Sie seine Bemerkung zu seiner Lehrerin einfach ignorieren sollten. Das meine ich ganz und gar nicht.

Emily: Warum fragen Sie mich dann die ganze Zeit, warum er das getan hat, was in ihm vorgeht, ob ich mehr mit ihm reden möchte? Er hat sich nun einmal so benommen, wie er sich benommen hat. Und dafür gibt es keine Entschuldigung.

Therapeutin: Ich versuche ganz sicher nicht, sein Verhalten zu entschuldigen. Ich möchte es einfach nur besser verstehen und Ihnen vielleicht dabei helfen, wie Sie damit am besten umgehen können. Sie vermuten, dass es an den Teenagerjahren liegt, zum Teil, weil er nicht mit Ihnen spricht. Daher ist es schwierig, eine Vermutung darüber anzustellen, warum er das getan hat.

Emily: Und warum soll das kein Versuch sein, sein Verhalten zu entschuldigen? Herauszufinden, warum er sich so benommen hat?

Therapeutin: Es wäre nur dann eine Entschuldigung, wenn er nicht für sein Benehmen verantwortlich ist. Den Grund für sein Benehmen zu kennen heißt nicht, dass er nicht dafür verantwortlich ist. Wenn wir den Grund kennen, ist es leichter für uns, uns die bestmögliche Antwort zu überlegen, damit so etwas nicht noch einmal passiert.

Emily: Wie soll ich das wissen, wenn er nicht mit mir spricht?

Therapeutin: Gute Frage. Wir könnten Vermutungen anstellen. Besonders wenn wir wüssten, ob irgendetwas in seinem Leben – mit seiner Familie, Freunden oder Aktivitäten – in letzter Zeit vorgefallen ist. Es wäre natürlich leichter, wenn er uns das einfach sagen würde … warum er das zu seiner Lehrerin gesagt hat und die anderen Sachen auch.

Emily: Er erzählt mir einfach nichts mehr.

Therapeutin: Und Sie klingen so, als würde Sie das traurig machen.

Emily: Ich bin traurig! Er ist mein Sohn und früher waren wir uns so nahe!

Therapeutin: Und wenn wir nur diese Nähe wieder zurückbringen könnten, dann würde er vielleicht nicht so mit seiner Lehrerin reden.

Emily: Es ist also meine Schuld, dass er seine Lehrerin nicht mit Respekt behandelt hat?

Therapeutin: Das glaube ich überhaupt nicht, Emily. Es tut mir leid, dass ich Ihnen diesen Eindruck vermittelt habe. Was ich sagen wollte, ist Folgendes: Wenn er so wie früher mit Ihnen reden würde, dann hätte er Ihnen vielleicht erzählt, warum er so mit seiner Lehrerin gesprochen hat. Was auch immer der Grund dafür gewesen sein mag. Und Sie hätten ihm dabei helfen können, damit besser umzugehen.

Emily: Wie bekomme ich ihn dazu, wieder mit mir zu reden?

Therapeut: Wir können ihn nicht dazu zwingen, aber vielleicht könnten wir ihm vermitteln, dass er keine Angst haben muss, für das kritisiert zu werden, was er uns über sein Innenleben erzählt. Dann würde er sich sicher fühlen und wissen, dass das, was er denkt oder fühlt oder will, akzeptiert wird, dass wir ihn nicht dafür kritisieren.

Emily: Ich werde dabei etwas Hilfe brauchen.

(Die Therapeutin und Emily reden jetzt darüber, wie wichtig es ist, dass Emily das Innenleben ihres Sohnes akzeptiert und sich mit der Bewertung seines Verhaltens zurückhält. Nach und nach stimmt sie ihr zu, dass solche Gespräche vermutlich ihrem Sohn helfen würden, offener mit ihr über Dinge zu sprechen, und ihnen beiden helfen würden, besser zu verstehen, was in seinem Leben vor sich geht.)

Emily: Wenn ich Sie richtig verstehe, sagen Sie, dass ich mich bei Frank wieder auf das Wesentliche konzentrieren soll.

Therapeutin: Genau, Sie sollten wieder sein Innenleben kennenlernen, aus seiner Perspektive, und in Ihren Gedanken halten Sie fest an Ihrer Liebe für ihn und an Ihrem Vertrauen in den Menschen, der er in Wirklichkeit hinter den unhöflichen Worten für seine Lehrerin ist.

Emily: Das kann ich tun, besonders dann, wenn Sie bereit sind, mir ein wenig Hilfestellung dabei zu leisten.

Die auf dem Gehirn basierenden Forschungsergebnisse, auf die wir in diesem Buch Bezug nehmen, legen nahe, dass in einer erfolgreichen Therapie die interpersonellen und intrapersonellen Prozesse der Empathie und Achtsamkeit so eng und intensiv wie möglich miteinander verknüpft sein sollten. Der Therapeut kann diese Eigenschaften in die Therapie einbinden, indem er zuerst die intersubjektive Erfahrung von SANE innerhalb eines affektiven/reflexiven Dialogs und die daraus resultierende offene Aktivierung des elterlichen intelligenten Vagus-Systems möglich macht. Eine derartige Erfahrung führt zur Stärkung der Bereiche des anterioren cingulären Cortex und der Inselrinde und verbindet die Bereiche des präfrontalen Cortex und der Amygdala, des Hippocampus, des Nucleus accumbens und des limbischen Systems. Die Stärkung dieser Pfade im Gehirn verbessert die Fähigkeit der Eltern, ihre Aufmerksamkeit zu konzentrieren, sich auf achtsame Weise der eigenen Person und des anderen bewusst zu sein und Empathie zu empfinden. Und wenn dieser Punkt erreicht ist, kann der Therapeut die Eltern dazu ermutigen, bestimmte Achtsamkeitsübungen und verwandte Aufgaben zur Stärkung der Aufmerksamkeit und der Empathie zu machen.

Zusammenfassung

Reflexive Kompetenz ist das Ergebnis einer vollständigen Verbindung der fünf Gehirnsysteme, die von zentraler Bedeutung für die von uns in diesem Buch befürwortete Qualität der Elternrolle ist. Mit reflexiver Kompetenz können Eltern sowohl ihre emotionalen Reaktionen auf ihre Kinder aktivieren als auch diese Reaktionen so steuern, dass sie von der Bedeutung ihrer gemeinsamen Verhaltensweisen und der unmittelbaren Situation bestimmt werden. Innerhalb der reflexiven Kompetenz sind das Herz und der Geist (das Innenleben) der Eltern imstande, auf offene Weise mit dem Herzen und dem Geist ihrer Kinder zu kommunizieren.

7 Kurzer Überblick

Neun Strategien zur Entwicklung eines gut entwickelten Gehirns

Wir möchten Ihnen gerne auf den nachfolgenden Seiten eine kurze Zusammenfassung darüber geben, was Eltern aktiv tun können, um ihr Eltern-Sein auf der Grundlage der von uns vorgestellten Konzepte zu verbessern.

1. Füttern Sie Ihr Gehirn mit SANE

Als höchst soziale Säugetiere steht uns das intelligente Vagus-System zur Verfügung. Seien Sie also intelligent und benutzen Sie es! Damit meinen wir, dass Sie in einem offenen, aktiven Zustand mit Ihren Kindern bleiben, statt eine defensive Haltung des Selbstschutzes einzunehmen. Letztere können wir für Tiger und Bären einsetzen, nicht für unsere Kinder. Okay, vielleicht ab und zu auch für unsere Kinder, aber versuchen Sie diese Haltung nicht jeden Tag und in jeder Situation mit Ihren Kindern einzunehmen. Das ist leicht, wenn Sie Spaß haben, und viel schwieriger in Konfliktsituation und wenn Sie Festigkeit zeigen müssen. Was hilft? SANE. Nichts hilft mehr, als in den meisten Situationen aufmerksam und aktiv zu bleiben und die Welt Ihres Kindes mit seinen Gedanken und Gefühlen zu erleben, während Sie selber in einem offenen und zugänglichen Zustand bleiben und trotzdem Ihre Position als Mutter oder Vater aufrechterhalten. Was besonders schön ist, ist, dass Sie, wenn Sie Ihrem Kind mit den SANE-Eigenschaften begegnen, sofort die Wahrscheinlichkeit erhöhen, dass Ihr Kind mit Ihnen offen kommunizieren wird.

2. Schließen Sie Freundschaft mit Ihrer Amygdala

Ihre Amygdala versucht ständig, Ihre Sicherheit zu gewährleisten, indem sie selbst die kleinste Bedrohung für Ihr Wohlbefinden wahrnimmt. Sie ist daher Ihre Freundin, auch wenn sie eine Freundin ist, die Ihnen leicht irreführende – wenn auch wohlmeinende – Informationen liefern kann. Wir bezeichnen diese irreführenden Informationen als „falschen Alarm", als amygdaloide Momente, die Sie in die Defensive drängen, obwohl in Wirklichkeit keine Gefahr besteht, kämpfen, fliehen oder sich totstellen zu müssen. Lernen Sie deshalb bitte, auf Ihre Amygdala zu achten, zu wissen, wann sie eine „Warnung" abgeschickt hat (Sie werden instinktiv wissen, wann das der Fall ist: Sie haben ein flaues Gefühl im Magen oder Sie bemerken, wie Ihr Herz schneller schlägt). Lernen Sie bitte auch, „einen zweiten Blick" auf die Situation zu werfen und dazu Ihren großen präfrontalen Cortex und den guten alten anterioren cingulären Cortex in seiner Brückenfunktion zu benutzen, bevor Sie sich in einen defensiven Geisteszustand begeben, durch den Sie eine Mauer zwischen sich und

Ihrem Kind aufbauen. Es ist immer eine gute Idee, Ihrer Amygdala für ihre Wachsamkeit zu danken, auch dann, wenn sie dabei etwas übertreibt. Es ist ebenfalls eine gute Idee, herauszufinden, ob Ihre Amygdala eher schläfrig ist oder flink wie ein Wiesel reagiert und Sie in höchste Alarmbereitschaft versetzt. Wenn Ihre Amygdala zur schläfrigen Sorte gehört, dann müssen Sie wahrscheinlich lernen, mehr auf potentiell schädliche Dinge zu achten. Ist Ihr Alarmsystem hyperaktiv, sollten Sie sich darin üben, einen falschen Alarm als solchen auch zu identifizieren. Diese Prozesse sind zum Teil genetisch bedingt, denn bestimmte Gene bestimmen in hohem Maße, wie Ihre Amygdala arbeitet. Der wichtigste Punkt ist, dass Sie lernen können, mit Ihrer ganz eigenen Amygdala umzugehen, wenn Sie sie näher kennengelernt haben, ihre Aufgabe zu schätzen wissen und sie nicht als die „Stimme der Wahrheit" ansehen.

3. Heißen Sie die „Elefanten" in Ihrer Bindungsgeschichte willkommen

Während Sie als Kind mit Ihren Eltern zusammengelebt haben, haben Sie zu dem Zeitpunkt bereits selber gelernt, die Mutter oder der Vater Ihres eigenen Kindes zu sein. Sie können sicher die darin enthaltene Weisheit erkennen: Es spart viel Zeit und viele neuronale Verbindungen, um neue Dinge zu lernen, die Ihre Eltern nicht kannten, wie Smartphones und Mikrowellen. Unsere Eltern waren vermutlich öfter in einem defensiven Zustand des Selbstschutzes, als wir es gerne wären, zum Teil, weil das einfache Überleben damals viel schwerer war. Als Folge davon enthält unsere eigene Bindungsgeschichte wahrscheinlich viele nicht zu übersehende „Elefanten", unausgesprochene Themen, denen wir versuchen, aus dem Weg zu gehen, und gegen die wir uns schützen, wenn wir ihnen nicht aus dem Weg gehen können.

Diese Elefanten sind Erinnerungen, die in unterschiedlichen Bereichen des Cortex gespeichert sind und die, wenn sie aktiviert und zum präfrontalen Cortex und zum anterioren cingulären Cortex geschickt werden, stattdessen das intelligente Vagus-System deaktivieren und uns in die Defensive drängen. Warum? Weil diese Erinnerungen mit Angst, Wut, Enttäuschung und Scham überzogen sind und diese Emotionen, wenn sie mit diesen Erinnerungen assoziiert werden, nur schwer zu regulieren sind. Aber wir müssen uns an sie erinnern und wir müssen sie regulieren. Wenn es keine Erinnerungen aus unserer eigenen Bindungsgeschichte mehr gibt, die in uns Scham und Angst – und die daraus resultierende Konzentration auf unseren Selbstschutz – auslösen, dann sind wir weniger in der Situation, in einen Zustand des Selbstschutzes überzuwechseln, wenn wir ähnliche Erfahrungen mit unseren Kindern machen. Wenn wir diese Elefanten willkommen heißen, erzeugen wir eine sogenannte *kohärente autobiografische Geschichte* in Bezug auf unsere Bindungsbeziehungen (Main, 2000), denn unser Willkommen lässt diese Elefanten wieder in ihr Zuhause zurückkehren (das heißt erlaubt es Ihnen, Ihre beschämenden und angstvollen Erinnerungen in Ihre Geschichte zu integrieren). Wenn uns das als Eltern gelingt, sind wir eher imstande, eine ähnliche Geschichte innerhalb der Autobiografie unserer Kinder hervorzubringen. Selbst wenn unsere eigene Bindungsgeschichte schwer ist, können wir trotzdem noch eine kohärente Geschichte entwickeln. Wissenschaftler bezeichnen das als *verdiente Sicherheit* (Hesse, 2008), weil wir sie uns erarbeiten müssen. Aus der Position unserer eigenen Sicherheit heraus können wir für unsere Kinder Sicherheit schaffen. Wir könnten auch sagen, dass unser intelligentes Vagus-System das intelligente Vagus-System unserer Kinder aktiviert. Oder dass, wenn wir unsere Elefanten willkommen heißen und diese dann schließlich weiterziehen, unsere Kinder nicht so leicht von anderen Elefanten überrascht werden, Elefanten, die über ihren präfrontalen Cortex, anterioren cingulären Cortex, Hippocampus und benachbarte Regionen trampeln würden.

4. Denken Sie mit Ihrem Herzen und fühlen Sie mit Ihrem Geist

Wie wir durch das gesamte Buch hindurch betont haben, funktioniert unser Gehirn dann am besten, wenn unsere eher kognitiven/reflexiven Prozesse mit unseren eher emotionalen Prozessen verbunden werden. Ihre Emotionen haben es schwerer, die Oberhand zu gewinnen und Sie zu Verhaltensweisen und Worten zu verleiten, die Sie später bedauern würden, wenn Sie auf die reflexiven Elemente Ihrer Empathie für Ihre Kinder, Ihre Intuition für sie, Ihre gemeinsame Geschichte verbunden mit Ihrer Bindungsgeschichte sowie auf die größere Bedeutung des Eltern-Seins zurückgreifen.

Wenn Ihre Vernunft Ihnen nicht bei der Entscheidung hilft, wie Sie am besten mit einer bestimmen Situation umgehen können, dann werden in dem Moment wahrscheinlich die emotionalen Komponenten von Intuition, Empathie, Geschichte und Bedeutung Sie die beste Entscheidung treffen lassen. Der Bereich, den wir als Brücke zwischen dem Emotionalen und dem Reflexiven, zwischen dem anterioren cingulären Cortex und der Inselrinde, bezeichnet haben, ist im Grunde der Hauptort des Geschehens. Je besser Sie Ihre Kinder kennen, desto mehr werden Sie sie lieben. Je mehr Sie Ihre Kinder lieben, desto besser werden Sie sie kennen.

5. Legen Sie sich einen oder zwei Freunde zu

Es wäre großartig, wenn Ihr Partner oder Ihre Partnerin gleichzeitig auch Ihr bester Freund oder Ihre beste Freundin wäre und Sie zudem noch ein oder zwei weitere Freunde hätten. Ihr Freund beziehungsweise Ihre Freundin sollte jemand sein, an den Sie sich wenden können und auch dann wenden, wenn Sie Schwierigkeiten haben. Und das funktioniert am besten, wenn Sie auch bereit sind, Ihrem Freund oder Ihrer Freundin zu helfen, wenn er oder sie Probleme hat. Wenn Sie von einem Freund umsorgt werden, werden Sie eher bereit und in der Lage sein, sich auch wieder um Ihre Kinder zu kümmern.

Genauso wichtig ist es, einen Freund zu haben, mit dem Sie lachen und sich austauschen können. Ihr Freund sollte ebenfalls jemand sein, der weiß, wer Sie wirklich sind, der tiefer schaut als die Rollen, die Sie spielen. Sie brauchen einen Freund, der das Beste in Ihnen entdeckt und Sie dann an Ihre Stärken, Ihre Hilfsbereitschaft und Ihre Offenheit erinnert, wenn Sie sie vergessen haben. Der Stress, der mit der Kindererziehung einhergeht, wird Sie manchmal zweifeln lassen und Schamgefühle in Ihnen hervorrufen. Ihr Freund sieht solche Momente auch und tröstet Sie und er sieht gleichzeitig auch Ihr Talent und feiert es mit Ihnen.

6. Seien Sie achtsam

Wenn wir Sie bitten, achtsam zu sein, bitten wir Sie gleichzeitig auch, Ihr eigener bester Freund zu sein. Akzeptieren Sie sich selbst und Ihr Kind. Denken Sie über Ihre Erfahrung und die Erfahrung Ihres Kindes nach. Seien Sie vollkommen gegenwärtig, wenn Sie mit Ihrem Kind zusammen sind, so dass es keinerlei Zweifel gibt, dass Ihr Kind in Ihrem Geist und in Ihrem Herzen ist – und dass es dort auch sein wird, wenn Sie voneinander getrennt sind.

Seien Sie achtsam, treten Sie einen Schritt zurück und werden Sie sich des Gesamtbildes Ihrer Entwicklung als Mutter oder Vater, Ihrer Hoffnungen und Träume und der Entwicklung Ihres Kindes als eigenständiger Mensch bewusst. Lassen Sie sich von der Individualität Ihres Kindes beeindrucken. Entdecken Sie seine Individualität und sehen Sie nicht nur ein in Ihrem Geist geschaffenes Ideal.

7. Entdecken Sie Ihr Kind mit Trost und Freude

Ja, so lautet die „frohe Botschaft"! Trost und Freude, wenn diese für und mit Ihrem Kind erlebt werden, werden die Entwicklung Ihres Kindes und Ihre Beziehung zu ihm gefördert, durch alle Herausforderungen, Möglichkeiten, Mühen und Freudenfeste hindurch, auf die Sie vermutlich stoßen werden. Wissen Sie noch, wie Kinder hauptsächlich die sozialen und emotionalen Wirklichkeiten ihrer Welt lernen? Durch wechselseitige, intersubjektive Erfahrungen mit ihren Eltern, mit Ihnen. Diese Erfahrungen von gemeinsamem Affekt, gemeinsamem Gewahrsein und sich ergänzenden Intentionen verbinden Ihr Gehirn mit dem Gehirn Ihres Kindes, und zwar so, dass Ihr Gehirn einen Einfluss auf die Entwicklung der Struktur und der Funktionsweise des Gehirns Ihres Kindes hat! Ja, Ihr Einfluss auf die Entwicklung Ihres Kindes ist tief greifend, wenn Sie Ihr Gehirn seinem Zweck entsprechend benutzen. Seien Sie gemeinsam mit Ihrem Kind in seiner Welt und laden Sie es ein, gemeinsam mit Ihnen in Ihrer Welt zu sein – offen und vollkommen. Ihr Kind wird von Ihnen lernen wollen.

8. Verbinden und korrigieren

Bitte denken Sie daran, dass die Beziehung zu Ihrem Kind die Hauptmöglichkeit darstellt, seine Entwicklung innerhalb der Familie jetzt und sein gesamtes Leben hindurch zu beeinflussen. Wenn Ihre Beziehung regelmäßig durch intersubjektive Erfahrungen des Lernens und der gemeinsamen Bedeutung gekennzeichnet ist, wird Ihr Kind es sich wünschen, so zu sein wie Sie (das heißt sich mit Ihnen identifizieren), und es wird sich auf natürliche Weise für Ihre Werte, Vorlieben und Gewohnheiten interessieren. Wenn Sie Ihrem Kind etwas vermitteln wollen, wird es empfänglicher für Ihre Lehren sein und deren Wert und Ihren guten Absichten vertrauen, selbst dann, wenn es über eine von Ihnen auferlegte Einschränkung jammert.

Bitte denken Sie daran, dass Sie „kein schlechtes Benehmen belohnen“, wenn Sie eine Verbindung zu Ihrem Kind aufbauen, nachdem es etwas getan hat, das Sie korrigieren mussten. Im Gegenteil – Sie vermitteln Ihrem Kind, dass Ihre Beziehung wichtiger ist als jeder Verhaltenskonflikt und dass Ihr Kind nicht sein Verhalten ist. Ihr Kind ist Ihr Kind und Ihre Liebe zu ihm ist bedingungslos.

9. Tüfteln und Reparieren

Bitte vergessen Sie nicht, dass das Leben weitergeht und dass das, was gestern funktioniert hat, heute eventuell nicht funktionieren wird. Offen zu sein heißt, empfänglich für das Einzigartige einer Situation zu sein und auf die bestmögliche Weise auf diese Situation zu antworten. Dieses Niveau, nuanciert auf Ihr Kind einzugehen, erfordert Flexibilität. Was Sie nicht brauchen, sind Rezepte, die verschiedene Verhaltensweisen und entsprechende Konsequenzen auflisten. Die Art des Tüftelns mit familiären Situationen und Beziehungen macht es erforderlich, dass Sie Ihren dorsolateralen präfrontalen Cortex in seiner Gesamtheit und dessen wertvolle Eingangsdaten nutzen, die er vom anterioren cingulären Cortex, der Inselrinde und den anderen von uns beschriebenen Bereichen und Systemen erhält. Vertrauen Sie darauf, dass alle Bereiche Ihres Gehirns am besten wissen, was zu tun ist – hier und jetzt.

Und Sie werden Fehler machen. Garantiert. Bitte machen Sie sie. Wir möchten Sie nicht dazu ermutigen, absichtlich Fehler zu machen, sondern, da Sie sie sowieso machen werden, sich selber und Ihren Kindern gegenüber Ihre Fehler zuzugeben, wenn Sie sie machen. Sie schmälern Ihre Autorität nicht, wenn Sie sich bei Ihrem Kind dafür entschuldigen, dass Sie Ihr Gehirn nicht ausreichend genutzt haben. Sie werden an Autorität gewinnen, weil Ihr Kind von Ihrer Ehrlichkeit beeindruckt sein wird und von Ihrer Bereitwilligkeit, zuzugeben, dass Sie nicht alles wissen und nicht immer recht haben.

Und Sie werden Konflikte mit Ihrem Kind haben, die Ihre Beziehung zu ihm beeinträchtigen. Solche Störungen können in Wirklichkeit die Beziehung zu Ihrem Kind vertiefen und ihm ein größeres Gefühl der Sicherheit vermitteln, wenn Sie sicherstellen, dass diese Störungen auch behoben werden. Sie sind die Mutter oder der Vater und verantwortlich dafür, dass eine solche Beziehungskorrektur sofort stattfindet, wenn Sie und Ihr Kind dazu bereit und in der Lage sind – eher früher als später. Aktivieren Sie Ihr intelligentes Vagus-System und erkennen Sie den Bruch an, wenden Sie im Anschluss die Komponenten von SANE an, laden Sie Ihr Kind ein, mit Ihnen über seine Erfahrung zu sprechen, entschuldigen Sie sich, falls nötig, bei ihm und stellen Sie wieder eine Verbindung zu ihm her, während Sie Ihr Leben gemeinsam mit Ihrem Kind leben.

Zusammenfassung

Wir hoffen sehr, dass Ihnen unser Buch bei Ihren Bemühungen helfen wird, die Beziehung zu Ihrem Kind zu haben, die Sie sich wünschen, an der Entwicklung Ihres Kindes teilzuhaben, so wie Sie es sich wünschen, und die Freude am Eltern-Sein und seinen Sinn zu erleben. Ihr Gehirn ist so konzipiert, dass es Ihnen bei der Erreichung dieser Ziele hilft – Ihr gesamtes Gehirn, in dem alle Bereiche miteinander verbunden sind und das mit dem Gehirn Ihres Kindes zusammenarbeitet. Ja, die gute Nachricht lautet, dass es eine WLAN-Verbindung zwischen Ihrem Gehirn und dem Gehirn Ihres Kindes gibt. In guten wie in schlechten Zeiten. Wir hoffen, dass Sie jetzt ein besseres Verständnis davon haben, zu welchen Leistungen diese drahtlose Verbindung – mit ihren offenen, aktiven, intuitiven, empathischen und wechselseitigen Eigenschaften – fähig ist. Sie haben ein Gehirn, das für das Eltern-Sein geschaffen ist. Nutzen Sie es!

Anhang

Hilfe suchen

Sie werden sich vielleicht dafür entscheiden, psychologische Hilfe bei Ihren Bedenken hinsichtlich bestimmter Aspekte des Verhaltens Ihrer Kinder oder Ihrer Beziehung zu ihnen in Anspruch zu nehmen. Sie haben vielleicht Bücher wie dieses gelesen, mit Familie und Freunden gesprochen, alleine über Ihre Schwierigkeiten nachgedacht und neue Wege ausprobiert, diese Probleme alleine in den Griff zu bekommen. Wenn Ihre Bedenken trotz allem nicht verschwunden sind, ist es sicherlich eine gute Idee, professionelle Hilfe aufzusuchen.

Wir sind der festen Überzeugung, dass eine Familientherapie als Erstes in Betracht gezogen werden sollte, ungeachtet der Art der psychologischen Schwierigkeiten, die Ihr Kind (oder Ihre Kinder) haben. Solche Schwierigkeiten können der Ausdruck von Beziehungsmustern innerhalb der Familie sein, die es schon gab, lange bevor die Probleme sich gezeigt haben. Selbst wenn sich die Schwierigkeiten außerhalb der unmittelbaren Familie herausgebildet haben, können die bevorzugten Interventionen durchaus darin bestehen, dass Sie Ihrem Kind dabei helfen, gemeinsam mit Ihnen den Grund seiner Schwierigkeiten zu erkunden, und dass Sie die Hilfe erhalten, um Ihrem Kind bei all seinen Schwierigkeiten beizustehen. Die Form der Familientherapie vermittelt dem Kind, dass, egal, welche Schwierigkeiten es auch haben mag, seine Eltern für das Kind da sind und ihm aktiv bei deren Bewältigung helfen. Das Kind ist nicht alleine mit seinen Schwierigkeiten und seine Schwierigkeiten sind kein Anzeichen dafür, dass es krank ist oder etwas mit ihm nicht stimmt. Alle sind an diesem Prozess beteiligt, alle sitzen in demselben Boot und alle werden sich über eine gemeinsame Lösung freuen.

Es ist möglich, dass Sie und Ihr Therapeut (Ihre Therapeutin) beschließen, dass Ihr Kind die Gelegenheit haben sollte, einmal oder mehrmals alleine mit dem Therapeuten zu sprechen. Oder vielleicht bittet Ihr Kind von selber um ein solches Gespräch und alle Beteiligten sind der Meinung, dass man seiner Bitte nachkommen sollte. Trotzdem ist auch dann eine Familientherapie immer noch möglich und Ihre Gegenwart oder Ihre Hintergrundunterstützung und Ihr Da-Sein vermitteln Ihrem Kind, dass Sie aktiv daran beteiligt sind, die beste Lösung zu finden und zu akzeptieren.

Wie wir in diesem Buch erwähnt haben, empfehlen wir, dass Sie sich in der ersten Therapiesitzung alleine mit Ihrem Therapeuten oder Ihrer Therapeutin treffen. Eine solche Therapiesitzung dient folgendem Zweck:

1. Sie ermöglicht es Ihnen und Ihrem Therapeuten, sich besser kennenzulernen, und Ihnen speziell, sich in seiner Gegenwart sicher zu fühlen, während Sie sehr private Aspekte Ihres Familienlebens mit ihm besprechen.

2. Sie ermöglicht es Ihnen, einen offenen, aktiven Zustand zu entwickeln, statt eine defensive Haltung des Selbstschutzes einzunehmen, für die Sie sich vielleicht entschieden haben, als Sie Ihren Therapeuten zum ersten Mal getroffen haben.

3. Sie gibt Ihnen die Möglichkeit, über Ihre Stärken und Schwächen als Mutter oder Vater nachzudenken und die Bereitwilligkeit und Fähigkeit aufzubauen, Ihre eigene Bindungsgeschichte auf Verbindungen zu den gegenwärtigen Schwierigkeiten zu untersuchen.

4. Sie ermöglicht es Ihnen, mit Ihrem Therapeuten zu besprechen, wie die Familientherapie aussehen soll, welche Ziele der Therapeut hat, welche Interventionen er durchführen wird und welche Erwartungen er an Sie und Ihr Kind hat.
5. Sie ermöglicht es Ihnen, sich sicher zu fühlen, wenn Ihr Kind auch an der Sitzung teilnimmt, so dass Sie und der Therapeut gemeinsam Ihrem Kind dabei helfen können, sich sicher – statt defensiv – zu fühlen.

Wir glauben, dass eine Familientherapie dann die besten Ergebnisse erzielt, wenn sie um das Ziel angelegt ist, dass alle Familienmitglieder offen, nicht wertend, affektiv und besonnen miteinander kommunizieren und dass in dieser Form der Kommunikation die Erfahrungen aller mit einer durch SANE gekennzeichneten Haltung miteinander geteilt werden. Wenn Sie in der Lage sind, in einem offenen, intersubjektiven Zustand zu bleiben, möglicherweise mit der Unterstützung Ihres Therapeuten, wird Ihr Kind Ihnen beiden sehr wahrscheinlich dorthin folgen. Für Sie als Mutter oder Vater ist es am besten, die Verantwortung zu übernehmen, diesen Zustand aufrechtzuerhalten. Wenn auf die Abwehrhaltung Ihres Kindes nicht mit Abwehr Ihrerseits oder mit einer wertenden Haltung seitens des Therapeuten reagiert wird, wird Ihr Kind sich Ihnen gegenüber nach und nach mehr öffnen und preisgeben. Wenn Sie der Erfahrung Ihres Kindes mit Akzeptanz, Neugier und Empathie begegnen, wird es anfangen, Ihre Erfahrung auf die gleiche Weise zu sehen. Und dadurch wird der vermutlich seit vielen Jahren bestehende Kreislauf von Abwehrhaltungen durchbrochen.

Dieses Modell der Familientherapie beruht auf Bindungsprinzipien, die hervorheben, wie wichtig es ist, dass Eltern die körperliche und psychologische Sicherheit ihrer Kinder gewährleisten. Der in diesem Buch vorgestellte, auf dem Gehirn basierende Ansatz unterstützt auf vielfältige Weise diese Prinzipien. Stephen Porges' (2011) Schwerpunkt, dass Sicherheit für die einwandfreie Arbeitsweise des auf soziale Kontakte ausgerichteten Prozesses und des intelligenten Vagus-Systems benötigt wird, ist ein zentrales Beispiel. Wir haben jedoch auch betont, dass Ihre Sicherheit als Mutter oder Vater genauso wichtig ist, denn Ihr elterliches Gehirn arbeitet ebenfalls dann am besten, wenn Sie sich sicher fühlen. Sie müssen sich sicher sein, dass Ihr Therapeut sie nicht verurteilt. Wenn Sie und Ihr Therapeut anderer Meinung sind, muss der Therapeut bereit und in der Lage sein, Ihnen Sicherheit zu vermitteln, und sich gleichzeitig sein eigenes Gefühl der Sicherheit bewahren, damit er nicht in die Defensive geht und eine Haltung des Selbstschutzes einnimmt. Sie werden sich beide dazu verpflichten müssen, Unterschiede auf offene, intersubjektive Weise zu besprechen, statt so zu tun, als gäbe es sie nicht.

Wir haben sicherlich auch unsere Überzeugung zum Ausdruck gebracht, dass Ihre Beziehung zu Ihrem Kind äußerst wichtig für seine und Ihre eigene Entwicklung als Mutter oder Vater ist. Wir haben hervorgehoben, dass die Fähigkeit, über die Bedeutung Ihres Verhaltens und das Ihres Kindes nachzudenken, wahrscheinlich eine wesentliche Rolle bei der dauerhaften Entwicklung der Beziehung zu Ihrem Kind und dem Funktionieren Ihrer Familie spielt. Wir ermutigen Sie dazu, nicht einfach nur nach einer Möglichkeit zu suchen, wie Sie das problematische Verhalten Ihres Kindes kontrollieren, ändern oder unterbinden können. Wir glauben nicht, dass dies langfristigen Erfolg verspricht. Die Lösung liegt unserer Meinung nach darin, dass Sie und Ihr Kind daran arbeiten, die Bedeutung seines Verhaltens zu verstehen und gleichzeitig Ihre gemeinsame Beziehung aufzubauen und aufrechtzuerhalten, in guten wie in schlechten Zeiten.[**]

** Hochwertige Angebote zum Thema Achtsamkeit im Leben und in der Arbeit mit Kindern finden Sie unter: *www.mit-kindern-wachsen.de* und *www.arbor-seminare.de*

Literaturverzeichnis

Admon, R., Lubin, G., Stern, O., Rosenberg, K., Sel*a, L., B*en-Ami, H. et al. (2009). Human vulnerability to stress depends on amygdala's predisposition and hippocampal plasticity. *Proceedings of the National Academy of Sciences, 106*(33), 14120–14125.

Allman, J. M., Hakeem, A., Erwin, J., Nimchinsky, E. & Hof, P. (2001). The anterior cingulate cortex: The evolution of an interface between emotion and cognition. *Annals of the New York Academy of Sciences, 935*, 107–117.

Allman, J. M., Tetreault, N. A., Hakeem, A. Y. & Park, S. (2011). The von Economo neurons in apes and humans. *American Journal of Human Biology, 23*, 5–21.

Andari, E., Duhamel, J., Zalla, T., Herbrecht, E., Lebayer, M. & Sirigu, A. (2010). Promoting social behavior with oxytocin in high-functioning autism spectrum disorders. *Proceedings of the National Academy of Sciences*. Online-Veröffentlichung vor der Veröffentlichung als Druck-Erzeugnis am 16. Februar 2010, DOI:10.1073/pnas. 0910249107 PNAS 16. Februar 2010.

Andersen, P., Morris, R., Amaral, D., Bliss, T. & O'Keefe, J. (Eds.). (2007). *The hippocampus book*. Oxford: Oxford University Press.

Atkinson, L., Goldberg, S., Raval, V., Pederson, D., Benoit, D., Gleason, K. et al. (2005). On the relation between maternal state of mind and sensitivity in the prediction of infant attachment security. *Developmental Psychology, 41*, 42–53.

Atzil, S., Hendler, T. & Feldman, R. (2011). Specifying the neurobiological basis of human attachment: Brain, hormones, and behavior in synchronous and intrusive mothers. *Neuropsychopharmacology*. Abgerufen auf der Website www.nature.com/npp/journal/vaop/ncurrent/full/npp2011172a.html am 9. September 2011.

Austin, J. H. (2006). *Zen-brain reflections*. Cambridge: MIT Press.

Bales, K. L. & Carter, C. S. (2003). Sex differences and developmental effects of oxytocin on aggression and social behavior in prairie voles. *Hormones and Behavior, 44*, 178–184.

Banfield, J., Wyland, C., Macrae, C., Munte, T. & Heatherton, T. (2004). The cognitive neuroscience of self-regulation. In R. Baumeister & K. Vohs (Eds.), *Handbook of self-regulation* (62–83). New York: Guilford Press.

Baron-Cohen, S. (2003). *The essential difference: The truth about the male and female brain*. New York: Basic Books; dt. *Frauen denken anders. Männer auch.: Wie das Geschlecht ins Gehirn kommt*. München: Heyne Verlag, 2009.

Baynes, K. & Gazzaniga, M. (2000). Consciousness, introspection, and the split-brain The two minds/one body problem. In M. Gazzaniga (Ed.), *The new cognitive neuroscience*, 2nd edition (1355–1364), Cambridge: MIT Press.

Beauregard, M., Levesque, J. & Bourgouin, P. (2001). Neural correlates of conscious self-regulation of emotion. *Journal of Neuroscience, 21* (RC165), 1–6.

Brach, T. (2003). *Radial acceptance: Embracing your life with the heart of a Buddha*. New York: Bantam Books; dt. *Mit dem Herzen eines Buddha: Heilende Wege zu Selbstakzeptanz und Lebensfreude*. München: Knaur Taschenbuch, 2006.

Bridges, R. (Ed.). (2008). *Neurobiology of the parental brain*. San Diego: Academic Press.

Cahn, B. & Polich, J. (2006). Meditation states and traits: EEG, ERP, and neuroimaging studies. *Psychological Bulletin, 132*(2), 180–211.

Canli, T., Qui, M., Omura, K., Congdon, E., Haas, B. W., Amin, Z. et al. (2006). Neural correlates of epigenesis. *Proceedings of the National Academy of Sciences, 103*, 16033–16038.

Carr, L., Iacoboni, M., Dubeau, M. C., Maziotta, J. C. & Lenzi, L. G. (2003). Neural mechanisms of empathy in humans: A relay from neural systems for imitation to limbic areas. *Proceedings of the National Academy of Sciences, 100*, 5497–5502.

Carter, C. S. (2007). Neuropeptides and the protective effects of social bonds. In E. Harmon-Jones & P. Winkielman (Eds.), *Social neuroscience* (425–438). New York: Guilford Press.

Carter, C. S. & Keverne, E. B. (2002). The neurobiology of social affiliation and pair bonding. In D. Pfaff (Ed.), *Hormones, brain, and behavior, Volume 1* (299–337). San Diego: Academic Press.

Cassidy, J. & Shaver, P. R. (Eds.). (2011). *Handbook of attachment: Theory, research, and clinical applications*, 2nd ed. New York: Guilford Press.

Champagne, F. (2008). Maternal influence on offspring reproductive behavior: Implications for transgenerational effects. In R. Bridges (Ed.), *Neurobiology of the parental brain* (307–318). San Diego: Academic Press.

Cohen, R., Grieve, S., Hoth, K., Paul, R., Sweet, L., Tate, D. et al. (2006). Early life stress and morphometry of the adult anterior cingulate cortex and caudate nuclei. *Biological Psychiatry, 59*, 975–982.

Corter, C. & Fleming, A. (2002). Psychobiology of maternal behavior in human beings. In M. Bornstein (Ed.), *Handbook of parenting: Biology and ecology of parenting* (141–182). Mahwah: Erlbaum.

Cozolino, L. (2006). *The neuroscience of human relationships*. New York: Norton; dt. *Die Neurobiologie menschlicher Beziehungen*. Kirchzarten: VAK-Verlag, 2007.

Craig, A. D. (2009). How do you feel now?: The anterior insula and human awareness. *Nature Reviews Neuroscience, 10*, 59–70.

Cushing, B. S. & Kramer, K. M. (2005). Mechanisms underlying epigenetic effects of early social experience: The role of neuropeptides and steroids. *Neuroscience and Biohavioral Reviews, 29*, 1089–1105.

Damasio, A. (1986). *Descartes' error: Emotion, reason, and the human brain*. New York: Putnam; dt. *Descartes' Irrtum: Fühlen, Denken und das menschliche Gehirn*. Berlin: List Taschenbuch, 2004.

Davidson, R. J., Kabat-Zinn, J., Schumacher, J., Rosenkranz, M., Muller, D., Santorelli, S. F. et al. (2003). Alterations in brain and immune function produced by mindfulness mediation. *Psychosomatic Medicine, 65*, 564–570.

Davis., M. & Whalen, P. J. (2001). The amygdala: vigilance and emotion. *Molecular Psychiatry, 6*, 13–34.

DeBellis, M. (2001). Developmental traumatology: The psychophysiological development of maltreated children and its implications for research, treatment, and policy. *Development and Psychopathology, 13*, 539–564.

deHaan, M. & Gunnar, M. (Hrsg). (2009). *Handbook of developmental social neuroscience*. New York: Guilford Press.

Domes, G. Heinrichs, M., Glascher, J., Buchel, C., Braus, D. F. & Herpetz, S.C. (2007). Oxytocin attenuates amygdala repsonses to emotional faces regardless of valence. *Biological Psychiatry, 10*, 1187–1190.

Dozier, M., Stovall, K. C., Albus, K. E. & Bates, B. (2001). Attachment of infants in foster care: The role of caregiver state of mind. *Child Development, 72*, 1467–1477.

Drevets, W. C. (2000). Functional anatomical abnormalities in limbic and prefrontal cortical structures in major depression. *Progress in Brain Research, 126*, 413–431.

Eluvathingal, T., Chugani, H., Behen, M., Juhasz, C., Muzik, O., Maqbool, M. et al. (2006). Abnormal brain connectivity in children after severe socioemotional deprivation: A diffusion tensor imaging study. *Pediatrics, 117*(6), 2093–2100.

Fehmi, L. & Robbins, J. (2007). *The open-focus brain: Harnessing the power of attention to heal mind and body*. Boston: Trumpeter Books; dt. *Open Focus Aufmerksamkeits-Training: Durch Aktivierung des Alphazustandes zu Gesundheit und Kreativität finden*. München: Arkana, 2008.

Feldman, R., Gordon, I., Schneiderman, I., Weisman, O. & Zagoory-Sharon, O. (2010). Natural variations in maternal and paternal care are associated with systematic changes in oxytocin following parent-infant contact. *Psychoneuroendocrinology, 35*, 1133–1141.

Feldman, R., Gordon, I. & Zagoory-Sharon, O. (2010). The cross-generation transmission of oxytocin in humans. *Hormones and Behavior, 58*, 669–676.

Field, T. (2002). Massage therapy. *Medicine Clinics of North America, 86*, 163–171.

Fields, R. D. (2009). *The other brain: From dementia to schizophrenia, how new discoveries about the brain are revolutionizing medicine and science*. New York: Simon and Schuster.

Fleming, A. S. & Li, M. (2002). Psychobiology of maternal behavior and its early determinants in nonhuman mammals. In M. Bornstein (Ed.), *Handbook of parenting, Volume 2* (61–97). Mahwah: Erlbaum.

Fleming, A. S., Gonzalez, A., Afonso, V. & Lovic, V. (2008). Plasticity in the maternal neural circuit: Experience, dopamine and mothering. In R. Bridges (Ed.), *Neurobiology of the parental brain* (519–536). San Diego: Academic Press.

Fonagy, P., Gergely, G., Jurist, E. & Target, M. (2002). *Affect regulation, mentalization, and the development of the self.* New York: Other Press; dt. *Affektregulierung, Mentalisierung und die Entwicklung des Selbst.* Stuttgart: Klett-Cotta Verlag, 2011.

Fosha, D. (2000). *The transforming power of affect.* New York: Basic Books.

Francis, D. D., Champagne, F. & Meaney, M. J. (2000). Variations in maternal behavior are associated with differences in oxytocin receptor levels in the rat. *Journal of Neuroendocrinology, 12,* 1145–1148.

Frith, U. & Frith C. D. (2003). Develompent and neurophysiology of mentalizing. Philosophical Transactions of the Royal Society of London. *Series B: Biological Sciences, 358,* 459–473.

Fuchs, E. & Flugge, G. (2003). Chronic social stress: Effects on limbic brain structures. *Physiology and Behavior, 79,* 417–427.

Gerhardt, S. (2004). *Why love matters: How affection shapes a baby's brain.* New York: Brunner-Routledge; dt. *Die Kraft der Elternliebe: Wie Zuwendung das kindliche Gehirn prägt.* Düsseldorf: Patmos Verlag, 2006.

Giedd, J., Stockman, M., Weddle, C., Liverpool, M., Alexander-Block, A., Wallace, G. et al. (2010). Anatomic magnetic resonance imaging of the developing child and adolescent brain and effects of genetic variation. *Neuropsychology Review, 20,* 349–361. DOI: 10.1007/11065–010–9151–9.

Gil, E. (2006). *Helping abused and traumatized children: Integrating directive and nondirective approaches.* New York: Guilford Press.

Gordon, H., Zagoory-Sharon, O., Leckman, J. F. & Feldman, R. (2010). Oxytocin and the development of parenting in humans. *Biological Psychiatry, 68,* 377–382.

Gouin, J-P., Carter, C., Pournajafi-Nazarloo, H., Glaser, R., Malarkey, W., Loving, T., Stowell, J. & Kiecolt-Glaser, J. (2010). Marital behavior, oxytocin, vasopressin, and wound-healing. *Psychoneuroendocrinology, 35*(7), 1082–1090. DOI: 10.1016/j. psyneuen.210. 1. 009.

Gundel, H., Lopez-Sala, A., Ceballos-Bauman, A. O., Deus, J., Cardoner, N., Marten-Mittag, B. et al. (2004). Alexithymia correlates with the size of the right anterior cingulate. *Psychosomatic Medicine, 66*, 132–140.

Guastella, A. J., Mitchell, P. B. & Dadds, M. R. (2008). Oxytocin increases gaze to the eye region of human faces. *Biological Psychiatry, 63*, 3–5.

Guastella, A. J., Mitchell, P. B. & Matthews, F. (2008). Oxytocin enhances the encoding of positive social memories in humans. *Biological Psychiatry, 64*, 256–258.

Heim, C. & Nemeroff, C. B. (2002). Neurobiology of early life stress: Clinical studies. *Seminars in Clinical Neuropsychiatry, 7*, 147–159.

Heinrichs, M., von Dawans, B. & Domes, G. (2009). Oxytocin, vasopressin, and human social behavior. *Frontiers in Neuroendocrinology, 30*, 548–557.

Heinz, A., Braus, D., Smolka, M., Wrase, J., Puls, F., Hermann, D. et al. (2005). Amygdala-prefrontal coupling depends on a genetic variation of the serotonin transporter. *Nature Neuroscience, 8*, 20–21.

Hesse, E. (2008). The adult attachment interview: Protocol, method of analysis, and empirical studies. In J. Cassidy and P. R. Shaver (Eds.), *Handbook of attachment*, 2nd edition (552–598). New York: Guilford.

Hughes, D. (2006). *Building the bonds of attachment* (2nd ed.). Lanham: Jason Aronson.

Hughes, D. (2009). *Attachment-focused parenting*. New York: Norton.

Hughes, D. (2011). *Attachment-focused family therapy workbook*. New York: Norton.

Insel, T. R. & Shapiro, L. E. (1992). Oxytocin receptor distribution reflects social organization in monogamous and polygamous voles. *Proceedings of the National Academy of Sciences, 89*, 5981–5985.

Iversen, L. L., Iversen, S. D., Dunnett, S. B. & Bjorklund, A. (Eds.). (2010). *Dopamine handbook*. New York: Oxford University Press.

Kabat-Zinn, J. (2005). *Coming to our senses: Healing ourselves and the world through mindfulness*. New York: Hyperion; dt. *Zur Besinnung kommen*. Freiamt: Arbor Verlag, 2005.

Kabat-Zinn, M. & J. (1997). *Everyday blessings: The inner work of mindful parenting*. New York: Hyperion Press; dt. *Mit Kindern wachsen: Die Praxis der Achtsamkeit in der Familie*. Freiamt: Arbor Verlag, 1998.

Kagan, J. (1994). *Galen's prophecy: Temperament in human nature*. New York: Basic Books.

Kosfeld, M., Heinrichs, M., Fischbacher, U. & Fehr, E. (2005). Oxytocin increases trust in humans. *Nature, 435*, 673–676.

Lazar, S.W., Kerr, C. E., Wasserman, R. H., Gray, J. R., Greve, D. N., Treadway, M. T. et al. (2005). Meditation experience is associated with increased cortical thickness. *NeuroReport, 16*(17), 1893–1897.

LeDoux, J. (2002). *Synaptic self.* New York: Viking; dt. *Das Netz der Persönlichkeit. Wie unser Selbst entsteht*. Düsseldorf: Patmos Verlag, 2003.

Leuner, B., Glasper, E. & Gould, E. (2010). Parenting and plasticity. *Trends in Neuroscience, 33*, 465–473. DOI: 10.1016/jtins.210.7.003.

Linehan, M. (1993). *Cognitive-behavioral treatment of borderline personality disorder*. New York: Guilford; dt. *Dialektisch-Behaviorale Therapie der Borderline-Persönlichkeitsstörung*. München: CIP-Medien, 2007.

Lorberbaum, J. P., Newman, J. D., Horwitz, A. R., Dubno, J. R., Lydiard, R. B., Hamnerer, M. B. et al. (2002). A potential role for thalamocingulate circuitry in human maternal behavior. *Biological Psychiatry, 51*, 431–445.

Main, M. (2000). The adult attachment interview: Fear, attention, safety, and discourse process. *Journal of the Psychoanalytic Association, 48*, 1055–1096.

Marrazziti, D. (2009). Neurobiology and hormonal aspects of romantic relationships. In M. deHaan & M. R. Gunnar (Eds.), *Handbook of social developmental neuroscience* (265–280). New York: Guilford Press.

Mayes, L., Magidson, J., Lejuez, C. & Nicholls, S. (2009). Social relationships as primary rewards: The neurobiology of attachment. In M. deHaan & M. Gunnar (Eds.), *Handbook of social developmental neuroscience* (342–76). New York: Guilford Press.

McEwen, B. (2004). Protection and damage from acute and chronic stress: Allostasis, allostatic overload, and relevance to the pathophysiology of psychiatric disorders. In R. Yehuda & B. McEwen (Eds.), Behavioral stress: Protective and damaging effects (1–7). *Annals of the New York Academy of Sciences, 1032*.

National Scientific Council on the Developing Child. (2008). The timing and quality of early experiences combine to shape brain architecture. Center on the Developing Child, Harvard University, Working Paper 5.

National Scientific Council on the Developing Child. (2010). Early experiences can alter gene expression and affect long-term development. Center on the Developing Child, Harvard University, Working Paper 10.

Noriuchi, M., KiKuchi, Y. & Senoo, A. (2008). The functional neuroanatomy of maternal love: Mother's response to attachment behaviors. *Biological Psychiatry, 63*, 415–423.

Norris, C. D. & Cacioppo, J. T. (2007). I know how you feel: Social and emotional information processing in the brain. In E. Harmon-Jones & P. Winkielman (Eds.), *Social neuroscience* (84–105). New York: Guilford Press.

Numan, M. T. & Stolzenberg, D. S. (2008). Hypothalamic interaction with the mesolimbic dopamine system and the regulation of maternal responsiveness. In R. Bridges (Ed.), *Neurobiology of the parental brain* (3–22). London: Academic Press.

Numan, M. & Insel, T. R. (2003). *The neurobiology of parental behavior*. New York: Springer-Verlag.

Ochsner, K. N., Knierim, K., Ludlow, D. L., Hanelin, J., Ramachandran, T., Glover, G. et al. (2004). Reflecting upon feelings: An fMRI study of neural systems supporting the attribution of emotion to self and other. *Journal of Cognitive Neuroscience, 16*, 1746–1772.

Ochsner, K. N., Ray R., Cooper, J., Robertson, E., Chopra, S., Gabrielli, J. et al. (2004). For better or for worse: Neural systems supporting the cognitive down-and-up regulation of negative emotion. *NeuroImage, 23*, 483–499.

Ochsner, K. N., Zaki, J., Hanelin, J., Ludlow, D. h., Knierim, K., Ramachandran, T. et al. (2008). Your pain or mine?: Common and distinct neural systems supporting the perception of pain in self and other. *Social Cognitive and Affective Neuroscience, 3*(2), 144–160.

Ogden, P., Minton, K. & Pain, C. (2006). *Trauma and the body: A sensorimotor approach to psychotherapy*. New York: Norton; dt. *Trauma und Körper: Ein sensumotorisch orientierter psychotherapeutischer Ansatz*. Paderborn: Junfermann Verlag, 2010.

Panksepp, J. (1998). *Affective neuroscience*. New York: Oxford University Press.

Panksepp, J. & Burgdorf, J. (2000). 50 kHz chirping laughter in response to conditioned and unconditioned tickle-induced reward in rats: Effects of social housing and genetic variables. *Behavioral Brain Research, 115*, 25–38.

Panksepp, J. (2004). Emerging neuroscience of fear and anxiety: Therapeutic practice and clinical implications. In J. Panksepp (Ed.), *Textbook of biological psychiatry* (489–512). Hoboken: Wiley-Liss.

Pellis, S. M. & Pellis, V. C. (2006). Play and the development of social engagement: A comparative perspective. In P. Marshall & N. Fox (Eds.), *The development of social engagement* (247–274). New York: Oxford University Press.

Perry, B. (1997). Incubated in terror: Neurodevelopmental factors in the „cycle of violence". In J. Osofsky (Ed.), *Children in a violent society* (124–148). New York: Guilford Press.

Pollack, S. D. (2003). Experience-dependent affective learning and risk for psychopathology in children. In R. King, C. F. Ferris & I. L. Lederhendlerk (Eds.), *Roots of mental illness in children* (102–111). New York: Annals of the New York Academy of Sciences.

Porges, S. (2011). *The polyvagal theory: Neurophysiological foundations of emotions, attachment, communciatoin, and self-regulation.* New York: Norton.

Posner, M. & Rothbart, M. (2007). *Educating the human brain.* Washington: American Psychological Association.

Posner, M. I., Rothbart, M. K., Sheese, B. E. & Tang, Y. (2007). The anterior cingulate gyrus and the mechanism of self-regulation. *Cognitive, Affective, and Behavioral Neuroscience, 7*(4), 391–395.

Posner, M., Sheese, B. E., Odludas, Y. & Tang, Y. (2006). Analyzing and shaping human attentional networks. *Neural Networks, 19*, 1422–1429.

Ross, H. E. & Young, L. (2009). Oxytocin and the neural mechanisms regulating social cognition and affiliative behavior. *Frontiers in Neuroendocrinology, 4*, 534–547.

Roth, T. L., Lubin, F. D., Funk, A. J. & Sweatt, J. D. (2009). Lasting epigenetic influence of early-life adversity on the BDNF gene. *Biological Psychiatry, 65*, 760–769.

Rothschild, B. (2010). *8 keys to safe trauma recovery.* New York: Norton.

Sapolsky, R. M., Meaney, M. J. & McEwen, B. S. (1985). The development of the glucorticoid receptor system in the rat limbic brain III: Negative-feedback regulation. *Brain Research, 350*, 169–173.

Schore, A. (1994). *Affect regulation and the origin of the self: The neurobiology of emotional development.* Hillsdale: Erlbaum; dt. *Affektregulation und die Reorganisation des Selbst.* Stuttgart: Klett-Cotta Verlag, 2009.

Seltzer, L. J., Ziegler, T. E. & Pollak, S. (2010). Social vocalizations can release oxytocin in humans. *Proceedings of the Royal Society B: Biological Sciences, 7*, 2661–2666.

Shonkoff, J. P. & Levitt, P. (2010). Neuroscience and the future of early childhood policy: Moving from why to what and how. *Neuron, 67*(5), 689–691.

Siegel, D. (1999). *The developing mind.* New York: Guilford Press; dt. *Wie wir werden, die wir sind: Neurobiologische Grundlagen subjektiven Erlebens und die Entwicklung des Menschen in Beziehung.* Paderborn: Junfermann Verlag, 2006.

Siegel, D. (2010). *The mindful therapist.* New York: Norton; dt. *Der achtsame Therapeut: Ein Leitfaden für die Praxis.* München: Kösel-Verlag, 2012.

Siegel, D. J. & Hartzell, M. (2003). *Parenting from the inside out.* New York: Penguin; dt. *Gemeinsam leben, gemeinsam wachsen: Wie wir uns selbst besser verstehen und unsere Kinder einfühlsam ins Leben begleiten können.* Freiamt: Arbor Verlag, 2004.

Stern, D. (2000). *The interpersonal world of the infant: A view from psychoanalysis and developmental psychology.* New York: Basic Books; dt. *Die Lebenserfahrung des Säuglings.* Stuttgart: Klett-Cotta Verlag, 2011.

Strathearn, L. & Fonagy, P. (2009). Adult attachment predicts maternal brain and oxytocin response to infant cues. *Neuropsychopharmacology, 34*, 2655–2666.

Suomi, S. (2003). Gene-environment interactions and the neurobiology of social conflict. In J. King, C. Ferris & I. Lederhendler (Eds.), Roots of mental illness in children (132–139). *Annals of the New York Academy of Sciences*, volume 1008.

Swain, J. E. & Lorberbaum, J. (2008). Imaging the human brain. In R. Bridges (Ed.), *Neurobiology of the parental brain* (83–100). San Diego: Academic Press.

Swain, J. E., Lorberbaum, J. P., Kose, S. & Strathearn, L. (2007). Brain basis of early neuroimaging studies. *Journal of Child Psychology and Psychiatry, 48*, 262–287.

Tang, Y. Y., Lu, Q., Geng, X., Stein, F. A., Yang, Y. & Posner, M. I. (2010). Short-term meditation includes white matter changes in the anterior cingulate. *Proceedings of the National Academy of Sciences, 107*, 15649–15652.

Teicher, M. H., Andersen, S. L., Polcari, A., Anderson, C. M., Navalta, C. P. & Kim, D. M. (2003). The neurobiological consequences of early stress and childhood maltreatment. *Neuroscience Biobehavioral Review, 27*, 33–44.

Trevarthen, C. (2001). Intrinsic motives for companionship in understanding: Their origin, development, and significance for infant mental health. *Infant Mental Health, 22*, 95–131.

Trevarthen, C. & Aitken, K. J. (2001). Infant intersubjectivity: Research, theory and clinical applications. *Journal of Child Psychology and Psychiatry, 42*, 3–48.

Tronick, E. (2007). *The neurobehavioral and social-emotional development of infants and children*. New York: Norton.

van IJzendorn, M. (1995). Adult attachment representations, parental responsiveness, and infant attachment. *Psychological Bulletin, 117*(3), 387–403.

van Reekum, C. M., Urry, H. L., Johnstone, T., Thurow, M. E., Frye, C. J., Jackson, C. A. et al. (2007). Individual differences in amygdala and ventromedial prefrontal cortex activity are associated with evaluation speed and psychological well-being. *Journal of Cognitive Neuroscience, 19*(2), 237–248.

Veenama, A. A. & Neuman, I. D. (2008). Central vasopressin and oxytocin release: Regulation of complex social behaviors. *Progress in Brain Research, 170*, 261–276.

Vuilleumier, P. (2009). The role of human amygdala in perception and attention. In P. Whalen & E. Phelps (Eds.), *The human amygdala* (220–249). New York: Guilford.

Wall, P. & Messier, C. (2001). The hippocampal formation-orbito medial prefrontal cortex circuit in the attentional control of meaning. *Behavior and Brain Research, 127*, 99–111.

Wesselmann, D. (1998). *The whole parent: How to become a terrific parent even if you didn't have one*. Cambridge: Perseus Publishing.

Whalen, P. & Phelps, E. (2009). *The human amygdala*. New York: Guilford.

Winstanley, C. (2007). The orbitofrontal cortex, impulsivity, and addiction: Probing orbitofrontal dysfunction at the neural, neurochemical, and molecular level. In G. Schoenbaum, J. Gottfried, E. Murray & S. Ramus (Eds.), *Linking affect to action: Critical contributions of the orbitofrontal cortex* (639–655). New York: Annals of the New York Academy of Sciences.

Zubietta, J. K., Ketter, T. M., Bueller, J. A., Xu, Y., Kilbourn, M. R. & Young, E. A. (2003). Regulation of human affective responses by anterior cingulate and limbic mu-opioid neurotransmission. *Archives of General Psychiatry, 60*, 1145–1153.

Danksagung

Allan Schore und Dan Siegel haben mir über die Jahre hinweg sehr viel Zeit geschenkt und mich dazu ermutigt, mich auf Interventionen zu konzentrieren, die mit dem aus neuen Forschungen gewonnenen Wissen über die Struktur und Funktionsweise des Gehirns übereinstimmen. Ihre Theorie der Interpersonellen Neurobiologie ist für mich der größte Ansporn für meine Arbeit gewesen.

Dieses Buch wäre nie geschrieben worden, wenn mein Koautor nicht seinen Enthusiasmus, sein Wissen, seine Neugier und seine kreativen Ideen zum Thema Gehirn und Nervensystem in diese Seiten hätte einfließen lassen. Er versteht die Forschung rund um das Gehirn so viel besser als ich und ist immer sehr schnell, wenn es darum geht, die Implikationen solcher Forschungsergebnisse für klinische Anwendungen zu diskutieren. Jon ist ein wahrer Alleskönner – diejenigen, die seine musikalischen Interessen und Fähigkeiten und sein Können auf dem Baseballfeld kennen, werden dies bestätigen. Ich habe Glück, dass er mein Kollege bei diesem und anderen Projekten ist. Und ich habe das sehr große Glück, dass er mein Freund ist.

Daniel Hughes

Weil es fast 67 Jahre gedauert hat, dieses Buch zu Papier zu bringen, haben viele Menschen in meinem Leben zu seiner Entstehung beigetragen. Meine Eltern George und Sarah, die nicht mehr unter uns sind, wären begeistert gewesen, dass ich endlich ein Buch geschrieben habe. Meine fantastischen Brüder Eric und Steve inspirieren mich jeden Tag: Eric, mit seiner grenzenlosen Kreativität als Künstler, Lehrer und Lyriker; und Steve, mit seiner international hoch anerkannten Arbeit in der Krebsforschung und seiner puren Lust am Leben. Er ist der älteste Catcher der Welt, der selbst in der brütenden Hitze von Phoenix in voller Montur auf dem Baseballfeld erscheint. Beth, ich danke Dir, dass Du Dir die ersten Entwürfe sehr genau durchgelesen hast, und für Deine wertvolle Kritik. Mein großer Dank geht an das Personal der Delaware Guidance Services, wo ich über dreißig Jahre lang tätig war und beruflich groß geworden bin. Ein ganz besonderes Danke gilt Carl Chenkin, Freund und Reisebegleiter. Danke, Carl, für Deinen Humor, Deine Weisheit und Deine Unterstützung. Danke, Dawn und Christine, dass ihr immer, von Anfang an, das Wissen um das Gehirn gefördert und in euch aufgenommen habt. An die Menschen der ambulanten Intensivtherapie und der Tagesbehandlung, die an vorderster Front mit extrem gestressten Familien arbeiten: Ich hoffe, dass unsere zahlreichen Gespräche über blockierte Fürsorge eure Arbeit etwas leichter gemacht haben. An das Personal der High Road School: Ihr habt mich wirklich arbeiten lassen, um Hirnforschung in die Tat umzusetzen. An die Gehirngruppe: Ihr wisst, wer ihr seid – eine wirklich gescheite Gruppe toller Menschen, die sich seit Jahren regelmäßig trifft, um über alles rund um das Thema „Gehirn“ zu sprechen. Ich bedanke mich bei den Mitgliedern der South Jersey Indians, den großartigen erwachsenen Baseball-„Kindern“, für all die Sonntage, an denen ich meine Buchpflichten beiseitelegen und mich stattdessen auf etwas anderes konzentrieren musste: auf versprungene Bälle und meine Versuche, mit dem Schläger den Ball zu treffen. An das Personal von Broudy & Associates: Danke, dass ihr seit vielen Jahren gute Kollegen und Kolleginnen seid. Und ein Dankeschön an dich, Dan, meinen Koautor, dafür, dass Du mein verloren geglaubter dritter Bruder aus Pittsburgh bist. Ich habe dich in Aktion erlebt und gesehen, wie Du eine Verbindung zu Kindern hergestellt hast, zu denen ich trotz vieler Jahre des Bemühens keine ausreichende Verbindung aufbauen konnte. Ich habe so viel von Dir gelernt. Du hast mich zu einem überzeugten Anhänger von SANE gemacht.

Mein größter Dank geht an meine Frau Sarah, meine Lebenspartnerin seit über fünfzig Jahren. Du bist meine ständige Quelle aller guten Dinge in meinem Leben. Deine Geduld angesichts mit Papieren übersäter Tische kennt fast keine Grenzen. Deine Liebe und Deine Unterstützung sind grenzenlos. Und das größte Geschenk, das Du mir gemacht hast, sind unsere Söhne Ben und Zach. Danke, Jungs, dass ihr so seid, wie ihr seid, und dass ihr mir das Beste am Vater-Sein beigebracht habt.

Jonathan Baylin

Weitere Literatur aus dem Arbor Verlag

Daniel J. Siegel & Tina Payne Bryson

Achtsame Kommunikation mit Kindern

12 revolutionäre Strategien aus der Hirnforschung für die gesunde Entwicklung Ihres Kindes

Ihr Kind hat mitten im Supermarkt einen Wutanfall? Ihre Fünftklässlerin schmollt auf der Bank, statt mit den anderen Kindern zu spielen? Haben Kinder die Absicht, ihren Eltern andauernd das Leben schwerzumachen? Nein – hier zeigt sich nur, dass sich das Gehirn Ihrer Kinder noch entwickelt!

In diesem richtungsweisenden praktischen Buch enträtseln der Neuropsychologe Daniel Siegel und die Erziehungsexpertin Tina Payne Bryson die emotionalen Zusammenbrüche und ausweglosen Situationen im Leben mit Kindern. Für jeden verständlich, erklären sie die neuen wissenschaftlichen Erkenntnisse über die Prägung und Entwicklung des kindlichen Gehirns. Durch die Anwendung dieser Erkenntnisse auf das tägliche Leben mit Kindern können Sie Wutausbrüche, Streit oder Ängste zu einer Gelegenheit machen, um die Integration des Gehirns Ihres Kindes zu unterstützen und wirkliches Wachstum zu ermöglichen.

Jeder, der für Kinder sorgt oder der ein Kind liebt, sollte dieses Buch lesen.

Daniel Goleman

ISBN 978-3-86781-082-1

Alfie Kohn

Liebe und Eigenständigkeit

Die Kunst bedingungsloser Elternschaft,
jenseits von Belohnung und Bestrafung

Was denken Eltern über ihre Kinder? Was empfinden sie für ihre Kinder? Wie handeln sie?
Liebe und Eigenständigkeit ermuntert uns, genau hinzuschauen.
Das lohnt sich, denn es gibt einen Weg, unsere Kinder respektvoll und in Liebe zu begleiten. Ein Weg, der uns in einen tiefen und klaren Kontakt mit unseren Kindern bringt und uns sogar über die Zeit der Pubertät hinaus mit ihnen zu verbinden mag.
Doch noch fragen wir uns häufig, wie wir es hinkriegen, dass unsere Kinder das tun, was wir von ihnen wollen. Genau hier stecken wir in den Sackgassen gewohnter Erziehungsversuche fest.
Alfie Kohn steht uns zur Seite, indem er mit den Mythen und Wunschvorstellungen eingefahrener Erziehungslehren aufräumt und uns an jenen Punkt zurückführt, an dem das Fragen wirklich Sinn macht: „Was brauchen Kinder und wie können wir diese Bedürfnisse erfüllen?"
Übliche Erziehungsmethoden wie Bestrafung oder Belohnung versagen an dieser Stelle. Sie setzen auf Kontrolle und vermitteln unseren Kindern so, dass sie nur dann geliebt werden, wenn sie uns gefallen oder wenn sie uns beeindrucken. Alfie Kohn verweist auf umfassende, aber wenig bekannte Forschungsergebnisse, die belegen, welchen Schaden es anrichten kann, wenn sich unsere Kinder ihre Anerkennung erst „verdienen" müssen.
Liebe und Eigenständigkeit weist uns demgegenüber, ganz praxisbezogen, neue Wege.

ISBN 978-3-86781-015-9

Online

Umfangreiche Informationen zu unseren Themen, ausführliche Leseproben aller unserer Bücher, einen versandkostenfreien Bestellservice und unseren kostenlosen Newsletter. All das und mehr finden Sie auf unserer Website.

www.arbor-verlag.de

Seminare

Die gemeinnützige *Arbor-Seminare gGmbH* organisiert regelmäßig Seminare und Weiterbildungen mit führenden Vertretern achtsamkeitsbasierter Verfahren. Nähere Informationen finden Sie unter:

www.arbor-seminare.de